Liebe Schülerin, lieber Schüler,

in diesem Lesebuch haben wir für dich viele interessante und auch spannende Texte zusammengestellt. Lesen macht – neben Spaß – auch Arbeit. Arbeit lässt sich oftmals **sinnvoll erleichtern**. Darum haben wir einige Hilfen für dich eingearbeitet:

1. In einigen Texten haben wir <u>besonders wichtige Textstellen</u> durch <u>blaue Linien</u> hervorgehoben. Diese Unterstreichungen
   - helfen dir beim Lesen schwieriger oder sehr langer Texte,
   - machen es möglich, Kernstellen schnell wieder aufzufinden,
   - zeigen dir erste Ansatzpunkte, am und im Text zu arbeiten.

2. Bei längeren Texten findest du eine Zeilennummerierung, sodass du schnell eine bestimmte Stelle im Text nennen kannst.

3. Wörter, deren Bedeutung du vielleicht nicht genau kennst oder die dir ganz unbekannt sind, werden am Textrand erklärt. Wir haben dazu verschiedene Lexika[1] benutzt, weil wir auch nicht alle Wörter kennen. Falls du also noch andere Wörter nicht verstehst, mache es wie wir: Schlage nach!

   [1] *Mehrzahl von Lexikon = Nachschlagewerk*

4. Größere Textabschnitte mit besonderer Bedeutung sind gelb unterlegt.

5. Immer, wenn du rot unterlegte Aufgaben und Fragen findest, kannst du Texte selber schreiben. Ideen dazu findest du in dem Kapitel „Texte-Werkstatt".

6. Bei diesem Zeichen Lesehinweis ⟩ findest du einen Hinweis auf Texte an anderen Stellen des Buches, die zum Thema dieses Textes passen. Du kannst dort weiterarbeiten.

Außerdem: Der Text auf dem Umschlag ist ein sehr kurzer Abschnitt aus einer Geschichte, die im Buch steht. Bevor du einfach lossuchst, versuche mit Hilfe des Inhaltsverzeichnisses die möglichen Texte zu finden: In welchem Kapitel könnte der Text stehen?

D1724354

Das Hirschgraben Lesebuch

Lesebuch für das 10. Schuljahr

Erarbeitet von:
Peter Kohrs, Walter Leimeier,
Marlene Schommers

Cornelsen

Verlagsredaktion:	Rosmarie Volkersen
Einbandentwurf:	Gisela Cohrs
Lay-out:	Julia Walch, Bad Soden
Technische Umsetzung:	Katrin Nehm

Dieses Werk berücksichtigt die Regeln
der reformierten Rechtschreibung und Zeichensetzung.
Bei den mit R gekennzeichneten Texten haben die Rechteinhaber
einer Anpassung widersprochen.

1. Auflage ✔   Druck 4 3 2 1 Jahr 02 01 2000 99

Alle Drucke dieser Auflage können im Unterricht nebeneinander
verwendet werden.

Druck: CS-Druck Cornelsen Stürtz, Berlin

ISBN 3-464-60094-7

Bestellnummer: 600947

gedruckt auf säurefreiem Papier, umweltschonend
hergestellt aus chlorfrei gebleichten Faserstoffen

Liebst du mich?

Richard L. Wagner
Sie liebt mich

ich rufe es in die telefonzellen
ich schreibe es an die straßenbahnen
ich werbe dafür in den kinovorschauen
ich lasse es mit einem flugzeug an den himmel schreiben
ich verteile es gedruckt auf den straßen
ich drücke es jedem mit einem stempel auf
ich singe und schreie es
ich flüstre und kreisch es
ich schreib es in gold auf die altäre
ich kratze es in den stein seltener statuen ein
ich verkünde es über eroberte fernsehstationen
ich lasse es von tausend sportlern auf öffentlichen plätzen darstellen
ich bekenne es in gebogener neonleuchtschrift

Sie liebt mich

ich tätowiere es in meine haut
ich schreibe es in meinen gedichten
ich singe es in meinen liedern
ich male es in meinen bildern
ich lese es hinter meinen geschlossenen augen

Sie liebt mich

ich spüre es in ihren armen
ich sehe es in ihren augen
ich rieche es an ihrem körper
ich hör es in ihren worten
ich merke es an ihrer wärme

Sie liebt mich

Friederike Mayröcker (* 1924)
falsche Bewegung

gestern
beim Auseinander-
gehen haben wir uns
beide Hände
gegeben –
aber nicht die Lippen
zum Kusz –
: eine plötzlich erstarrte
Umarmung?
frage ich mich
ruhelos
und in Tränen /
du blickst
ohne Lächeln
über die Schulter zurück

Alexandra Dahmen
Liebe

auf einmal ist es da
ohne Absicht
wie lange es bleibt
weiß niemand
was daraus wird
ist unbekannt
alles

im Dunkeln

Erich Kästner (1906–1974)
Sachliche Romanze

Als sie einander acht Jahre kannten
(Und man darf sagen: Sie kannten sich gut),
Kam ihre Liebe plötzlich abhanden.
Wie andern Leuten ein Stock der Hut.

Sie waren traurig, betrugen sich heiter,
Versuchten Küsse, als ob nichts sei,
Und sahen sich an und wussten nicht weiter.
Da weinte sie schließlich. Und er stand dabei.

Vom Fenster aus konnte man Schiffen winken.
Er sagte, es wäre schon Viertel nach vier
Und Zeit, irgendwo Kaffee zu trinken.
Nebenan übte ein Mensch Klavier.

Sie gingen ins kleinste Café am Ort
Und rührten in ihren Tassen.
Am Abend saßen sie immer noch dort.
Sie saßen allein, und sie sprachen kein Wort
Und konnten es einfach nicht fassen.

Hans Georg Bulla
abschied

übrigens
vergiss mir nicht mir
meinen teil
unserer
träume
zurückzugeben

denn wir hatten
sie doch
gemeinsam

geträumt
oder

9

Else Lasker-Schüler (1869–1945)
Abschied

Ich wollte dir immerzu
Viele Liebesworte sagen,

Nun suchst du ruhelos,
Nach verlorenen Wundern.

Aber wenn meine Spieluhren spielen
Feiern wir Hochzeit.

O, deine süßen Augen
Sind meine Lieblingsblumen.

Und dein Herz ist mein Himmelreich …
Lass mich hineinschaun.

Du bist ganz aus glitzernder Minze*
Und so weich versonnen.

Ich wollte dir immerzu
Viele Liebesworte sagen,

Warum tat ich das nicht?

Vergleicht die Gedichte von S. 9 und 11 unter folgenden Gesichtspunkten:
- *Inhalt und Aussageabsicht,*
- *sprachliche Form,*
- *Wirkung.*

Beachtet auch jeweils die Überschrift.
Versucht zu der Thematik selbst ein Gedicht zu entwerfen;
wählt dazu freie Verse oder eine traditionelle Form (Reim, Strophe).

Else Lasker-Schüler wurde 1869 als Tochter eines jüdischen Bankiers in Wuppertal geboren. Sie verließ das Elternhaus und lebte als „traumverlorene Bettlerprinzessin", wie sie von Freunden genannt wurde, in den literarischen Cafés in Berlin. 1933 floh sie, nachdem sie von Nationalsozialisten auf der Straße niedergeschlagen worden war, ins Schweizer Exil und emigrierte 1937 nach Palästina. 1945 verstarb sie völlig verarmt in Jerusalem.

*Pfefferminze

Gisela Kulinna
Geschieden

Ich trag einen Makel.
Kaum spürbar für Fremde,
doch deutlich für Freunde.
Allein gelassen.
Dass ich's wollte,
begreifen sie nicht.
Ich bin eins,
nicht zwei –
und damit abweichend
von der Norm.
Sie haben Mitleid,
wollen mich mitnehmen
an Tische mit Stühlen
in gerader Zahl.
Ich bin nicht nötig,
bin nur da.

Wilhelm Busch (1832–1908)

Die Liebe war nicht geringe.
Sie wurden ordentlich blass;
Sie sagten sich tausend Dinge
Und wussten noch immer was.

Sie mussten sich lange quälen.
Doch schließlich kam's dazu,
Dass sie sich konnten vermählen.
Jetzt haben die Seelen Ruh.

Bei eines Strumpfes Bereitung
Sitzt sie im Morgenhabit*;
Er liest in der Kölnischen Zeitung
Und teilt ihr das Nötige mit.

* Morgenkleidung

Christa Kožik (*1941)
Jahrhundertelang

wählten Männer
sich Frauen aus.
Die warteten demütig,
sanft senkten sie
scheu den Kopf,
die Lider, den Blick
nach innen gekehrt.

Ich habe meinen
Nacken erhoben,
die Augen weit geöffnet.
Nicht ohne Staunen
sehe ich mich um.

Und wenn
mir einer so gefällt,
dass mir der Atem
stockt in seiner Nähe,
dann sag ich's ihm
vor allen
          – oder nie.

In den Texten von G. Kulinna, Ch. Kožik und W. Busch werden Probleme der Zweierbeziehung angesprochen. Diskutiert darüber. Belegt mit Beispielen, wie die Verfasser jeweils ihre Aussage und Absicht zum Ausdruck bringen. Schreibt eure eigene Meinung dazu auf. Ihr könnt unterschiedliche Textarten wählen; zum Beispiel: Gedicht, Kommentar, Fantasiebrief an einen Partner, Erörterung.

Meine kleine Kieler Sprotte!

Ich habe dich zum

Fressen gern.

dein Hubert

Schreib mal wieder.   Post

Sprecht über Inhalt, Absicht, situativen Zusammenhang und Machart dieses Textes.
Welchen Sinn hat die Aufforderung?
Vergleicht mit anderen Texten dieser Textreihe.
Gestaltet für den Mittelteil selbst einen kurzen, witzigen Brief. Wer kann, sollte auch
etwas dazu zeichnen.

Erich Fried (1921-1988)
Warum

Nicht du
um der Liebe willen
sondern
um deinetwillen
die Liebe
(und auch
um meinetwillen)

Nicht
weil ich lieben
muss
sondern weil ich
dich
lieben
muss

Vielleicht
weil ich bin
wie ich bin
aber sicher
weil du
bist
wie du bist

Mascha Kaléko (1907–1975)
Unabgesandter Überseebrief

Wär ich ein Vöglein, würd ich zu dir eilen!
Doch leider hab ich's Fliegen ganz verlernt.
Drum bleibt es wieder nur bei Luftpostzeilen.
– Mein Herz, wir sind fast siebentausend Meilen
Und zirka tausend Dollar weit entfernt …

Ja, wenn ich wenigtens ein Seestern wäre,
Ein Zwergenwalfisch oder ein Delfin!
Ich überquerte die diversen Meere
So peu à peu und schwämme zu dir hin.
Auf dein Erstaunen freute ich mich diebisch …
Doch leider schuf der Herr mich nicht amphibisch.

– Jetzt blühn bei euch die ersten Mandelbäume.
Vor lauter Sehnsucht tut das Herz mir weh.
Wär ich ein Vöglein … (Nichts als Hungerträume!)
Die Nacht ist kalt. Verschlafen fällt der Schnee.
Wer weiß, ob ich dich jemals wieder seh …

Jürgen Spohn (1934–1992)
Du

Ein ICH
das traf
ganz nebenbei
als ob das
nichts Besondres sei
ein DU

DU & ICH
sagt da das DU
das ist das Glück
du sagst mir zu

Vergleicht die Gedichte:
• *Welche Gefühle bringen sie zum Ausdruck?*
• *Welche Gedichte haben eher eine traditionelle*
  Form (Strophe, Reim), welche sind in freien
  Versen verfasst?
Die Gedichte mit freien Versen lassen sich auch
anders anordnen.
Probiert dies aus; prüft, ob sich dadurch die
Aussage ändert.
Versucht selbst ein Gedicht zu dieser Thematik
zu schreiben. Hilfen und Tipps erhaltet ihr in der
Sequenz „Textewerkstatt", S. 168

Rosina Wälischmiller
Warum ist unsere Liebe anders?

Lieber Mehmet,

was ist los mir dir? Oder mit uns? Glaubst du, ich merke nicht, dass du
Arm in Arm und Händchen haltend mit mir über die Wiesen läufst, aber mich
sofort loslässt, wenn wir wieder in die Stadt kommen? In unsere ach so
5 schöne, kleine Stadt, wo jeder jeden kennt und jeder über jeden tratscht! Hier
gehst du neben mir her, als hätten wir uns gerade ganz zufällig getroffen, als
wären wir zwei, die sich „eben nur so" kennen. Ich kenne kein anderes
Liebespaar, das sich so blödsinnig benimmt. Deshalb werde ich dann sauer,
und du bist sauer, weil ich sauer bin, und damit ist der Tag schon wieder ge-
10 laufen. Es ist wirklich Zeit, dass wir einmal darüber reden. Darum schreibe
ich dir heute diesen Brief. Mir fällt es auf diese Weise leichter, über unsere
Probleme zu sprechen. Darüber, warum bei uns vieles so kompliziert ist,
warum unsere Liebe anders sein soll als die meiner Freundinnen und ihrer
Freunde. Ja, ja, deine Antwort kenne ich: Weil du Türke bist und ich Deut-
15 sche. Du kannst es dir wirklich sparen, mich immer wieder daran zu erinnern. Dass ich das nicht vergesse, dafür sorgen schon unsere lieben
Mitmenschen, verlass dich drauf!

Weil du Türke bist, werde ich zuerst angesprochen, wenn wir in ein
Geschäft gehen. Weil du Türke bist, fragt der Ober mich, was du bestellen
20 möchtest, wenn wir gemeinsam essen gehen. Weil du Türke bist, drängeln sie
sich am Fahrkartenschalter an dir vorbei und du wartest, bis du schwarz
wirst. Weil du Türke bist, bekommst du Idioten-Antworten, wenn du nach
etwas fragst. „Wir nix haben", „Du gehen", „Du machen" – ich kann es nicht
mehr hören. Es kotzt mich an, Mehmet! Und es macht mich rasend, wie du
25 das alles über dich ergehen lässt, nur weil du Türke bist. Manchmal habe ich
das Gefühl, du bist stolz darauf, dafür leiden zu dürfen.

Du kennst mich gut genug, um zu wissen, dass ich dich so mag, wie du bist.
Ich hab dich lieb, ja, dich, den Türken. Ich will nicht, dass du deine Identität
aufgibst und deine Wurzeln kappst. Aber würde es nicht genügen, wenn du
30 dir anstatt hundertmal nur einmal am Tag sagst, dass du Türke bist? Und
wäre es nicht möglich, dass du dazusagst, dass du ein ganz normaler Mensch
bist? Mit Stärken und Schwächen wie jeder andere Mensch auch – ob Deutscher, Amerikaner, Russe oder was weiß ich!

Natürlich wird dir das nicht leicht gemacht. Da hilft es auch nichts, dass
35 du schon seit deinem dritten Lebensjahr hier in Deutschland bist und dass
du Deutsch ebenso schreiben und sprechen kannst wie Türkisch. Für die
meisten Leute zählt das nicht, sie sehen nur dein Anderssein. Wie sollten sie
dich auch akzeptieren, wenn es selbst meinen Freunden und meiner Familie
schwer fällt, obwohl sie dich doch kennen.

40 Erinnerst du dich noch an die erste Zeit, als meine Eltern nichts von dir
hören wollten und alles daransetzten, uns auseinander zu bringen? Wie sie
schließlich dazu übergingen, dieses „Problem" als vorübergehend zu betrachten und zu ignorieren, und wie sie sich erst nach täglichen Gefechten
langsam daran gewöhnten? Heute haben sie sich mit dir abgefunden.

45 Abgefunden, Mehmet! Wie mit etwas, das man halt nicht ändern kann.
Nein, ich will meine Eltern gar nicht schlecht machen. Sie sind nett und
freundlich zu dir und wahrscheinlich ist es ihnen gar nicht bewusst, dass sie
sich an unserer Freundschaft „vorbeimogeln". So jedenfalls nenne ich das,
wenn sie dich zu Familienfeiern nicht einladen, mit dem Argument „Das
50 muss doch nicht sein", obwohl gleichaltrige Kusinen ihre Freunde dazu mitbringen. Du bist eben doch nicht „verwandtschaftsfähig". Onkel und Tan-
ten könnten ja ihren bedauernden Blick aufsetzen, weil sie den Eltern für ihre Tochter doch etwas Besseres gewünscht hätten. Fast alles ist besser als ein
Türke!

55 Manchmal bin ich es so leid, Mehmet, und dann bekomme ich Angst, dass
ich dem nicht gewachsen bin. Angst, dass unsere Gefühle an diesem täglichen
Kleinkrieg zerbrechen. Unsere Gefühle, die doch so gar nicht anders sind als
bei anderen Paaren. Warum will das niemand verstehen? […] Du hast
schwarze Haare und eine etwas dunklere Haut. Und deshalb bin ich eine
60 Türkenschlampe, ein Flittchen, über das die Nachbarn tuscheln! Deshalb
kennen mich ein paar meiner alten Freundinnen nicht mehr. Deshalb meidet
man mich besser. Dich ja sowieso! Nicht nur in meinem Bekanntenkreis,
sondern auch in deinem. Zwar wird dir von deinen Freunden eine gewisse
Bewunderung zuteil, weil es dir schließlich gelungen ist, eine Deutsche „auf-
65 zureißen", aber sehen lassen sie sich bei dir doch immer seltener.

Deine Familie ist ja auch nicht gerade glücklich über mich. Wenn ich zu
euch komme, bin ich ein Fremdkörper. Man ist höflich, aber nicht herzlich.
Glaubst du, ich merke nicht den versteckten Vorwurf, dich ihnen zu ent-
fremden? Wie lange werden wir das alles noch aushalten? Liebe kann sich
70 doch nicht so völlig losgelöst von anderen Menschen entwickeln. Liebe kann
doch nicht auf Dauer Freunde und Familie ersetzen!

Noch fühle ich mich stark, Mehmet! Aber was wird sein, wenn es einmal
Krach gibt bei uns? Wem kann ich davon erzählen, ohne zu hören „Wir
haben es ja gleich gesagt" oder „Er ist eben anders"? Alles, wirklich alles wird
75 auf deine Herkunft zurückgeführt werden. Selbst wenn es nur deine
Unpünktlichkeit ist, über die ich mich ärgere. Dir wird es nicht viel anders
gehen.

Es ist zum Verrücktwerden, aber damit erreichen sie genau das, was sie
wollen. Wir ziehen uns zurück, bleiben am liebsten zu zweit und erzählen
80 nichts. Wir verstecken uns, und wer sich versteckt, hat etwas zu verbergen.
Der Teufelskreis schließt sich.

16

Das ist es, was ich dir eigentlich sagen will, Mehmet, dass wir auch selbst an dem ganzen Dilemma schuld sind. Du mit deiner Scheu und mit deinem Bedürfnis, mich vor dummem Gerede zu schützen. Ich mit meiner Bequem-
85 lichkeit, den Weg des geringsten Widerstandes zu gehen. Wann wehren wir uns denn?

Lass uns aus unserem Versteck kriechen! Lass uns Händchen haltend durch die Straßen laufen und eng umschlungen in der Disko tanzen! Lass uns ihnen die Stirn bieten, anstatt den Rückzug anzutreten. Wer weiß, vielleicht
90 gewöhnen sie sich dann an ein deutsch-türkisches Liebespaar. Vielleicht dämmert es dann dem einen oder anderen, dass ich glücklich bin, wenn du mich tröstest, dass ich mich geborgen fühle, wenn du mich in die Arme nimmst – dass unsere Liebe so gar nicht anders ist!

In Liebe Petra

Martin (19 Jahre)

Hallo Christiane!

Du wirst vielleicht überrascht sein, dass ich dir so plötz-
lich und vielleicht auch unerwartet einen Brief schreibe. Aber ich dachte mir, dass, wo ich dir jetzt wahrscheinlich nie mehr
5 begegnen werde, ich einmal aussprechen und dir sagen muss, was mich seit nun schon über einem halben Jahr beschäftigt. Es wird dir dann vielleicht einiges klar werden, und vielleicht wirst du mich sogar ein wenig besser verstehen. Vor allen Dingen verstehen, warum ich getan habe, was ich tat.
10 Ich fange am besten bei Adam und Eva an. Erinnerst du dich noch an jenen Samstagabend vor den Ferien? Wie wir versuchten, mit den anderen, die jetzt aber unwichtig sind, am Grunewald-
see ein Feuer zu machen? Ich hatte dich damals mehr oder we-
niger überredet mitzukommen. Ich sag dir, das war bisher die
15 erbittertste Schlacht gegen meine eigenen Hemmungen. Und wäre Christian nicht gekommen, hätte ich sie sogar gewinnen können. Aber ihn trifft keine Schuld. Er ist im Grunde genommen auch so eine arme Seele wie ich (oh, dieses Selbstmitleid macht mir mächtig zu schaffen).
20 Also an diesem Abend wurde ich irgendwie umgekrempelt. Was in mir bisher verborgen, ja geradezu versteckt gewesen war, kam plötzlich zur Oberfläche, nach außen. Nie zuvor berührt oder bewegt, war es ungeheuer empfindlich gegen jede Berührung. Es

tat weh!

25 Verflucht seien alle meine angeborenen, anerzogenen oder sonst
wie entstandenen Hemmungen!! Sie stehen vor mir wie eine Gum-
miwand, die man mit viel Kraftaufwand zwar etwas verschieben,
aber nicht durchbrechen kann.

Nach diesem ersten missglückten Versuch nahm ich immer wie-
30 der Anlauf. Und jedes weitere Mal hatte ich weniger Mut, weniger Kraft. Nach den vier Wochen Ferien dachte ich, dass die
Zeit das Ihrige getan hätte. Aber wie winzig ist doch ein Zeitraum von vier Wochen, lächerliche 672 Stunden. Ein Jahr al-
leine hat schon über 8000 Stunden. Und ein Mensch lebt ge-
35 wöhnlich jahrzehntelang: Hunderttausende von Stunden! Als ich
dich dann nach diesen vier Wochen wieder sah, nur aus der Ferne, da wurde wieder jene unsagbar empfindliche Stelle berührt.
Ich konnte mich nicht dagegen wehren, ich wollte es auch nicht.
Ich suchte dann nach Gelegenheiten und Anlässen, mit dir zu
40 sprechen, mich mit dir zu unterhalten. Ich fand nur wenige,
aber diese wenigen schlachtete ich in meiner Verzweiflung so
weit wie möglich aus. Dabei entstand in mir das furchtbare Gefühl, dir auf den Wecker zu fallen. Unbewusst erwartete ich
eine ablehnende Haltung von dir, und subjektiv gesehen fand
45 ich sie dann schließlich auch. Jetzt, mit etwas zeitlichem Abstand, sagt mir mein Verstand, dass es nicht unbedingt Ablehnung, sondern eher eine Art von Indifferenz* war.

Ich habe jetzt schon eine ganze Weile nichts mehr von dir
gehört oder gesehen. Und das ist, glaube ich, gut so. Denn ich   *Unbestimmt-
50 beginne langsam zuzuschütten, was bisher offen und schmerzlich   heit, Gleich-
dalag. Aber mir ist so, ja ich weiß es sogar, dass alles mit   gültigkeit
unverminderter Heftigkeit wiederkehren würde, kämst du mir auch
nur eine einzige Sekunde unter die Augen. Deshalb erwarte ich
auch keine Antwort von dir. Denn ich glaube nicht, dass du mei-
55 netwegen Bernd vernachlässigen oder gar aufgeben würdest. (Ich
habe ihn neulich gesehen, wie er sein Auto wusch. Als ich ihm
sagte, er solle dich schön grüßen, hat er mich nur in einer
irgendwie leicht verträumten Weise angelächelt, die kein Mis-
sverständnis zulässt.)✗

60 So, jetzt bin ich das Wichtigste los. Ich habe diesen Brief
nicht nur geschrieben, um dir all das zu sagen, sondern er soll
für mich auch das Symbol vom Ende einer Episode sein, in der
ich vieles lernte, was ich vorher nicht einmal ahnte. Bleibt
mir noch übrig, dir für deine Geduld mir gegenüber zu danken.
65 Es wird dir jetzt wohl kaum noch schwer fallen, das absch-

18

ließende Beatles-Zitat richtig zu deuten: „P.S. I love you".

                                Leb wohl
                    und grüße Bernd von mir

✗ Und nie mehr halbe Sachen, ja?

70
Vergleicht die Texte von Rosina Wälischmiller und Martin. Stellt den Zusammenhang mit dem Thema der Textreihe her.
Achtet auf die Textart.
Klärt die Beziehung zwischen der jeweils absendenden Person und ihrem jeweiligen Adressaten.

Art Buchwald (* 1925)
Fernsehen als Scheidungsgrund

Hallo, Mutter, ist meine Frau da? – Was heißt, sie will nicht mit mir sprechen? Das ist ja lächerlich. – Ich weiß, dass sie böse auf mich ist, aber es ist ja fast eine Woche her. Wie lange will sie denn noch schmollen? – Nichts ist vorgefallen! Gar nichts. – Du hast nur ihre Darstellung gehört. – Am Sonnabend, ja, da fing es an …

Zugegeben, ich versprach, das Laub zusammenzuharken, aber da wusste ich noch nicht, dass das Spiel Pittsburg gegen Syracus im Fernsehen gezeigt würde. – Was ist denn Schlimmes dabei, wenn man sich ein Fußballspiel im
5 Fernsehen ansieht? – Ja, ja, ich hörte mir auch das Spiel Notre-Dame gegen die Marine im Radio an, aber das war das große Sportereignis der Woche. – Doch, ich sprach mit ihr am Samstagnachmittag. Ich erinnere mich genau, ich fragte sie, warum sie kein Bier auf Eis gelegt hätte.

Sie sagt, ich wäre nicht zum Essen gekommen? Das entspricht nicht ganz
10 der Wahrheit. Ich musste das große Rennen in Aqueduct sehen und dann kamen die Sportnachrichten und ich sagte, danach würde ich gleich zu Tisch kommen, aber das Glück wollte es, dass als Nächstes ein Hockeyspiel gesendet wurde. Heutzutage sind nicht mehr viele Hockeyspiele auf dem Bildschirm zu sehen. – Ich sagte ihr, ich wollte vor dem Fernsehapparat essen,
15 und weißt du, was sie da antwortete? „Ich führe kein Hotel. Du kannst dir dein Essen selbst holen!" Ist es vielleicht nett, so mit einem Menschen zu reden, der sich ein Hockeyspiel ansieht?

Ach, Mutter, du weißt doch, wie sie immer übertreibt. Die Boxkämpfe waren um elf Uhr zu Ende. Als wir heirateten, wusste sie, dass ich Boxen
20 liebe. Ich ging gleich nach den Totoergebnissen zu Bett.

Am Sonntag? Ich glaube, ich sagte etwas davon, dass ich das Laub am Sonntag zusammenkehren wollte, aber zuerst musste ich den Bericht über das

Spiel Notre-Dame gegen Marine lesen, dann über das große Rennen in Aqueduct und dann über das Hockeyspiel, und ehe ich mich's versah, war es Zeit
für die TV-Übertragung des Spieles Rothäute gegen Adler. – Das ist nicht
wahr. Ich ließ sie ins Zimmer. Ich schickte sie nur hinaus, als sie mich fragte, welche Farbe die neuen Vorhänge im Schlafzimmer haben sollten – gerade in dem Augenblick, wo Charley Taylor den Ball hinter die gegnerische
Torlinie bringen wollte.

Das hat sie behauptet? – Hat sie dir auch erzählt, dass sie mir kein Mittag-
essen geben sollte, wenn ich ihr nicht das schmutzige Geschirr vom Samstagabend in die Küche brächte? Nun frage ich dich, was für eine Ehefrau ist
das? Ich habe sie nicht angebrüllt. – Möglich, dass ich die Stimme ein wenig
hob, als es um das Entscheidungstor ging und sie sagte, ich sollte alle Som-
merkleider auf den Dachboden bringen, aber ich wurde nicht heftig. – Sie
verdreht alles. Danach sah ich nicht das Spiel Detroit gegen Rams. Es war
Buffalo gegen Houston. Und es war ein sehr wichtiges Spiel. Wie oft bekommt man schon zwei Spiele zwischen denselben Mannschaften unmittelbar hintereinander zu sehen? – Na, ja, darüber vergaß ich eben, dass wir die
Winstons zu einem Glas Wein eingeladen hatten. – Ich war zu ihnen nicht
unhöflich. Ich zeigte ihnen, wo sie sich etwas zu trinken holen konnten, und
sagte, ich würde mich in zwei Stunden zu ihnen setzen. Woher sollte ich denn
wissen, dass sie nach Hause gehen würden, ehe der Vortrag über die großen
Stunden des Fußballs zu Ende war?

Ich bitte dich, Mutter, sprich du mit ihr. Ich habe es satt, Fernsehsnacks zu
essen, und es ist kein einziger sauberer Teller mehr im Hause.

Und sag ihr, dass ich sie liebe und dass sie und die Kinder mir sehr fehlen.
– Was hat sie gesagt? Sie kommt zurück? Herrlich, wunderbar. Wann soll ich
sie abholen? – Am Samstag?

Herrje, am Samstag kann ich nicht. Da spielt Illinois gegen Michigan, und
es geht dabei um die Ausscheidung für den Cup.

*Erklärt Inhalt und Machart dieses Textes. Schaut im Textartenverzeichnis
unter dem Stichwort Satire nach.*

Heinrich Böll (1917–1985)
An der Brücke

Die haben mir meine Beine geflickt und haben mir einen Posten gegeben, wo ich sitzen kann: Ich zähle die Leute, die über die neue Brücke gehen. Es macht ihnen ja Spaß, sich ihre Tüchtigkeit mit Zahlen zu belegen, sie berauschen sich an diesem sinnlosen Nichts aus ein paar Ziffern, und den ganzen Tag,
5 den ganzen Tag geht mein stummer Mund wie ein Uhrwerk, indem ich Nummer auf Nummer häufe, um ihnen abends den Triumph einer Zahl zu schenken.

Ihre Gesichter strahlen, wenn ich ihnen das Ergebnis meiner Schicht mitteile, je höher die Zahl, umso mehr strahlen sie, und sie haben Grund, sich
10 befriedigt ins Bett zu legen, denn viele Tausende gehen täglich über ihre neue Brücke …

Aber ihre Statistik stimmt nicht. Es tut mir Leid, aber sie stimmt nicht. Ich bin ein unzuverlässiger Mensch, obwohl ich es verstehe, den Eindruck von Biederkeit zu erwecken.

15 Insgeheim macht es mir Freude, manchmal einen zu unterschlagen und dann wieder, wenn ich Mitleid empfinde, ihnen ein paar zu schenken. Ihr Glück liegt in meiner Hand. Wenn ich wütend bin, wenn ich nichts zu rauchen habe, gebe ich nur den Durchschnitt an, manchmal unter dem Durchschnitt, und wenn mein Herz aufschlägt, wenn ich froh bin, lasse ich meine
20 Großzügigkeit in einer fünfstelligen Zahl verströmen. Sie sind ja so glücklich! Sie reißen mir förmlich das Ergebnis jedes Mal aus der Hand, und ihre Augen leuchten auf, und sie klopfen mir auf die Schulter. Sie ahnen ja nichts! Und dann fangen sie an zu multiplizieren, zu dividieren, zu prozentualisieren, ich weiß nicht, was. Sie rechnen aus, wie viel heute jede Minute über die
25 Brücke gehen und wie viel in zehn Jahren über die Brücke gegangen sein werden. Sie lieben das zweite Futur, das zweite Futur ist ihre Spezialität – und doch, es tut mir Leid, dass alles nicht stimmt …

Wenn meine kleine Geliebte über die Brücke kommt – und sie kommt zweimal am Tage –, dann bleibt mein Herz einfach stehen. Das unermüdli-
30 che Ticken meines Herzens setzt einfach aus, bis sie in die Allee eingebogen und verschwunden ist. Und alle, die in dieser Zeit passieren, verschweige ich ihnen. Diese zwei Minuten gehören mir, mir ganz allein, und ich lasse sie mir nicht nehmen. Und auch wenn sie abends wieder zurückkommt aus ihrer Eisdiele, wenn sie auf der anderen Seite des Gehsteiges meinen stummen Mund
35 passiert, der zählen, zählen muss, dann setzt mein Herz wieder aus, und ich fange erst wieder an zu zählen, wenn sie nicht mehr zu sehen ist. Und alle, die das Glück haben, in diesen Minuten vor meinen blinden Augen zu defilieren, gehen nicht in die Ewigkeit der Statistik ein: Schattenmänner und

Schattenfrauen, nichtige Wesen, die im zweiten Futur der Statistik nicht mit-
40 marschieren werden …

Es ist klar, dass ich sie liebe. Aber sie weiß nichts davon und ich möchte
auch nicht, dass sie es erfährt. Sie soll nicht ahnen, auf welche ungeheure Weise sie alle Berechnungen über den Haufen wirft, und ahnungslos und un-
schuldig soll sie mit ihren langen braunen Haaren und den zarten Füßen in
45 ihre Eisdiele marschieren, und sie soll viel Trinkgeld bekommen. Ich liebe
sie. Es ist ganz klar, dass ich sie liebe.

Neulich haben sie mich kontrolliert. Der Kumpel, der auf der anderen
Seite sitzt und die Autos zählen muss, hat mich früh genug gewarnt, und ich
habe höllisch aufgepasst. Ich habe gezählt wie verrückt, ein Kilometerzähler
50 kann nicht besser zählen. Der Oberstatistiker selbst hat sich drüben auf die
andere Seite gestellt und hat später das Ergebnis einer Stunde mit meinem
Stundenplan verglichen. Ich hatte nur einen weniger als er. Meine kleine Geliebte war vorbeigekommen, und niemals im Leben werde ich dieses hübsche
Kind ins zweite Futur transponieren lassen, diese meine kleine Geliebte soll
55 nicht multipliziert und dividiert und in ein prozentuales Nichts verwandelt
werden. Mein Herz hat mir geblutet, dass ich zählen musste, ohne ihr nach-
sehen zu können, und dem Kumpel drüben, der die Autos zählen musste, bin
ich sehr dankbar gewesen. Es ging ja glatt um meine Existenz.

Der Oberstatistiker hat mir auf die Schulter geklopft und hat gesagt, dass
60 ich gut bin, zuverlässig und treu. „Eins in der Stunde verzählt", hat er gesagt,
„macht nicht viel. Wir zählen sowieso einen gewissen prozentualen Ver-
schleiß hinzu. Ich werde beantragen, dass Sie zu den Pferdewagen versetzt
werden."

Pferdewagen ist natürlich die Masche. Pferdewagen ist ein Lenz wie nie
65 zuvor. Pferdewagen gibt es höchstens fünfundzwanzig am Tage, und alle
halbe Stunde einmal in seinem Gehirn die nächste Nummer fallen zu lassen,
das ist ein Lenz!

Pferdewagen wäre herrlich. Zwischen vier und acht dürfen überhaupt keine Pferdewagen über die Brücke, und ich könnte spazieren gehen oder in die
70 Eisdiele, könnte sie mir lange anschauen oder sie vielleicht ein Stück nach
Hause bringen, meine kleine, ungezählte Geliebte …

Aus welcher Sicht wird erzählt?
- *Wie bewertet der Erzähler sein Tun?*
- *Wie ändern sich seine Gefühle, als seine „kleine Geliebte" die Brücke
  passiert?*
- *Wie denkt er über sie?*
- *Wie schätzt er die Statistiker ein?*
Erklärt, warum der Erzähler seine Geliebte nicht mitzählt.

Johann Peter Hebel (1760–1826)
Unverhofftes Wiedersehen

In Falun in Schweden küsste vor guten fünfzig Jahren und mehr ein junger Bergmann seine junge hübsche Braut und sagte zu ihr: „Auf Sanct Luciä[1] wird unsere Liebe von des Priesters Hand gesegnet. Dann sind wir Mann und Frau und bauen uns ein eigenes Nestlein." „Und Friede und Liebe soll darin woh-
5 nen", sagte die schöne Frau mit holdem Lächeln, „denn du bist mein Ein-ziges und Alles, und ohne dich möchte ich lieber im Grab sein als an einem anderen Ort." Als aber vor Sanct Luciä der Pfarrer zum zweiten Mal in der Kirche ausgerufen hatte: „So nun jemand Hindernis wüsste anzuzeigen, warum diese Personen nicht möchten ehelich zusammenkommen", da mel-
10 dete sich der Tod. Denn als der Jüngling den anderen Morgen in seiner schwarzen Bergmannskleidung an ihrem Haus vorbeiging, der Bergmann hat sein Totenkleid immer an, da klopfte er zwar noch einmal an ihrem Fenster und sagte ihr guten Morgen, aber keinen guten Abend mehr. Er kam nimmer aus dem Bergwerk zurück und sie säumte vergeblich selbigen Morgen ein
15 schwarzes Halstuch mit rotem Rand für ihn zum Hochzeitstag, sondern als er nimmer kam, legte sie es weg und weinte um ihn und vergaß ihn nie.

   Unterdessen wurde die Stadt Lissabon in Portugal durch ein Erdbeben zer-stört, und der Siebenjährige Krieg ging vorüber, und Kaiser Franz der Erste starb, und der Jesuiten-Orden wurde aufgehoben und Polen geteilt, und
20 die Kaiserin Maria Theresia starb, und der Struensee wurde hingerichtet, Amerika wurde frei, und die vereinigte französische und spanische Macht konnte Gibraltar nicht erobern. Die Türken schlossen den General Stein in der Veteraner Höhle in Ungarn ein, und der Kaiser Joseph starb auch. Der König Gustav von Schweden eroberte russisch Finnland, und die Franzö-
25 sische Revolution und der lange Krieg[2] fing an, und der Kaiser Leopold der Zweite ging auch ins Grab. Napoleon eroberte Preußen, und die Engländer bombardierten Kopenhagen, und die Ackerleute säeten und schnitten. Der Müller mahlte, und die Schmiede hämmerten, und die Bergleute gruben nach den Metalladern in ihrer unterirdischen Werkstatt.
30   Als aber die Bergleute in Falun im Jahre 1809 etwas vor oder nach Johan-nis[3] zwischen den zwei Schachten eine Öffnung durchgraben wollten, gute dreihundert Ellen[4] tief unter dem Boden, gruben sie aus dem Schutt und Vi-triolwasser[5] den Leichnam eines Jünglings heraus, der ganz mit Eisenvitriol durchdrungen, sonst aber unverwest und unverändert war; also dass man
35 seine Gesichtszüge und sein Alter noch völlig erkennen konnte, als wenn er erst vor einer Stunde gestorben oder ein wenig eingeschlafen wäre an der Arbeit. Als man ihn aber zu Tag ausgefördert hatte, Vater und Mutter, Freunde und Bekannte waren schon lange tot, kein Mensch wollte den schla-fenden Jüngling kennen oder etwas von seinem Unglück wissen, bis die

[1] Lichterfest, das am 13. De-zember in Schweden ge-feiert wird

[2] napoleonische Kriege

[3] Am Johannis-tag, dem 24.6., wird der Ge-burtstag von Johannes dem Täufer gefeiert.

[4] altes, von der Länge des Un-terarmes abge-leitetes Län-genmaß

[5] Vitriol: hauptsächlich Salze, die in Ei-sen, Kupfer und Zink enthalten sind

23

ehemalige Verlobte des Bergmanns kam, der eines Tages auf die Schicht gegangen war und nimmer zurückkehrte. Grau und zusammengeschrumpft kam sie an einer Krücke an den Platz und erkannte ihren Bräutigam; und mehr mit freudigem Entzücken als mit Schmerz sank sie auf die geliebte Leiche nieder, und erst als sie sich von einer langen heftigen Bewegung des Gemüts erholt hatte, „es ist mein Verlobter", sagte sie endlich, „um den ich fünfzig Jahre lang getrauert hatte und den mich Gott noch einmal sehen lässt vor meinem Ende. Acht Tage vor der Hochzeit ist er auf die Grube gegangen und nimmer gekommen." Da wurden die Gemüter aller Umstehenden von Wehmut und Tränen ergriffen, als sie sahen die ehemalige Braut jetzt in der Gestalt des hingewelkten kraftlosen Alters und den Bräutigam noch in seiner jugendlichen Schöne, und wie in ihrer Brust nach fünfzig Jahren die Flamme der jugendlichen Liebe noch einmal erwachte; aber er öffnete den Mund nimmer zum Lächeln oder die Augen zum Wiedererkennen; und wie sie ihn endlich von den Bergleuten in ihr Stüblein tragen ließ, als die Einzige, die ihm angehörte und ein Recht an ihn habe, bis sein Grab gerüstet sei auf dem Kirchhof. Den anderen Tag, als das Grab gerüstet war auf dem Kirchhof und ihn die Bergleute holten, schloss sie ein Kästlein auf, legte ihm das schwarzseidene Halstuch mit roten Streifen um und begleitete ihn in ihrem Sonntagsgewand, als wenn es ihr Hochzeitstag und nicht der Tag seiner Beerdigung wäre. Denn als man ihn auf dem Kirchhof ins Grab legte, sagte sie: „Schlafe nun wohl, noch einen Tag oder zehn im kühlen Hochzeitsbett, und lass dir die Zeit nicht lang werden. Ich habe nur noch ein wenig zu tun und komme bald, und bald wird wieder Tag." – „Was die Erde einmal wiedergegeben hat, wird sie zum zweiten Mal auch nicht behalten", sagte sie, als sie fortging und sich noch einmal umschaute.

Johann Peter Hebel hat für seine Erzählung den folgenden Bericht genutzt:

Man fand einen ehemaligen Bergmann in der schwedischen Eisengrube zu Falun, als zwischen zween Schachten ein Durchschlag versucht wurde. Der Leichnam, ganz mit Eisenvitriol durchdrungen, war anfangs weich, wurde aber, sobald man ihn an die Luft gebracht, so hart wie Stein. Fünfzig Jahre hatte derselbe in einer Tiefe von dreihundert Ellen in jenem Vitriolwasser gelegen; und niemand hätte die noch unveränderten Gesichtszüge des verunglückten Jünglings erkannt, niemand die Zeit, seit welcher er in dem Schachte gelegen, gewusst, da die Bergchroniken sowie die Volkssagen bei der Menge der Unglücksfälle in Ungewissheit waren, hätte nicht das Andenken der ehemals geliebten Züge eine alte treue Liebe bewahrt. Denn als um den kaum hervorgezogenen Leichnam das Volk, die unbekannten jugendlichen Gesichtszüge betrachtend, steht, da kommt an Krücken und mit grauem Haar ein Mütterchen, mit Tränen über den geliebten Toten, der ihr verlobter Bräutigam gewesen, hinsinkend, die Stunde segnend, da ihr noch an den Pforten des Grabes ein solches Wiedersehen gegönnt war, und das Volk sah mit Verwunderung die Wiedervereinigung dieses seltenen Paares, da sich das eine im Tode und in tiefer Gruft das jugendliche Aussehen, das andere bei dem Verwelken und Veralten des Leibes die jugendliche Liebe treu und unverändert erhalten hatte; und wie bei der fünfzigjährigen Silberhochzeit der noch jugendliche Bräutigam starr und kalt, die alte und graue Braut voll warmer Liebe gefunden wurde.

In dieser Erzählung geht es sowohl um Vergänglichkeit als auch um Beständigkeit. Erklärt.
Sprecht über den Schluss der Erzählung. Wie wird der Tod gesehen?
Was bedeutet er für die Liebe der beiden Menschen?
Untersucht den Text, ob er die Merkmale einer Anekdote besitzt.
Vergleicht dazu mit der folgenden Kennzeichnung:
Eine Anekdote ist eine kurze Geschichte, die im Präteritum verfasst ist und die oft eine bemerkenswerte Situation oder außergewöhnliche Begebenheit beleuchtet. Sie enthält eine überraschende Wende oder Pointe.

Vergleicht die Erzählung Hebels mit der Quelle, die er benutzt hat, unter folgenden Gesichtspunkten:
- *Inhalt und Aufbau*
- *Gestaltung der Personen*
- *sprachliche Gestaltung*
- *Absicht und Wirkung*

William Shakespeare (1564–1616)
Romeo und Julia

Der folgende Textauszug stammt aus dem wohl bekanntesten Drama des englischen Dramatikers William Shakespeare. Es ist vermutlich um 1591 entstanden.

Die vornehmen Familien Montague und Capulet in Verona sind tödlich verfeindet.

Romeo, Sohn Montagues, lernt auf einem Fest Julia, eine Capulet, kennen. Romeo und Julia verlieben sich heftig ineinander. Der Textauszug beginnt damit, dass Romeo, heimlich unter Julias Fenster stehend, hört, wie sie der Nacht ihre Liebe zu Romeo anvertraut. Die Liebenden lassen sich am nächsten Tag heimlich von dem Franziskanermönch Bruder Lorenzo trauen.

In einem unglücklichen Zweikampf tötet Romeo einen Verwandten Julias. Romeo muss in die Verbannung gehen. Nachdem er die Nacht bei Julia verbracht hat, verlässt er Verona. Julia soll nach dem Willen ihres Vaters einen von ihm bestimmten Grafen heiraten. Pater Lorenzo greift zu einer List: Durch einen Betäubungstrank soll Julia in einen todesähnlichen Schlaf versetzt und zum Schein in einer Gruft beigesetzt werden. Romeo soll die Nachricht erhalten, dass er Julia aus der Gruft befreien und mit ihr fliehen soll. Doch aufgrund von Missverständnissen muss Romeo glauben, Julia sei tot.

Am vermeintlichen Grab Julias nimmt er Gift; als Julia erwacht, findet sie Romeo tot an ihrer Seite; sie begreift, was geschehen ist, und tötet sich in tiefem Schmerz selbst. Die beiden Familien versöhnen sich, als sie erschüttert erkennen müssen, zu welcher Tragödie ihr blindwütiger Hass geführt hat.

Zweiter Akt – zweite Szene

Capulets Garten

Romeo kommt.

ROMEO Der Narben lacht, wer Wunden nie gefühlt.
Julia erscheint oben an einem Fenster.
Doch still, was schimmert durch das Fenster dort?
Es ist der Ost[1], und Julia die Sonne! –
Geh auf, du holde Sonn! Ertöte Lunen[2],
Die neidisch ist und schon vor Grame bleich,
Dass du viel schöner bist, obwohl ihr dienend.
O da sie neidisch ist, so dien ihr nicht!
Nur Toren gehn in ihrer blassen, kranken
Vestalentracht[3] einher; wirf du sie ab!
Sie ist es, meine Göttin, meine Liebe!
O wüsste sie, dass sie es ist! –

[1] *Osten*

[2] *Luna (lat.): Mond*

[3] *Vestalinnen waren Priesterinnen einer altrömischen Göttin; ihre Amtstracht war das Brautkleid.*

26

Sie spricht, doch sagt sie nichts: Was schadet das?
Ihr Auge redt, ich will ihm Antwort geben. –
Ich bin zu kühn, es redet nicht zu mir.
Ein Paar der schönsten Sterne am ganzen Himmel
Wird ausgesandt und bittet Juliens[4] Augen,
In ihren Kreisen unterdes zu funkeln.
Doch wären ihre Augen dort, die Sterne
In ihrem Antlitz? Würde nicht der Glanz
Von ihren Wangen jene so beschämen
Wie Sonnenlicht die Lampe? Würd ihr Aug
Aus luftgen Höhn sich nicht so hell ergießen,
Dass Vögel sängen, froh den Tag zu grüßen?
O wie sie auf die Hand die Wange lehnt!
Wär ich der Handschuh doch auf dieser Hand
Und küsste diese Wange!

[4] alte Form von
Julias

JULIA   Weh mir!
ROMEO   Horch!
Sie spricht. O sprich noch einmal, holder Engel!
Denn über meinem Haupt erscheinest du
Der Nacht so glorreich wie ein Flügelbote
Des Himmels dem erstaunten, über sich
Gekehrten Aug der Menschensöhne, die
Sich rücklings werfen, um ihm nachzuschaun,
Wenn er dahinfährt auf den trägen Wolken
Und auf der Luft gewölbtem Busen schwebt.

JULIA   O Romeo! Warum denn Romeo?
Verleugne deinen Vater, deinen Namen!
Willst du das nicht, schwör dich zu meinem Liebsten,
Und ich bin länger keine Capulet!

ROMEO   *für sich.*
Hör ich noch länger oder soll ich reden?

JULIA   Dein Nam ist nur mein Feind. Du bliebst du selbst,
Und wärst du auch keine Montague. Was ist
Denn Montague? Es ist nicht Hand, nicht Fuß,
Nicht Arm noch Antlitz, noch ein andrer Teil
Von einem Menschen. Sei ein andrer Name!
Was ist ein Name? Was uns Rose heißt,
Wie es auch hieße, würde lieblich duften;
So Romeo, wenn er auch anders hieße,
Er würde doch den köstlichen Gehalt
Bewahren, welcher sein ist ohne Titel.
O Romeo, leg deinen Namen ab,
Und für den Namen, der dein Selbst nicht ist,
Nimm meines ganz!

ROMEO	*indem er näher hinzutritt.*
	Ich nehme dich beim Wort.
	Nenn Liebster mich, so bin ich neu getauft
	Und will hinfort nicht Romeo mehr sein.
JULIA	Wer bist du, der du, von der Nacht beschirmt,
	Dich drängst in meines Herzens Rat?
ROMEO	Mit Namen
	Weiß ich dir nicht zu sagen, wer ich bin.
	Mein eigner Name, teure Heilge, wird,
	Weil er dein Feind ist, von mir selbst gehasst;
	Hätt ich ihn schriftlich, so zerriss ich ihn.
JULIA	Mein Ohr trank keine hundert Worte noch
	Von diesen Lippen, doch es kennt den Ton.
	Bist du nicht Romeo, ein Montague?
ROMEO	Nein, Holde; keines, wenn dir eins missfällt.
JULIA	Wie kamst du her? O sag mir, und warum?
	Die Gartenmaur ist hoch, schwer zu erklimmen;
	Die Stätt ist Tod – bedenk nur, wer du bist –,
	Wenn einer meiner Vettern dich hier findet.
ROMEO	Der Liebe leichte Schwingen trugen mich,
	Kein steinern Bollwerk kann der Liebe wehren;
	Und Liebe wagt, was irgend Liebe kann,
	Drum hielten deine Vettern mich nicht auf.
JULIA	Wenn sie dich sehn, sie werden dich ermorden.
ROMEO	Ach, deine Augen drohn mir mehr Gefahr
	Als zwanzig ihrer Schwerter; blick du freundlich,
	So bin ich gegen ihren Hass gestählt.
JULIA	Ihr wollt um alles nicht, dass sie dich sähn.
ROMEO	Vor ihnen hüllt mich Nacht in ihren Mantel.
	Liebst du mich nicht, so lass sie nur mich finden;
	Durch ihren Hass zu sterben wär mir besser
	Als ohne deine Liebe Lebensfrist.
JULIA	Wer zeigte dir den Weg zu diesem Ort?
ROMEO	Die Liebe, die zuerst mich forschen hieß;
	Sie lieh mir Rat, ich lieh ihr meine Augen.
	Ich bin kein Steuermann, doch wärst du fern
	wie Ufer, von dem fernsten Meer bespült,
	Ich wagte mich nach solchem Kleinod[5] hin.
JULIA	Du weißt, die Nacht verschleiert mein Gesicht,
	Sonst färbte Mädchenröte meine Wangen
	Um das, was du vorhin mich sagen hörtest.
	Gern hielt ich streng auf Sitte, möchte gern
	Verleugnen, was ich sprach; doch weg mit Form!
	Sag, liebst du mich? Ich weiß, du wirsts bejahn,

[5] *etwas sehr Wertvolles*

Und will dem Worte traun; doch wenn du schwörst,
So kannst du treulos werden; wie sie sagen,
Lacht Jupiter[6] des Meineids der Verliebten.
O holder Romeo, wenn du mich liebst:
Sags ohne Falsch! Doch dächtest du, ich sei
Zu schnell besiegt, so will ich finster blicken,
Will widerspenstig sein und Nein dir sagen,
So du dann werben willst; sonst nicht um alles.
Gewiss, mein Montague, ich bin zu herzlich,
Du könntest denken, ich sei leichten Sinns.

[6] altrömischer Himmelsgott

Ich glaube, Mann, ich werde treuer sein
Als sie, die fremd zu tun geschickter sind.
Auch ich, bekenn ich, hätte fremd getan,
Wär ich von dir, eh ichs gewahrte, nicht
Belauscht in Liebesklagen. Drum vergib!
Schilt diese Hingebung nicht Flatterliebe,
Die so die stille Nacht verraten hat.

ROMEO Ich schwöre, Fräulein, bei dem heilgen Mond,
Der silbern dieser Bäume Wipfel säumt –

JULIA O schwöre nicht beim Mond, dem wandelbaren,
Der immerfort in seiner Scheibe wechselt,
Damit nicht wandelbar dein Lieben sei!

ROMEO Wobei denn soll ich schwören?

JULIA Lass es ganz!
Doch willst du, schwör bei deinem edlen Selbst,
Dem Götterbilde meiner Anbetung;
So will ich glauben.

ROMEO Wenn die Herzensliebe –

JULIA Gut, schwöre nicht! Obwohl ich dein mich freue,
Freu ich mich nicht des Bundes dieser Nacht.
Er ist zu rasch, zu unbedacht, zu plötzlich,
Gleicht allzu sehr dem Blitz, der nicht mehr ist,
Noch eh man sagen kann: Es blitzt. – Schlaf süß!
Des Sommers warmer Hauch kann diese Knospe
Der Liebe wohl zur schönen Blum entfalten,
Bis wir das nächste Mal uns wieder sehn.
Nun gute Nacht! So süße Ruh und Frieden,
Als mir im Busen wohnt, sei dir beschieden.

ROMEO Ach, willst du lassen mich so ungetröstet?

JULIA Welch Tröstung kannst du diese Nacht begehren?

ROMEO Gib deinen treuen Liebesschwur für meinen!

JULIA Ich gab ihn dir, eh du darum gefleht;
Und doch, ich wollt, er stünde noch zu geben.

ROMEO Wollst du mir ihn entziehn? Wozu das, Liebe?

JULIA Um unverstellt ihn dir zurückzugeben.
Allein ich wünsche, was ich habe, nur.
So grenzenlos ist meine Huld, die Liebe
So tief ja wie das Meer. Je mehr ich gebe,
Je mehr auch hab ich: Beides ist unendlich.
Ich hör im Haus Geräusch; leb wohl, Geliebter!
Die Wärterin ruft hinter der Szene.
Gleich, Amme! Holder Montague, sei treu!
Wart einen Augenblick; ich komme wieder!
Sie geht zurück.

ROMEO	O selge, selge Nacht! Nur fürcht ich, weil
	Mich Nacht umgibt, dies alles sei nur Traum,
	Zu schmeichelnd süß, um wirklich zu bestehn.
	Julia erscheint wieder am Fenster.
JULIA	Drei Worte, Romeo, dann gute Nacht!
	Wenn deine Liebe tugendsam gesinnt
	Vermählung wünscht, so lass mich morgen wissen
	Durch jemand, den ich zu dir senden will,
	Wo du und wann die Trauung willst vollziehn.
	Dann leg ich dir mein ganzes Glück zu Füßen
	Und folge durch die Welt dir, meinem Herrn.
	Die Wärterin hinter der Szene: Fräulein!
	Ich komme, gleich! – Doch meinst du es nicht gut,
	So bitt ich dich –
	Die Wärterin hinter der Szene: Fräulein!
	Im Augenblick, ich komme!
	– Hör auf zu werben, lass mich meinem Gram!
	Ich sende morgen früh.
ROMEO	Beim ewgen Heil!
JULIA	Nun tausend gute Nacht!
	Geht zurück.
ROMEO	Raubst du dein Licht ihr, wird sie bang durchwacht.
	Wie Knaben aus der Schul eilt Liebe hin zum Lieben,
	Wie Knaben an ihr Buch wird sie hinweggetrieben.
	Er entfernt sich langsam. Julia erscheint wieder am Fenster.
JULIA	St! Romeo, st! O eines Jägers Stimme,
	Den edlen Falken wieder herzulocken!
	Abhängigkeit ist heiser, wagt nicht laut
	Zu reden, sonst zersprengt ich Echos Kluft
	Und machte heisrer ihre luftge Kehle
	Als meine mit dem Namen Romeo.
ROMEO	*umkehrend.*
	Mein Leben ists, das meinen Namen ruft.
	Wie silbersüß tönt bei der Nacht die Stimme
	Der Liebenden, gleich lieblicher Musik
	Dem Ohr des Lauschers!
JULIA	Romeo!
ROMEO	Mein Fräulein!
JULIA	Um welche Stunde soll ich morgen schicken?
ROMEO	Um neun.
JULIA	Ich will nicht säumen; zwanzig Jahre
	Sinds bis dahin. Doch ich vergaß, warum
	Ich dich zurückgerufen.
ROMEO	Lass hier mich stehn, derweil du dich bedenkst.

JULIA	Auf dass du stets hier weilst, werd ich vergessen,
	Bedenkend, wie mir deine Näh so lieb.
ROMEO	Auf dass du stets hier weilst, werd ich vergessen,
	Vergessend, dass ich irgend sonst daheim.
JULIA	Es tagt beinah, ich wollte nun, du gingst;
	Doch weiter nicht, als wie ein tändelnd Mädchen
	Ihr Vögelchen in der Hand entschlüpfen lässt,
	Gleich einem Armen in der Banden Druck,
	Und dann zurück ihn zieht am seidnen Faden;
	So liebevoll missgönnt sie ihm die Freiheit.
ROMEO	Wär ich dein Vögelchen!
JULIA	Ach wärst du's, Lieber!
	Doch hegt und pflegt ich dich gewiss zu Tod.
	Nun gute Nacht! So süß ist Trennungswehe,
	Ich rief wohl gute Nacht, bis ich den Morgen sähe.
	Sie geht zurück.
ROMEO	Schlaf wohn auf deinem Aug, Fried in der Brust!
	O wär ich Fried und Schlaf und ruht in solcher Lust!
	Ich will zur Zell des frommen Vaters gehen,
	Mein Glück ihm sagen und um Hülf ihn flehen. *Ab.*

Bestimmt den Zusammenhang dieser Szene innerhalb des gesamten Stückes.
Lest dazu die kurze Inhaltsangabe.
Sprecht über diesen Dramenausschnitt und kennzeichnet:
• *die Beziehung zwischen den beiden Personen*
• *Inhalt und Entwicklung des Gesprächs*
• *Sprache und Form des Textes*
Sucht euch in Gruppen einzelne Gesprächsabschnitte.
Versucht das dort Gesagte mit euren Worten auszudrücken.
Vergleicht eure Sprachweise mit dem Originaltext und überlegt,
• *woran es liegt, dass euch Shakespeares Sprache so fremd vorkommt,*
• *welche Wirkung die unterschiedlichen Sprachweisen beim Lesen und*
  Sprechen erzeugen.

Informiert euch über das Erfolgsmusical „West Side Story" des amerikanischen Komponisten und Dirigenten Leonard Bernstein (1918–1990).
Der Inhalt dieses Musicals stellt eine moderne Version des Shakespeare-Themas „Romeo und Julia" dar. Der Sippenkrach aus dem Italien des 16. Jahrhunderts wird verlagert in den Bandenkrieg rivalisierender Jugend-Clans in den Hinterhöfen von New York.

Wer bin ich – wer bist du?

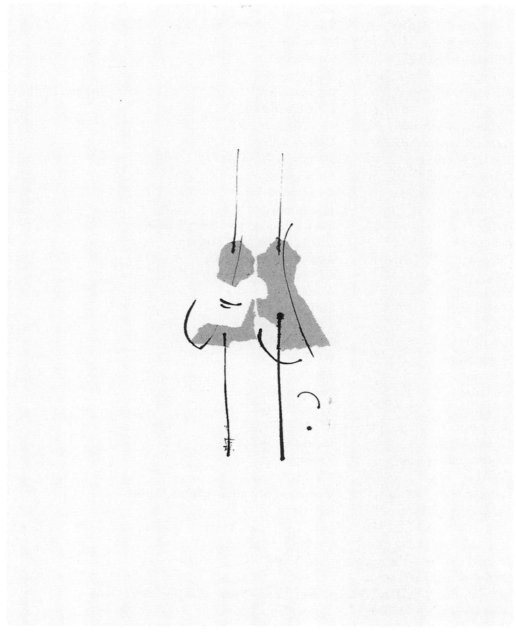

Ami Blumenthal, Alltag – Spiegelnah, 1989

Franz Hohler (* 1943)
Was ich alles bin

Nichtraucher
Rechtshänder
Steuerpflichtiger
Dienstuntauglicher
Zuzüger
Einwohner
Bürger
Wochenaufenthalter
Aufenthaltsberechtigter
Meldepflichtiger
Ersatzpflichtiger
Zivilschutzpflichtiger
Teilnehmer
Halter
Benützer
Adressat
Absender
Bezüger
Empfänger
Käufer
Besteller
Selbstabholer
Anwohner
Zubringer
Fußgänger
Autofahrer
Linksabbieger
Fahrzeughalter
Passagier
Fahrgast
Reisender in Richtung

Leser
Hörer
Abonnent
Zuschauer
Bazillenträger
Kassenpatient
Vollversicherter
Geschädigter
Gesuchsteller
Zeuge des Vorfalls
Schwimmer
Einzelwanderer
Pflanzenfreund
rasch entschlossener Selbstkäufer
frisch gebackener Ehemann
modebewusster Kunde
selbstständig Erwerbender
Mieter
Schuldner
Begünstigter
Eigentümer
Inhaber
Besitzer
Nachkomme
Vorfahre
Mitspieler
Gewinner
Verlierer

manche finden mich auch als Mensch
sehr nett

Ergänzt die Liste dessen, „Was ich alles bin".
Erklärt den letzten Satz.
Schreibt einen ähnlichen Text mit dem Titel „Was ich alles sein werde" oder
„Was ich alles sein möchte".
Mit Bezug auf den folgenden Cartoon könnt ihr auch einen Text schreiben
mit dem Titel „Was ich alles war".

Saul Steinberg, Cartoon

Manfred Eichhorn
Zukunft

Morgen werde ich vierzehn, und dann werde ich ein
ganzes Jahr lang sagen: Bald werde ich fünfzehn.
Ich trage die Zeit immer mit mir herum.
In der Zukunft fühle ich mich zu Hause.
Die Zukunft ist schön.
Wenn ich eine schlechte Note geschrieben habe, sage ich:
Nächstes Jahr wird das anders sein.
Wenn Vater mir verbietet, auf eine Party zu gehen, verbünde
ich mich mit der Zukunft gegen meinen Vater.
Die Zukunft, das ist meine ganze Hoffnung.
Da kann und wird nichts schief gehen.
Von Jahr zu Jahr komme ich ihr näher und weiß noch nicht,
wann das ein Ende haben wird.

Sprecht über die Überschrift des Textes.
Ergänzt das Gedicht um einige neue Zeilen. So könntet ihr anfangen:
„Morgen werde ich sechszehn …"

Sylvia Plath (1932–1963)
Ich bin ich

Sylvia Plath wurde am 27.10.1932 in Boston (Massachusetts) geboren. Die Tochter einer Lehrerin und eines deutschstämmigen Universitätslehrers kam mit einem Stipendium an die Cambridge University. Nachdem sie kurze Zeit in Amerika unterrichtet hatte, übersiedelte sie 1959 mit ihrer Familie nach England. Ihre Dichtung, deren Pessimismus kaum jemals durch einen Schimmer von Hoffnung gemildert wird, hat vor allem die Themen Krankheit, Leiden und Tod zum Gegenstand. Wiederholt mündeten ihre psychischen Probleme in Selbstmordversuche, von denen einer 1963 ihrem Leben ein Ende setzte.

Ich habe mich entschlossen, ab heute wieder Tagebuch zu führen – da kann ich meine Gedanken und Meinungen hineinschreiben, wenn ich gerade Zeit habe. Auf irgendeine Weise muss ich den Überschwang meiner siebzehn Jahre bewahren und festhalten. Jeder Tag ist so kostbar, dass ich unendlich trau-
5 rig werde bei dem Gedanken, dass mir diese Zeit mehr und mehr entschwindet, je älter ich werde. Jetzt, jetzt ist die ideale Zeit meines Lebens.

Blicke ich zurück auf die vergangenen sechzehn Jahre, dann sehe ich Tragödien und Glück, alles relativ – alles belanglos jetzt – ein kleines vages Lächeln wert, mehr nicht. Ich kenne mich selber immer noch nicht. Vielleicht werde
10 ich mich nie kennen. Aber ich fühle mich frei – keine Verantwortung bindet mich, ich kann immer noch hinauf in mein Zimmer gehen, es gehört mir allein – meine Zeichnungen hängen an den Wänden … Bilder sind über meine Kommode gepinnt. Das Zimmer passt zu mir – maßgemacht, nicht voll gestopft und ruhig … Ich liebe die ruhigen Linien der Möbel, die Bücher-
15 schränke mit den Gedichtbänden und Märchenbüchern, aus der Kindheit geborgen.

Ich bin sehr glücklich im Moment, sitze am Schreibtisch und schaue hinüber zu den kahlen Bäumen rings um das Haus jenseits der Straße … Immer möchte ich Beobachter sein. Ich möchte, dass das Leben mich stark berührt,
20 aber nie so blind macht, dass ich meinen Anteil am Dasein nicht mehr ironisch und humorvoll betrachten und mich über mich selber lustig machen kann, wie ich es über andere tue. Ich habe Angst vor dem Älterwerden. Ich habe Angst vor dem Heiraten. Der Himmel bewahre mich davor, dreimal am Tag zu kochen – bewahre mich vor dem erbarmungslosen Käfig der Eintö-
25 nigkeit und Routine. Ich möchte frei sein – frei, um Menschen kennen zu lernen und ihre Geschichte – frei, um an verschiedenen Enden der Welt zu leben und auf diese Weise die Erfahrung zu machen, dass es andere Sitten und Normen gibt als die meinen.

[…]

30 Manchmal versuche ich, mich an die Stelle eines anderen zu versetzen, und bin erschrocken, wenn ich merke, dass mir das fast gelingt. Wie fürchterlich, jemand anderes als ich zu sein. Mein Egoismus ist schrecklich. Ich liebe mein Fleisch, mein Gesicht, meine Glieder mit überwältigender Hingabe. Ich weiß, dass ich „zu groß" bin und eine zu dicke Nase habe, trotzdem putze ich mich

35 auf, posiere vor dem Spiegel und finde mich von Tag zu Tag hübscher ... Ich habe mir ein Bild von mir selbst geschaffen – idealistisch und schön.

    [...]

    Oh, ich liebe das Jetzt, trotz all meiner Ängste und Vorahnungen, denn jetzt bin ich noch nicht endgültig geformt. Mein Leben fängt erst noch an.

40 Ich bin stark. Ich sehne mich nach einer Sache, der ich meine Kräfte widmen kann ...

Versucht den Gedanken der Autorin zu folgen.
Wie beurteilt sie ihre Gegenwart, ihre Vergangenheit und ihr zukünftiges Leben?
Welche Einstellung hat sie zu sich selbst?
Erklärt, warum die Verfasserin das Tagebuch wählt, um ihre Gedanken und Gefühle festzuhalten.

Jürgen Jahn
Prokrustes*

*Prokrustes ist
in der griechi-
schen Sage ein
Unhold. Die
bei ihm einkeh-
renden Wande-
rer passte er
durch Verstüm-
melung oder
Streckung mit
dem Hammer
in eine Bettstel-
le ein. Der Sa-
genheld These-
us tötete ihn
auf die gleiche
Weise.*

Ich bin ich,
Aber ihr wollt jemand aus mir machen,
Der ich nicht bin;
Ihr spannt alle auf denselben Leisten und messt alle nach denselben
Maßstäben;
Wer zu groß ist,
Muss sich klein machen;
Wer zu dick ist,
Muss sich dünn machen;
Hilfe, ich bin zu dünn,
Ich kann nicht, – ich will mich nicht dick machen;
So, so sagen sie, du willst dich also nicht anpassen,
Willst was Besonderes sein,
Du bist ein Egoist,
Nein, ich bin kein Egoist,
Ihr wollt mich zum Egoisten machen,
Ihr hetzt mich mit anderen zum Miteifern,
Andere zu übertrumpfen;
Ich bin kein Ass,
Ich bin kein Wettläufer,
Ich schreibe ab,
Ich lasse abschreiben;
Ich will nicht allein vorwärts kommen,
Ich will mit allen zusammen sein!

Erklärt die Einstellung er Ich-Person in diesem Gedicht.
Wogegen wehrt sie sich?
Was wirft sie ihrem Gegenüber vor?
Was strebt sie selbst an?

*Gliedert den Inhalt des Textes in mehrere Abschnitte. Welche Aufgabe
haben dabei die letzten Zeilen?*
Erklärt die sprachlichen Besonderheiten und die Wirkung dieser Zeilen.
*Stellt eine Verbindung zwischen der Textaussage und der Überschrift her,
lest dazu auch die Erläuterungen in der Randspalte.*
*Versucht eure Einstellung zu euch selbst und anderen in einem kurzen
Gedicht zu verdeutlichen.*

In den folgenden Texten Gleichaltriger findet ihr vielleicht noch weitere Anregungen.

Tobias B. (Schüler)

```
Was bin ich?

Was bin ich:
Ein Tropfen im Meer
Ein Sandkorn am Strand
Ein Grashalm auf der Wiese
Was bin ich:
Eine Kreatur unter Tausenden
        von Kreaturen
Ein Lebewesen unter Tausenden
        von Lebewesen
Ein Mensch unter Menschen?
Was bin ich?
Unkopierbar?
Einmalig?
Einzigartig?
Was bin ich?
Was bin ich?
Was bin ich?
Ich bin
 - ich!
```

Renate S. (Schülerin)

Ich
nicht irgendeiner
keiner, den man sofort einordnen kann
Ich
mit eigener Meinung
eigenen Gefühlen
eigenen Gedanken
eigenem Verhalten
I C H

Lesehinweis⟩ *Text von Roland Tombekai Dempster, S. 216*

Thomas Rosenlöcher
Der Untergang der Banane

Aufgewachsen bin ich im Leuchtbild der Banane. Allein schon, weil sie so selten vorkam, dass, wenn sie einmal auftauchte, jeder gleich wusste, dass Weihnachten war. Ein gelbliches Aufblinken hinter der Ladentafel, ein Ruck in der Schlange: Bananen. Eine gebogene Nachricht aus einer anderen Welt.
5 Zu der unsere Westverwandten wie selbstverständlich gehörten. Indem sie ohne weiteres über Bananen verfügten. Und sie uns als Beweisstück Jahr für Jahr mitbrachten. Wobei wir auf ihre Frage „Gibt es die Dinger hier immer noch nicht?" nur resignierend abwinken konnten: „Nicht einmal zu Weihnachten." Wie wir überhaupt unser Dasein, um ihre Großzügigkeit nicht
10 unnötig einzuschränken, in möglichst schwarzen Farben darstellten und damit der Wirklichkeit erstaunlich nahe kamen. Doch während wir unsere Verwandten allein schon deshalb brauchten, um wieder einmal zu merken, wie schlecht es uns wirklich ging, brauchten auch sie uns allein schon deshalb, um wieder einmal zu merken, wie gut sie es eigentlich hatten. Sodass
15 wir letzten Endes für sie den Sozialismus hier ertrugen und ihnen es letzten Endes für uns von Jahr zu Jahr besser ging.

Dennoch befürchteten wir mit jedem Jahr erneut, dass dieses Mal kein Westpaket käme, doch dank Onkel Heinz kam es doch. Und war fast so groß wie ich, da ich es nach Hause schleppte, vorbei an den Nachbarskindern:
20 „Der hats guddi, Mänsch." Und sogar selber aufknoteln durfte, doch niemals den Strick zerschneiden, weil es Weststrick war. Ehe Mutter der ganzen Familie das Inhaltsverzeichnis vorlas, obwohl wir es schon vom letzten Jahr kannten. Und endlich das Paket auspackte. Und auf dem Küchentisch ein kleiner Wohlstandsgletscher lag.

25 So wuchs ich allmählich heran. Nicht nur der Verzehr der Banane war das Nahrhafte an ihr, sondern auch ihr Besitz. Indem sie als Mangelware dem jeweiligen Besitzer eine Andeutung von Auserwähltheit verlieh. Doch während manche Mangelware gelegentlich wieder verschwand, indem es zwar weiterhin keine Zahnbürsten gab, doch dafür ausreichend Toiletten-
30 papier, und auch der Klempner erschütternd blitzartig wieder auftauchte, erwies sich die Banane als konstante Mangelware. Fünf Stück gab es pro Person, wenn es Bananen gab. Sodass man sich mehrmals anstellen musste und auch die Kinder mit eingesetzt wurden, um die Familienpräsenz zu verstärken. Zumal der Kisteninhalt rasch abzunehmen pflegte. Und ich in der
35 Schlange wieder und wieder vorauszuberechnen versuchte, ob sie für mich noch reichten. Mit zunehmendem Hoffen, je mehr die Hoffnung schwand. Denn je mehr die Bananen abnahmen, desto näher rückte ich an die Bananen heran. Und kam tatsächlich ausgerechnet in dem Moment an die Reihe, als noch genau fünf Bananen in der Kiste lagen. – Über die Ladentafel empor

40 streckte ich den Fünfmarkschein dem Verkäufer entgegen. Der die Hand des
Kindes ignorierte. Indes die Frau hinter mir wie selbstverständlich die letzten Bananen in ihre Tasche packte. Und ich die Seelenkahlheit verspürte, die
der Totalverlust der Banane in einem Menschen anrichten konnte. Ein inneres Vakuum, das hinter mir in der Schlange in Form von Seufzern implo-
45 dierte. Indem der Verkäufer die Kiste umdrehte: „Ich kann mir das Gelum-
pe doch nicht aus den Rippen schneiden." Und so, durch die Negation der
Banane, ihr Leuchtbild erst recht beschwor. Sodass das Spannungsverhältnis
von Mangel und Überfluss zu explosionsartigen Ausbrüchen führte und
schon in den früheren Jahren vor unserem Gemüseladen für eine Zehntel-
50 sekunde der Umbruch in der Luft lag, indem eine Stimme sagte: „Hängt doch
den Pferdekopp raus." Und mit hornissenartigem Brummeln versuchte die
Schlange sich selbst zu entkommen, indem ein jeder jeden im Zickzack
behinderte, um sich ein paar Straßen weiter aufs Neue anzustellen. Ich aber
stand noch immer mit dem Fünfmarkschein an der Ladentafel. Und sah auf
55 diese Weise, wie hinten im Laden der Klempner erschien und als Mangelware
erschütternd blitzartig mit einer ganzen Kiste Bananen verschwand.

So wuchs ich weiter heran. Im Leuchtbild der Banane, von Mangelwaren
umkreist. Und wieder kam Westbesuch und brachte neben Kaugummi auch
Bananen mit. Wobei unsere Dankbarkeit selbst unseren Onkel verblüffte,
60 denn das hatte er nicht gewusst, dass er derartig großzügig war. Und wir uns
auf die Weise erneut ein Westpaket verdienten. Und wieder ein Wohlstandsgletscher auf unserem Küchentisch lag. Und von der Kompaktheit der
Blockschokoladen und pfundenden Marzipane große Seelenfestigkeit auf
mich überging. Und in meiner Seele noch nachtranszendierte, wenn alles wie-
65 der weggepackt wurde, weil noch nicht Weihnachten war. Zumal der Westgeruch noch eine Weile in unserer Küche verblieb, dass jeder, der hinzukam,
fragte: „Habt ihr ein Paket bekommen?" Denn alles, was von drüben kam,
hatte diesen neonartigen Geruch. Der als Aroma der Ferne im Leuchtbild der
Banane stand. Selbst meines Onkels mir mitgeschickte Hosen hatten diesen
70 geheimen Geruch. Was freilich kein Wunder war, da unser ganzer Onkel so
roch, wenn er aus dem Auto stieg und uns Bananen brachte. Doch das war
der Unterschied zwischen ihm und uns: Dass er Bananen meinte, wenn er
uns Bananen gab, wogegen wir das Leuchtbild eines anderen Lebens dan-
kend entgegennahmen. So wie ich auch keine Kaugummis kaute, wenn ich
75 Kaugummis kaute, sondern mit meinen Milchzähnen schon das Reich der
Freiheit traktierte.

Längst war ich herangewachsen. Obwohl es wieder einmal keine Zahnbürsten gab, gab es auch kein Toilettenpapier. Der Klempner war gestorben,
und was die Banane betraf, blieb sie nun sogar zu Weihnachten aus. Und
80 doch: Ihr geheimer Neongeruch drang immer weiter vor. Sodass es geschehen konnte, dass ich den Neustädter Bahnhof betrat. Und vor der Bahnhofs-

toilette mitten in dem dortigen mörderischen Geruch auf einmal ein anderes Aroma bemerkte, das sich sogar noch hielt, als wieder die Pissoirtür aufschwang. Worauf ich auf meine Notdurft verzichtete und ein paar Schritte
85 weiterging. Und durch eine andere Tür gleichsam in den Westen trat. Und den Glanz des Fortschritts bestaunte. Und die Sorten des Überflusses. Und dann doch lieber pinkeln ging, weil hier nur Westgeld galt. Und mich dennoch immer wieder in diese glänzenden Grotten begab, um ihren Geruch zu riechen. Bis das auch mir nicht mehr genügte und unsereins in Massen auf
90 die Straße lief und lauthals behauptete, auch jemand zu sein, wovon gleich die Mauer einfiel, die uns noch vom Westen trennte. Da ging ein jeglicher los, um sich die Banane zu holen. Doch als er, mit Bananen beladen, wieder nach Hause kam, war die Banane schon da. Und siehe, auch ich aß Bananen, als ob ich den vierzigjährigen Vorsprung meiner Westverwandten im Bananen-
95 essen jemals noch hätte aufholen können. Doch je mehr Bananen ich aß, desto weniger bemerkte ich, dass ich Bananen aß, bis ich überm Bananenessen die Banane ganz vergaß. Und sie auch sonst aus den Augen verlor, sosehr sie sich zwischen Ananas und Artischocke auch häufte. Denn längst aß ich Blattsalat wie meine Westverwandten. Und sah auch das höhere Leuchten nicht
100 mehr, seitdem Millionen Lämpchen die Schluchten der Finsternis überspannten und an der Straßenecke die Fortschrittsbananen aufglühten. Ja, ausgerechnet die Banane hat die Banane beseitigt. Der Mangel an Mangelwaren den Traum vom Überfluss. Nicht einmal die Freiheit spürte ich mehr, seitdem mir hier dauernd gesagt wird, dass dies die Freiheit sei. Und was noch
105 schlimmer ist: Westpaket kriege ich auch keines mehr. Wie auch mein Onkel gänzlich verschwand, seit wir uns gegenseitig nicht mehr als Kontrastmittel brauchen, zumal er nun selbst hier massenhaft vorkommt und auch das Bankgeschäft übernahm, um uns auf die Beine zu helfen. Nicht einmal den Westgeruch rieche ich noch, seitdem ich selber so rieche. Kurzum, der
110 eigentliche Verlust ist nicht der Untergang des so genannten Sozialismus, sondern der der Banane. Nur manchmal, wenn ich mich nachts weit aus dem Fenster beuge, scheint mir am westlichen Himmel der unendlich fern gerückte, sichelförmige Mond das Leuchtbild der Banane noch einmal nachzuahmen.

42

Ertunç Barin
In zwei Sprachen leben

In zwei Sprachen leben. Das ist nicht so einfach, mein Freund. Es ist wie zwei
Menschen, die in einem Körper leben müssen und dabei grundverschieden
sind. Oder wie ein Schuh für zwei Füße, die gleichzeitig hineinmüssen und
mit dem man auch laufen muss. Komisch! Wie kann man so laufen? Ja, mein
5 Freund, du fragst. Ich erlebe es jeden Tag. Morgens, wenn ich meine Haus-
tür aufmache und die Wohnung verlasse, ob ich kann oder will – das wird oft
nicht gefragt –, gehe ich in die Welt der deutschen Sprache. – Dort kann mir
meine Muttersprache nicht mehr helfen. Auf der Straße, in der Straßenbahn,
in der Schule, in der Werkstatt. Das sind die Orte des unvermeidlichen Zu-
10 sammentreffens der beiden Sprachen. Die eine darf ich nicht benutzen. Die
andere kann ich noch nicht beherrschen: meine Fremdsprache. So nennt man
sie. Wie kann ich aber selbst diese Sprache als fremd bezeichnen, mit der ich
jeden Tag überall konfrontiert bin? Ich brauche öfter die deutsche Sprache
als meine. Mit meiner eigenen Sprache, allein und hilflos stehe ich da. Meine
15 Muttersprache ist mir längst fremd geworden.

Sabri Çakir
Ich habe zwei Heimatländer

Ich habe zwei Sprachen
die eine spreche ich zu Hause
Sie verstehen mich so besser
meine Frau und mein Sohn
Die andere spreche ich auf der Arbeit
beim Einkaufen, im Ausländeramt

Ich habe zwei Gesichter
Das eine benutze ich für die Deutschen
Dieses Gesicht kann alles
lachen und weinen
Das andere halte ich
für meine Landsleute bereit

Ich habe zwei Heimatländer
Eins in dem ich geboren wurde
Das andere in dem ich satt werde
Das Land meiner Väter liebe ich mehr
Aber erdulden muss ich
Die Schmerzen beider

*Führt eine Befragung in eurer Schule oder im Bekanntenkreis mit Menschen durch, die
auch „in zwei Sprachen leben". Versucht zu erkunden, welche Zusammenhänge zwischen
der Sprache einerseits und dem Leben, Fühlen, Denken, Träumen andererseits bestehen.*

Max Frisch (1911–1991)
Der andorranische Jude

In Andorra lebte ein junger Mann, den man für einen Juden hielt. Zu erzählen
wäre die vermeintliche Geschichte seiner Herkunft, sein täglicher Umgang
mit den Andorranern, die in ihm den Juden sehen: das fertige Bildnis, das
ihn überall erwartet. Beispielsweise ihr Mißtrauen gegenüber seinem Gemüt,
das ein Jude, wie auch die Andorraner wissen, nicht haben kann. Er wird auf
die Schärfe seines Intellektes verwiesen, der sich eben dadurch schärft,
notgedrungen. Oder sein Verhältnis zum Geld, das in Andorra auch eine
große Rolle spielt: er wußte, er spürte, was alle wortlos dachten; er prüfte
sich, ob es wirklich so war, daß er stets an das Geld denke, er prüfte sich,
bis er entdeckte, daß es stimmte, es war so, in der Tat, er dachte stets an das
Geld. Er gestand es; er stand dazu, und die Andorraner blickten sich an,
wortlos, fast ohne ein Zucken der Mundwinkel. Auch in Dingen des Vaterlandes wußte er genau, was sie dachten; sooft er das Wort in den Mund
genommen, ließen sie es liegen wie eine Münze, die in den Schmutz gefallen
ist. Denn der Jude, auch das wußten die Andorraner, hat Vaterländer, die er
wählt, die er kauft, aber nicht ein Vaterland wie wir, nicht ein zugeborenes,
und wie wohl er es meinte, wenn es um andorranische Belänge ging, er redete in ein Schweigen hinein, wie in Watte. Später begriff er, daß es ihm offenbar an Takt fehlte, ja, man sagte es ihm einmal rundheraus, als er, verzagt über
ihr Verhalten, geradezu leidenschaftlich wurde. Das Vaterland gehörte den
andern, ein für allemal, und daß er es lieben könnte, wurde von ihm nicht erwartet, im Gegenteil, seine beharrlichen Versuche und Werbungen öffneten
nur eine Kluft des Verdachtes; er buhlte um eine Gunst, um einen Vorteil,
um eine Anbiederung, die man als Mittel zum Zweck empfand auch dann,
wenn man selber keinen möglichen Zweck erkannte. So wiederum ging es,
bis er eines Tages entdeckte, mit seinem rastlosen und alleszergliedernden
Scharfsinn entdeckte, daß er das Vaterland wirklich nicht liebte, schon das
bloße Wort nicht, das jedesmal, wenn er es brauchte, ins Peinliche führte.
Offenbar hatten sie recht. Offenbar konnte er überhaupt nicht lieben, nicht
im andorranischen Sinn; er hatte die Hitze der Leidenschaft, gewiß, dazu die
Kälte seines Verstandes, und diesen empfand man als eine immer bereite
Geheimwaffe seiner Rachsucht; es fehlte ihm das Gemüt, das Verbindende;
es fehlte ihm, und das war unverkennbar, die Wärme des Vertrauens. Der
Umgang mit ihm war anregend, ja, aber nicht angenehm, nicht gemütlich. Es
gelang ihm nicht, zu sein wie alle andern, und nachdem er es umsonst
versucht hatte, nicht aufzufallen, trug er sein Anderssein sogar mit einer Art
von Trotz, von Stolz und lauernder Feindschaft dahinter, die er, da sie ihm
selber nicht gemütlich war, hinwiederum mit einer geschäftigen Höflichkeit
überzuckerte; noch wenn er sich verbeugte, war es eine Art von Vorwurf,

40 als wäre die Umwelt daran schuld, daß er ein Jude ist – die meisten Andorraner taten ihm nichts.

Also auch nichts Gutes.

Auf der andern Seite gab es auch Andorraner eines freieren und fort-
schrittlichen Geistes, wie sie es nannten, eines Geistes, der sich der Mensch-
45 lichkeit verpflichtet fühlte: sie achteten den Juden, wie sie betonten, gerade
um seiner jüdischen Eigenschaften willen, Schärfe des Verstandes und so
weiter. Sie standen zu ihm bis zu seinem Tode, der grausam gewesen ist, so
grausam und ekelhaft, daß sich auch jene Andorraner entsetzten, die es nicht
berührt hatte, daß schon das ganze Leben grausam war. Das heißt, sie be-
50 klagten ihn eigentlich nicht, oder ganz offen gesprochen: sie vermißten ihn
nicht – sie empörten sich nur über jene, die ihn getötet hatten, und über die
Art, wie das geschehen war, vor allem die Art.

Man redete lange davon.

Bis es sich eines Tages zeigte, was er selber nicht hat wissen können, der
55 Verstorbene: daß er ein Findelkind gewesen, dessen Eltern man später
entdeckt hat, ein Andorraner wie unsereiner –

Man redete nicht mehr davon.

Die Andorraner aber, sooft sie in den Spiegel blickten, sahen mit Entset-
zen, daß sie selber die Züge des Judas tragen, jeder von ihnen. R

Beschreibt das Bild, das sich die Andorraner von den Juden machen.
Was hat das mit Vorurteil und Festlegung zu tun?
Stellt angebliche Verhaltensweisen von Andorranern und Juden gegenüber.
Worin besteht ihre Schuld?
Beschreibt die Auswirkungen, die die Meinung der Andorraner für den
jungen Mann hat.
Bezieht zur Erklärung den folgenden Text von Max Frisch mit ein. Achtet
dabei besonders auf die farbig gekennzeichnete Stelle.

Irgendeine fixe Meinung unserer Freunde, unserer Eltern, unserer Erzieher,
auch sie lastet auf manchem wie ein Orakel. Ein halbes Leben steht unter der
heimlichen Frage: Erfüllt es sich oder erfüllt es sich nicht. Mindestens die
Frage ist uns auf die Stirn gebrannt, und man wird ein Orakel nicht los, bis
man es zur Erfüllung bringt. Dabei muß es sich durchaus nicht im geraden
Sinn erfüllen; auch im Widerspruch zeigt sich der Einfluß, darin, daß man so
nicht sein will, wie der andere uns einschätzt. Man wird das Gegenteil, aber
man wird es durch den andern.

Eine Lehrerin sagte einmal zu meiner Mutter, niemals in ihrem Leben werde sie stricken lernen. Meine Mutter erzählte uns jenen Ausspruch sehr oft;

sie hat ihn nie vergessen, nie verziehen; sie ist eine leidenschaftliche und ungewöhnliche Strickerin geworden, und alle die Strümpfe und Mützen, die Handschuhe, die Pullover, die ich jemals bekommen habe, am Ende verdanke ich sie allein jenem ärgerlichen Orakel …

In gewissem Grad sind wir wirklich das Wesen, das die andern in uns hineinsehen, Freunde wie Feinde. Und umgekehrt! Auch wir sind die Verfasser der andern; wir sind auf eine heimliche und unentrinnbare Weise verantwortlich für das Gesicht, das sie uns zeigen. ⓡ

Max Frisch wurde am 15. 5. 1911 in Zürich geboren. Er studierte zunächst Literaturwissenschaft, wandte sich ab 1933 dem Journalismus zu. Von 1936 bis 1941 absolvierte er ein Architekturstudium und Frisch übte den Architektenberuf auch bis 1954 aus. Danach widmete er sich ausschließlich seiner schriftstellerischen Arbeit, wobei er sich zeitlebens auch zu Fragen des politischen Alltags engagiert Gehör verschaffte. Max Frisch verstarb im April 1991 in Zürich.

Erich Fried (1921–1988)
Angst und Zweifel

Zweifle nicht
an dem
der dir sagt
er hat Angst

aber hab Angst
vor dem
der dir sagt
er kennt keinen Zweifel

Erklärt Form, Aufbau und Aussage des Textes.
Erklärt den Zusammenhang zu dem Titel der Textgruppe
„Wer bist du und wer bin ich?".

Bertolt Brecht (1898–1956)
Das Wiedersehen

Ein Mann, der Herrn K. lange nicht gesehen hatte, begrüßte ihn mit den
Worten: „Sie haben sich gar nicht verändert." „Oh!" sagte Herr K. und er-
bleichte.   ⬛R

Erklärt die Reaktion des Herrn K.
Versucht die Aussage des Textes durch eine veränderte Gestaltung in freie
Verse zu unterstreichen. Übertragt die Aussage des Textes auf euer eigenes
Leben und eure eigene Entwicklung und diskutiert, ob ihr der hier
geäußerten Ansicht zustimmen könnt.

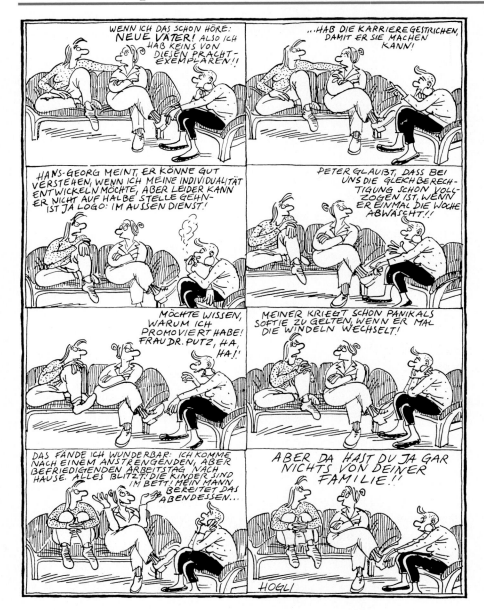

Bei diesem Cartoon ist die letzte Szene für das Thema des Gesprächs besonders aufschlussreich. Erklärt die Pointe.
Diskutiert die Thematik. Verändert entsprechend eurer Meinung gegebenenfalls die letzte Aussage.

Herbert Grönemeyer
männer

männer nehmen in den arm
männer geben geborgenheit
männer weinen heimlich
männer brauchen viel zärtlichkeit

männer sind verletzlich
männer sind auf dieser welt einfach unersetzlich

männer kaufen frauen
männer stehen ständig unter strom
männer baggern wie blöde
männer lügen am telefon

männer sind allzeit bereit
männer bestechen durch ihr geld und ihre lässigkeit

Beschreibt das Rollenbild, das Herbert Grönemeyer hier von den Männern „zeichnet". Belegt eure Aussage mit Textbeispielen. Wie will Herbert Grönemeyer seine Kennzeichnungen wohl verstanden wissen?
Diskutiert, ob das hier Gemeinte mit euren Rollenvorstellungen, allgemeinen und persönlichen Erfahrungen übereinstimmt.
Ihr könnt zu diesem Lied Gegentexte anfertigen, indem ihr z.B. die Aussage verneint: „Männer nehmen nicht in den Arm" ...
Diskutiert, ob ihr die jeweils neu entstehenden Aussagen unterstützt.

männer haben's schwer, nehmen's leicht
außen hart und innen ganz weich
werden als kind schon auf mann geeicht
wann ist man ein mann?

männer haben muskeln
männer sind furchtbar stark
männer können alles
männer kriegen 'n herzinfarkt

männer sind einsame streiter
müssen durch jede wand

müssen immer weiter

männer!

männer führen kriege
männer sind schon als baby blau
männer rauchen pfeife
männer sind so verletzlich
männer sind auf dieser welt einfach unersetzlich
männer ...

Mehr Verständnis für die Männer, bitte!

Elfriede Hammerl über das selbstverständliche Recht des Mannes, Frauen zu belästigen

Ich bin eine Frau und als solche vielfachen Belästigungen ausgesetzt. Bauarbeiter rufen mir nach, was sie von meinem Busen halten. Schuljungen nennen mich gönnerhaft „Alte" und rempeln mich im Vorbeigehen. [...]

Penner grölen übel gelaunt Schimpfworte hinter mir her, die nicht bloß mich, sondern mein ganzes Geschlecht als minderwertig bezeichnen.

Wenn ich zurückschimpfe, bin ich ein mieser Charakter. Schon die Verwendung des Wortes „Belästigungen" für eigentlich wertfrei zu sehende Varianten des männlichen Sozialverhaltens weist mich als engstirnige Tucke aus, die alles zwanghaft auf sich bezieht. Allein dass ich von schmutzigen Greisen spreche, demaskiert mich als unsensible, erbarmungslose und prüde Eiferin.

Dass ich beschimpft, gerempelt, taxiert und bedroht werde, ist doch nicht so wichtig! Wichtig ist, weshalb die Schuljungen, Greise, Penner und so weiter mich beschimpfen, rempeln, taxieren und bedrohen.

Ein bisschen mehr Verständnis, bitte! Sehe ich denn nicht, wie ausgebeutet, unterdrückt und benachteiligt der Bauarbeiter ist? Irgendwie muss der Mann seinen Frust doch loswerden! Da komme ich ihm natürlich gerade recht, als privilegiertes Geschöpf, das ich nun einmal bin.

[...]

Die Achtung vor männlichen Mitbürgern rangiert vor der Achtung vor Frauen.

Weil Frauen nicht geachtet werden müssen, können sie auch keine diskriminierte Gruppe sein. Falls sie sich dennoch diskriminiert fühlen, sind sie wehleidig und selbstmitleidig. Pfui! Frauen sollen Zartgefühl nicht einfordern, sondern aufbringen, so will es die Natur.

Die Natur ist es auch, die der Frau in weiser Voraussicht eine Position der Schwäche zugedacht hat. [...]

Ich·bin eine Frau und schäme mich jetzt, dass ich mir belästigt vorgekommen bin, bloß weil ein nervöser Herrenfahrer mir zugerufen hat: „Geh schneller, fetter Trampel!" Ich nehme an, der Mann fühlt sich als Brillenträger zutiefst gedemütigt. Er muss sich ein Ventil schaffen, indem er seinerseits demütigt.

[...]

Lest den Text mehrmals und diskutiert die Aussagen dieses Textes.
Findet danach heraus:
* *Wo könnte dieser Text ursprünglich veröffentlicht worden sein?*
* *Was ist das zentrale Thema dieses Artikels?*
* *Welche Aussageabsicht wird damit verfolgt?*
* *Welche Mittel wurden gewählt, um die Aussage zu verdeutlichen?*
Erklärt jetzt Aufgabe und Machart der Überschrift. Wie ist sie gemeint?

Irmtraud Morgner (1933–1990)
Kaffee verkehrt

Als neulich unsere Frauenbrigade* im Expresse am Alex Kapuziner trank, betrat ein Mann das Etablissement, der meinen Augen wohl tat. Ich pfiff also eine Tonleiter rauf und runter und sah mir den Herrn an, auch rauf und runter. Als er an unserem Tisch vorbeiging, sagte ich „Donnerwetter". Dann
5 unterhielt sich unsere Brigade über seine Füße, denen Socken fehlten, den Taillenumfang schätzten wir auf siebzig, Alter auf zweiunddreißig. Das Exquisithemd zeichnete die Schulterblätter ab, was auf Hagerkeit schließen ließ. Schmale Schädelform mit rausragenden Ohren, stumpfes Haar, das irgendein hinterweltlicher Friseur im Nacken rasiert hatte, wodurch die Perücke
10 nicht bis zum Hemdkragen reichte, was meine Spezialität ist. Wegen schlechter Haltung der schönen Schultern riet ich zu Rudersport. Da der Herr in der Ecke des Lokals Platz genommen hatte, mussten wir sehr laut sprechen. Ich ließ ihm und mir einen doppelten Wodka servieren und prostete ihm zu, als er der Bedienung ein Versehen anlasten wollte. Später ging ich zu seinem
15 Tisch, entschuldigte mich, sagte, dass wir uns von irgendwoher kennen müssten, und besetzte den nächsten Stuhl. Ich nötigte dem Herrn die Getränkekarte auf und fragte nach seinen Wünschen. Da er keine hatte, drückte ich meine Knie gegen seine, bestellte drei Lagen Sliwowitz und drohte mit Vergeltung für den Beleidigungsfall, der einträte, wenn er nicht tränke. Obgleich
20 der Herr weder dankbar noch kurzweilig war, sondern wortlos, bezahlte ich alles und begleitete ihn aus dem Lokal. In der Tür ließ ich meine Hand wie zufällig über eine Hinterbacke gleiten, um zu prüfen, ob die Gewebestruktur in Ordnung war. Da ich keine Mängel feststellen konnte, fragte ich den Herrn, ob er heute Abend etwas vorhätte, und lud ihn ein ins Kino „Inter-
25 national". Eine innere Anstrengung, die zunehmend sein hübsches Gesicht zeichnete, verzerrte es jetzt grimassenhaft, konnte die Verblüffung aber doch endlich lösen und die Zunge, also dass der Herr sprach: „Hören Sie mal, Sie haben ja unerhörte Umgangsformen." – „Gewöhnliche", entgegnete ich, „Sie sind nur nichts Gutes gewöhnt, weil Sie keine Dame sind."

in der ehemaligen DDR eine Betriebsgruppe von Frauen

Erklärt die Überschrift des Textes. Versucht das beschriebene Verhalten in Form eines Sketches darzustellen.
Ihr könnt ähnliche Texte zum Thema „Rolle verkehrt" erstellen, indem ihr z.B.:
• eine andere Situation gestaltet
• einen Mann sich „typisch frauenhaft" verhalten lasst
• „untypisches" Verhalten darstellt …

Hedy Wyss (* 1940)
Männer und Frauenrollen bei den Eingeborenenstämmen auf Neuguinea

Die amerikanische Anthropologin* Margaret Mead hat drei Eingeborenen-stämme in Neuguinea beobachtet und dabei verblüffende Dinge heraus-gefunden. Beim einen Stamm, den sie besuchte, den „Arapesh", stellte sie nämlich fest, dass die Eigenschaften, die bei uns als „weiblich" gelten, also
5 Gefühlsbetontheit, Mütterlichkeit, Hilfsbereitschaft, Friedfertigkeit, ja sogar Passivität im Sexuellen, dort für Männer und Frauen als Ideal galten. Män-ner und Frauen kümmerten sich um die Kinder und umeinander und es gab kaum „typisch weibliche" oder „typisch männliche" Aufgaben. Bei einem andern Stamm nicht weit von den „Arapesh", bei den „Mundugumor", war
10 es gerade umgekehrt. Hier zeigten Männer und Frauen Eigenschaften, die bei uns als „typisch männlich" galten. Sie waren aggressiv und gewalttätig und Frauen und Männer waren sexuell aktiv. Dagegen war niemand darauf erpicht, sich um die Kinder zu kümmern. Es galt nicht als gut, rücksichtsvoll gegen Schwächere oder gar mütterlich und fürsorglich zu sein.
15 Bei einem dritten Stamm, den „Tschambuli", schien die Welt vollkommen auf den Kopf gestellt zu sein. Hier benahmen sich die Frauen so, wie man es bei uns von den Männern erwartet, und die Männer so wie bei uns verwöhnte Bürgersfrauen. Frauen „arbeiteten", d.h., sie sorgten fürs tägliche Brot, während die Männer so etwas wie Luxusgeschöpfe waren. Sie schmückten
20 sich, pflegten die Künste und veranstalteten Feste, um so ihren Frauen das Leben ein bisschen angenehmer zu machen. Die Frauen waren vernünftig und ernst und immer mit wichtigen Dingen beschäftigt, während die Män-ner sich unselbstständig zeigten und gefühlsmäßig von den Frauen abhängig zu sein schienen. […]
25 Margaret Mead berichtet auch von den Außenseitern, die es bei allen drei Stämmen gibt. Das sind Menschen, die nicht so veranlagt sind, dass sie dem Ideal ihrer Rolle gut entsprechen.
Bei den sanften, mütterlichen Arapesh waren es zum Beispiel Männer und Frauen, die Eigenschaften besaßen, die bei uns als männlich gelten würden.
30 Sie hätten sich bei den Mundugumor wohler gefühlt. Bei diesen wiederum hatten gefühlsbetonte, sanfte Menschen, Männer und Frauen, ein schweres Leben. Was also bei dem einen Volk „normal" war, galt beim nächsten Stamm, nur wenige Kilometer entfernt, nicht mehr als „normal". Die An-gehörigen aller drei Stämme aber waren überzeugt, ihre Vorstellung davon,
35 wie ein Mann oder eine Frau zu sein habe, sei „natürlich" und richtig.

* *Anthropolo-gie: Geschichte der Menschen-rassen*

Fasst die Kernaussage des Textes kurz zusammen.
Überlegt, was die Beobachtungen von Margaret Mead für unsere Vorstel-
lung von einem „richtigen Mann" und einer „richtigen Frau" bedeuten.
Vergleicht diesen Text mit dem von Irmtraud Morgner.

Hedwig Dohm (1833–1919)
Stimmrecht der Frau

Hedwig Dohm war eine bekannte Frauenrecht-
lerin im Wilhelminischen Kaiserreich. Sie setzte
sich in vielen Abhandlungen für die Emanzipa-
tion der Frau ein.

Dessen seid sicher: Rechte ohne Macht bedeuten nichts. Solange ihr politisch rechtlos bleibt,
müsst ihr euch mit den Brosamen begnügen, die
von des Herrn Tische fallen. Der Mann ist der
5 geladene Gast beim Lebensmahl, ihr – die
Zaungäste. Nur durch eine aktive Mitwirkung
an der Gesetzgebung könnt ihr eure Rechte als
Mutter, Gattin, Erwerberin erfolgreich wahr-
nehmen.
10 Ich lächle ich mich hinein, wenn ich daran
denke, wie allmählich die Frage des Frauenstimmrechts sich entwickelt hat. Erst lachten al-
le. Einige Jahrzehnte später lachte die Majorität. Heute lacht nur noch die
Minorität. Wer zuletzt lacht, lacht am besten – die Frauen. Noch wenige Jahr-
15 zehnte, und das Frauenstimmrecht wird eine Selbstverständlichkeit sein. Ja,
der Mann der Zukunft wird schon mit der Vorstellung der absolut gleichbe-
rechtigten Frau geboren werden.
Lacht ihn aus – jenen mannsseligen Sanatoriumsarzt, der, von krankhaftem
Herrenstolz gebläht, jüngst verkündete: „Nur zum Dulden, Tragen, Dienen
20 und zu nichts mehr wäre das Weib geboren."
Lernt eure Kraft kennen, meine sanften Schwestern, lasst eurem gerechten
ethischen Furor[1] die Zügel schießen. Entreißt dem Mann das Monopol der
Gesetzgebung. Monopole sind Hemmschuhe der Entwicklung. Mit solchem
Monopol bildet das starke Geschlecht einen Männertrust[2], der sich gegen
25 die Beteiligung der Frau an den Gewinn bringenden Geschäften des Lebens
wendet.

[1] *ethischer Furor: sittliche Wut*

[2] *Trust: mono-polistische Machtstellung*

Das Stimmrecht fordert!

Und fragt ihr, meine schüchternen Schwestern, ob ihr nicht euer Stimmrecht an der Sonne der Zeiten sollt reifen lassen, bis es als köstliche Frucht
30 euch von selbst in den Schoß fällt, so antworte ich: Die Schatten müsst ihr bekämpfen, die die Kraft der Sonne brechen.

Erklärt die Aussage und Absicht der Verfasserin. Wen spricht sie an, mit welchen Mitteln versucht sie ihre Aussage deutlich zu machen? Arbeitet die Kernaussage des Textes heraus. Beachtet dabei auch die Entstehungszeit. Informiert euch über die Entwicklung des Frauenstimmrechts, auch in anderen Ländern und Kontinenten der Welt.

Siegfried Sommer (* 1914)
Kinohelden

Es handelt sich um den sensationellen Banditenfilm „Morgenstund hat Blei im Schlund". So etwas beginnt meistens mit einem galoppierenden Reiter, der, auf der Filmleinwand von rechts unten kommend, in die billigen Parkettplätze hineinsprengt. Mit fünf Schritt Abstand folgt des Helden getreu-
5 er, aber älterer Freund, der nur drei Finger hat, einen Bart wie wild gewachsenes Sauerkraut und einen knochentrockenen Humor. Nachdem die zwei durch eine aufspritzende Flussfurt parforciert[1] sind, gelangen sie auf die staubige Hauptstraße von Bloody Hill. Dort binden sie ihre Mustangs an ein Geländer. Dies ist notwendig, weil im dritten Akt eine Szene vorkommt,
10 bei der sie mit gegrätschten Staffeleibeinen aus dem Zimmer der Colorado-Lilly direkt auf die parkenden Pferderücken springen.

Vorerst aber steht der Held an der Bar und lässt sich von der mäßig beleuchteten Lilly bedienen, die aber absichtlich so tief gesunken ist, weil sie für ihren kranken Bruder Geld verdienen muss. Plötzlich kommt der Schur-
15 ke und sagt: „Was, du willst mir einen Drink ausschlagen?" Daraufhin schütten sie sich gegenseitig aus Sechzehntelgläsern den Whisky zu, ohne jedoch den Mund zu treffen. Dann folgt ein Boxkampf, den man bis nach San Antonio (Bezirksamt Kneetown) hört. Kaum ist des Bösewichts Faust gesättigt, greift sie tückisch nach dem Colt. Das sieht natürlich der Dreifinger-Mann
20 im großen Spiegel über der Bartheke. Blitzschnell zieht er seine Kugelspritze und pumpt den schuftigen Slim so voll Blei, dass dieser in Anbetracht seines erhöhten spezifischen Gewichts zwangsläufig zu Boden geht. Durch seine Brust scheinen die letzten Strahlen der Abendsonne. Rauschendes Auf-

[1] Parforcejagd: Hetzjagd

schnauben zeugt von der Genugtuung der Kinobesucher. Die männlichen
25 werden von ihren Bräuten prüfend am Oberarm angefasst. In der Schluss-
szene geht der Dreifinger-Bob mit gemäßigten Chippendale[2]-Beinen durch
die menschenleere Hauptstraße; denn im Gefängnis schmachtet sein einziger
Freund. Dieser aber entdeckt im letzten Augenblick, bevor er gehenkt werden soll, dass die Zellenstäbe genau so weit auseinander sind, um den Wäch-
30 ter mühelos heranzulocken, niederzuschlagen und der Schlüssel zu berau-
ben. Sein Pferd steht schon seit Tagen mit eingeschaltetem Taxameter an der
hinteren Tür.

[2] Chippendale:
Möbelstil

Nunmehr beginnt es zu knallen. 16 Schüsse fallen, 18 Banditen sinken aus
ihren Sätteln. Der Ausbrecher trägt Wildlederhandschuhe und schießt aus
35 der Hüfte. Nach der letzten Patrone bläst er das Rauchwölkchen von der
Revolvermündung und galoppiert zur Lilly. Er legt die Aufschluchzende
quer vor sich über den Sattel wie einen blonden Sack. Dann reitet er in den
Abend hinein, knapp an der Sonne vorbei. Den Dreifinger-Bob aber, der den
Abmarsch deckte, hat's erwischt. Mit fünf Unzen Blei in der Milzgegend
40 macht er sich auf die große Reise. Sterbend verlangt er noch eine auf C-Dur
gestimmte Mundharmonika, um dem jungen Paar das letzte Liebeslied zu
spielen: „Braune Rose, jippi jippi jei". So treu ist er.

124 junge Helden verlassen stumm und mit schleppenden Schritten das
Kino. Schurken sind auch darunter. Well.

*Auch in diesem Text geht es um Rollenverhalten und Rollenklischees. Sucht
entsprechende Textaussagen, erklärt sie und diskutiert darüber.*
*Lest im Glossar über die Textart Parodie nach und vergleicht die Merkmale
mit diesem Text.*
*Untersucht andere Filmgenres, Heftromane o. Ä. im Hinblick auf die dort
verwendeten Rollenklischees.*
*Schreibt selbst eine Parodie, zum Beispiel mit dem Titel „Die Frau, das
zarte Wesen …" oder „Ein unbeugsamer Mann".*
*Untersucht auch Heiratsanzeigen. Wie stellen sich die Inserierenden selbst
dar?*
Welche Vorstellungen haben sie von ihrem zukünftigen Partner?
Wie wird dies sprachlich zum Ausdruck gebracht?
*Entwerft eine Kontaktanzeige für euch selbst. Ihr könnt diese sowohl in
ironisch-satirisch-parodierender Form als auch mit „ernst gemeinten"
Aussageabsichten schreiben.*

Dieser Werbetext ist etwa um die Jahrhundertwende entstanden.
Diskutiert darüber, was dieser Text mit dem Thema der Textreihe „Von
Rollenspielen und Beziehungskisten" zu tun hat. Untersucht, wie in heuti-
ger Werbung Frauen und Männer dargestellt werden. Achtet dabei vor
allem auf Eigenschaften wie: aktiv, passiv, gefühlvoll, stark, aggressiv, …
Gibt es eindeutige Zuweisungen?
Beurteilt im Einzelnen, ob und wie in der Werbung Rollenklischees von
Mann und Frau benutzt werden.

Marunde, Cartoon

*sob = „seufz"

Senta Trömel-Plötz
Sexismus in der Sprache

Frauen müssen in gleichem Status gezeigt werden wie Männer. Immer und in allen Zusammenhängen in der zweiten Position, in niedrigerem Rang, ungeordnet, abhängig zu sein, schadet unserer Identität. Nehmen wir die Standardausdrucksweise

Männer und Frauen
Vater und Mutter
Sohn und Tochter
er oder sie.

Wenn die Anordnung flexibel wäre und wir sie hier und da änderten, wäre die Interpretation nicht, dass Frauen zweitrangig sind.
Es gibt noch andere Mechanismen, die diese Deutung verfestigen:

Thomas Mann und seine Frau Katja
Herr X mit Gattin

Peter und seine Schwester
Mrs Thatcher und Kanzler X.

Hier werden Frauen nicht mit Namen genannt oder nur mit Vornamen. Ihr Titel verschwindet. Gleicher Status bedeutet: Wenn für einen Mann der volle Name gebraucht wird, sollte er ebenso für die Frau gebraucht werden, wenn ein Mann mit Titel genannt wird, sollte auch die Frau mit Titel genannt werden, wenn ein Mann oder Junge mit Namen vorgestellt wird, sollte das Mädchen ebenfalls mit Namen vorgestellt werden.

Gleichberechtigung statt Quotenfrau

Immer wieder wird sie öffentlich gefordert: die Quotenfrau. Kaum ein Frauenkongress, der nicht die endgültige Emanzipation in Beruf und Politik mit arithmetischen Mitteln durchgesetzt wissen möchte. Allein: Schon der Name ist so schrecklich wie die Forderung. Und: Die ständige Wiederholung gesellschaftspolitischen Unsinns verbürgt noch keinen gesellschaftspolitischen Fortschritt.

Nüchtern betrachtet stellt das Begehren nach der Quotenfrau das Gegenteil einer vernünftigen Gleichberechtigungspolitik dar. Offenbart es doch letztlich das Eingeständnis der Viertel-, Halb- oder Totalfeministinnen, dass sie selbst auf Dauer das schwache Geschlecht mit den Männern für nicht konkurrenzfähig halten und deshalb unter den Käseglockenschutz einer Quotenregelung stecken möchten. Daher das scheinbare Patentrezept: „Zwangsverpflichtete Quotenfrau statt echter Gleichberechtigung." [...]

Für Sie, Nr. 4, 1986

„Eine Frau zu sein ist eine schrecklich schwierige Aufgabe, weil sie es vor allem mit Männern zu tun hat", hat der amerikanische Schriftsteller Joseph Conrad gesagt. Gilt das auch für das Fernsehen? Natürlich.

Frauen sagen von jeher das Programm an, aber nur wenige gestalten und produzieren es auch. Die Mattscheibe ist immer noch fast reine Männersache – gerade auf dem Gebiet, mit dem ich es zu tun habe, auf dem Feld der politischen Information. Männer verteilen und verteidigen da genau wie in der Politik Posten und Positionen, Frauen – ich gebe es zu – haben es schwer als Journalistinnen.

Immer wieder dieselben Vorurteile: Es fehle ihnen an Durchsetzungsfähigkeit, der Job sei zu hart für das schwache Geschlecht, Anspannung und Stress seien viel zu groß. So hieß es lange Zeit. Heute wagt es kaum ein Mann, das noch laut zu sagen. Denn es stimmt nicht und jeder weiß es.

Frauen sind selbstbewusster geworden, trauen sich mehr zu, packen die Anspannung und Hektik im journalistischen Tagesgeschäft. Und sollten tatsächlich Sensibilität, Neugier, Kommunikationsfreude und Einfühlungsvermögen typische weibliche Eigenschaften sein – prima, denn genau das braucht ein guter Journalist. Fernsehredakteur – ein idealer Frauenberuf?

Fernsehen ist ein Teil unserer modernen Industriegesellschaft. Und Fernsehen verändert sich so, wie sich die Gesellschaft verändert. Frauen drängen in einst männliche Berufsbereiche, arbeiten sich an die Spitze von Industrie, Verwaltung und Politik vor. Genauso gelingt es ihnen, im Fernsehen Fuß zu fassen, auch als politische Journalistinnen. Frauen sind bei uns im Kommen – ein Glück für das Fernsehen, wie ich finde.

Klaus Bresser,
Chefredakteur des ZDF

Diskutiert über diese drei Texte. Sprecht über ihren Inhalt und ihre Machart, was haltet ihr für übertrieben, was für sinnvoll? Stellt jeweils Pro- und Kontra-Argumente zu unterschiedlichen Themen zusammen, zum Beispiel:
* *Quotenfrau, ja oder nein?*
* *Frauen in Spitzenstellungen, ja oder nein?*
* *...*

Bezieht die Problematik auf euren eigenen Lebensbereich.
Was würdet ihr zum Beispiel davon halten,
* *wenn in Physik, Chemie und im Werkunterricht Schülerrinnen und Schüler getrennt unterrichtet würden?*
* *...*

Chefin einer Räuberbande gefasst

Bielefeld (lnw). Die Bielefelder Kripo hat jetzt die 34-jährige Anführerin einer sechsköpfigen Räuberbande im Raum Extertal gefasst. Auf das Konto der Bande, deren männliche Mitglieder bereits im März gestellt worden waren, gehen mehrere im Raum Mettmann verübte Überfälle mit einer Gesamtbeute von mehr als 140000 Mark. Die Frau soll die Überfälle geplant, die Waffen besorgt und die Beute „gebunkert" haben.

(Westfalenblatt, 1. 5. 1991)

In Münster gründeten 20 Frauen den
Motorrad-Club „Framo"

Ein Frauenclub auf „heißen Öfen"

Was machen motorradbegeisterte Frauen, die nicht länger als Sozia im Windschatten ihres Freundes sitzen wollen? Ganz einfach: Sie gründen ihren eigenen Motorradclub und zeigen den Männern, wo's langgeht …

(Prisma, Nr. 36, 1990)

Frauen-Expedition zum Südpol

San Francisco (AP). Die erste nur aus Frauen bestehende Expeditionsgruppe bricht am 23. November von der sowjetischen Station Wostok in der Antarktis zum Südpol auf. 16 Frauen aus drei Staaten, USA, Japan und UdSSR, wollen die 1300 Kilometer in 70 Tagen auf Skiern zurücklegen. Ziel der Expedition ist es, zu erkunden, wie Frauen auf die Lebensbedingungen in der Antarktis reagieren.

(Westfalenblatt, 16. 11. 1990)

Bei ihr hängen die Männer am Haken

Der Mann erklimmt den Gipfel und bringt der Frau ein Edelweiß ins Tal – über solche Kletterer-Romantik kann Gudrun Weikert, Deutschlands einzige Bergführerin, nur müde lächeln.

(Brigitte, Nr. 11, 1990)

Babyabteil auch für Väter

In den Babyabteilen der Deutschen Bundesbahn kommen jetzt auch die Väter zum Zuge: Nach jahrelanger Aussperrung dürfen künftig auch Männer mit kleinen Kindern in den speziellen Kleinkinderabteilen bundesdeutscher Fernzüge Platz nehmen. Die Bundesbahn nannte die Vorzugsabteile „Frau und Kind" inzwischen zu „Kleinkindabteil" um.

(Westfalenblatt, 27. 12. 1989)

„Miss Marple" als leuchtendes Vorbild

Zwei Rheinländerinnen die ersten „geprüften Detektive"

Düsseldorf (lnw). Der geniale Spürsinn der schrulligen „Miss Marple" aus den Detektivromanen von Agatha Christie ist für sie leuchtendes Vorbild: Die beiden Rheinländerinnen Anja Krämer (23) und Sabine Pieper (25) sind Deutschlands erste „geprüfte Detektive". Nach zweijährigem Praktikum in Detekteien in Düsseldorf und Köln sowie verschiedenen Blockseminaren sind sie die ersten „Schnüffler mit Diplom".

(Westfalenblatt, 2. 10. 1990)

Vergleicht die Zeitungstexte.
Welcher Text „fällt aus dem Rahmen"?
Erklärt seine Besonderheiten.
Erfindet Überschriften zu Zeitungsmeldungen, die sich mit einer ähnlichen Thematik befassen.

Weitere Texte zu dieser Thematik findet ihr auch in der Sequenz „Liebst du mich?".

Wir sind eine andere Generation

Minna Beckmann-Tube, Porträt der Großmutter Tube mit dem 13-jährigen Peter

Anna Wimschneider (* 1919)
Herbstmilch

Anna Wimschneider, eine Bäuerin aus Niederbayern, schrieb als alte Frau die Geschichte ihres harten und kärglichen Lebens für ihre Enkelin auf; diese war Schülerin eines Münchener Gymnasiums. Das Manuskript kam auf Umwegen in die Hände eines Verlegers. 1984 erschien es unter dem Titel „Herbstmilch" (das ist Sauermilch, die Speise der Armen) und wurde ein großer Buch- und Filmerfolg.

Die Mutter meines Mannes war gegen die Heirat gewesen. Ich aber habe mich auf die alten Leute gefreut und gehofft, in meiner Schwiegermutter eine Mutter zu finden für meine Mutter. Aber ich wurde bitter enttäuscht. Als wir von der Trauung zurückkamen und ich das Haus betrat, stand die Schwie-
5 germutter im Fletz* und sagte, auweh, das wird schon nichts Gescheites, die ist schon mit dem linken Fuß zuerst herein. Ich habe das nicht gewusst, sonst hätte ich es anders gemacht. Die Schwiegermutter wollte auch die Hochzeit verschieben, damit ich ihr den Buben nicht wegnehme.

* Fletz: süd-
deutsch für
Hausflur

Die beiden Onkel hatten Hüftgelenke, die verrenkt waren, und konnten
10 nur mit Stöcken mühsam gehen, die Tante kochte noch. Die Schwiegermut-
ter arbeitete gar nichts, aber passte auf mich auf. […] Wir hatten einen großen Arbeitseifer und sagten uns, wir werden es im Lauf der Zeit schon richten. […]

Um zwei Uhr morgens musste ich aufstehen, um zusammen mit der Magd
15 mit der Sense Gras zum Heuen zu mähen. Um sechs Uhr war die Stallarbeit dran, dann das Futter einbringen für das Vieh, im Haus alles herrichten und wieder hinaus auf die Wiese. Ich musste nur laufen. Die Schwiegermutter stand unter der Tür und sagte, lauf Dirndl, warum bist du Bäuerin geworden? Sie aber tat nichts. Ich konnte nicht ackern, und das musste ich nun
20 gleich lernen. Ich zog den Mistwagen aus dem Schuppen, der Pflug kam drauf und auch der Onkel. Die Ochsen wurden eingespannt. Die waren aber schon länger im Stall gestanden und übermütig, so fingen sie an zu laufen und ich musste mit. Ich hatte einen Stock dabei, mit dem ich sie auf den Kopf schlug, aber das machte ihnen nicht viel aus. Zum Umschauen war keine Zeit. Als
25 ich endlich den Acker erreicht hatte, war der Onkel nicht mehr auf dem Wagen. Ich hatte ihn verloren. Weit hinten winkte er mit seinem Stock.

Nun musste ich umkehren und ihn holen. Er richtete mir den Pflug, ich spannte die Ochsen ein und der Onkel sagte, der Pflug geht gut und die Ochsen gehen gut, wenn etwas fehlt, bist du schuld. Das war ein schlechter Trost.
30 Es war ein langes Feld und ich musste den Holzpflug im Boden halten, was Übung und Kraft brauchte, und ich mit meinen 50 Kilo, da laufen die doch, wohin sie wollen. Ich weinte bis oben vor lauter Angst. Nach einer Weile

wurden die Ochsen aber müder und ich bekam mehr Mut. Der Onkel saß
derweil im Gras und schaute zu. Als es dann besser ging, wackelte er mit
35   seinem Stock mühsam heim.

[...]

Es war Herbst und ich musste inzwischen die ganze Feldarbeit machen. Es
dauerte aber nicht lange und ich wurde von den Leuten gelobt, weil auch ein
Mann nicht schöner geackert hat als ich.

40   Nun war es so weit, dass mein Mann an die Front musste und noch einmal
in Urlaub kam. Da packten wir unsere Hochzeitssachen ein und fuhren mit
dem Rad zum Fotografen und taten, als wäre unser Hochzeitstag, weil der
Bruder meines Mannes ja damals nicht hatte kommen können. Mein Mann
nahm dann ein Bild mit in den Krieg und hat es sechs Jahre dabeigehabt. Er
45   schrieb mir jeden Tag, aber dann wurden die alten Leute böse, weil die Briefe an mich adressiert waren, und so schrieb er beide Namen drauf, da konnten sie schon lesen, wenn ich noch auf dem Feld war.

Aber meine Schwiegermutter mochte mich nicht vor lauter Eifersucht. Du
hast mir meinen Bub genommen, musste ich immer wieder hören. Mein
50   Mann hat natürlich auch Briefe geschrieben, die nur für mich waren, die
habe ich dann versteckt, aber die Schwiegermutter suchte so lange, bis sie die
Briefe gefunden hatte. Die beiden Onkel waren gut zu mir, die Tante Lini
aber hat sich von der Schwiegermutter schon aufhetzen lassen und dann
waren beide gegen mich, auch wenn sie im Unrecht waren.

55   Als ich von zu Hause wegging, hatte mein Vater zu mir gesagt, wenn du
dir von den alten Leuten alles gefallen lässt und nichts sagst, dann kommst
du schon mit ihnen aus. Das habe ich meinem Vater versprochen und auch
gehalten. Es war oft schwer, wenn mir die Weiber so unrecht getan haben.

Am Sonntag hatte ich jetzt nie einen Feiertag. Morgens die Stallarbeit, dann
60   schnell mit dem Rad zur Kirche und gleich wieder heim, kochen, nachmittags die Wäsche machen, die Männer rasieren, Haare schneiden, ihnen die
Füße waschen und Nägel schneiden. Wenn ich dann mit meiner Wäsche nicht
fertig war, sagte die Schwiegermutter gleich, jaja, an Werktagen und Sonn-
tagen nimmst du dir keine Zeit und andere Tage gibt es nicht, eine Schlampe
65   bleibt eben überall hängen. Sie hatte immer ein passendes Wort. Aber ich hörte auf meinen Vater und sagte nichts. Nur ganz selten ging ich zu Besuch in
mein Elternhaus, zu meinen Geschwistern, und habe mich nie bei ihnen
beklagt.

Inhaltsangabe des Buches

Anna Wimschneiders Erinnerungen beginnen in den zwanziger Jahren mit dem frühen Tod der Mutter, die eine neunköpfige Familie hinterlässt und deren Pflichten ganz selbstverständlich die achtjährige Tochter Anna übernehmen muss. Anna wird, selbst noch ein Kind, für die Pflege und Erziehung der Geschwister verantwortlich, lernt kochen – braucht dabei noch einen Schemel, um in die Töpfe gucken zu können –, flickt Abend für Abend die Wäsche der acht Geschwister und vom Vater, sorgt sich um Haus und Hof. Auf Anerkennung muss sie ebenso verzichten wie auf eine gute Schulbildung.

Die Aussicht auf ein besseres Leben und der erste, tiefe Glücksmoment währen nur kurz: Der Bauernsohn Albert, den sie, achtzehnjährig, kennen und lieben lernt, wird kurz nach der Heirat, elf Tage nach Beginn des Zweiten Weltkriegs, als Soldat eingezogen. In Alberts Elternhaus muss Anna nun die kranken Verwandten ihres Mannes pflegen und Schwerstarbeit auf Hof und Feld verrichten, ohne dass die eifersüchtige Schwiegermutter ihr zur Seite steht. Hochschwanger pflügt Anna den Acker, versorgt das Vieh und muss nach der Geburt ihres Kindes zusehen, wie ihr das Kind vorenthalten wird. Sie hat schließlich zu arbeiten.

Endlich kann mit dem Kriegsende ein anderes Leben beginnen, auch wenn Fron und Mühsal eines bäuerlichen Daseins Anna und Albert weiterhin begleiten.

Auf dem Hintergrund der Nazi- und Kriegszeit, so wie sie von den kleinen Leuten in einem niederbayerischen Dorf erlebt wurde, erzählt der Film auf seiner Gegenwartsebene den Lebensabschnitt der Anna Wimschneider in den Jahren 1938 bis 1944, während an ihre Kindheit in Form von Rückblenden assoziativ erinnert wird.

Lest die Informationen zu der Verfasserin, die Inhaltsangabe ihres Buches und den Ausschnitt aus ihrem Buch im Zusammenhang.
Sprecht über die Beziehung der jungen Bäuerin Anna Wimschneider zu ihrer Schwiegermutter und den alten Leuten auf dem Hof.
Nennt die Motive und Erwartungen der einzelnen Personen, bewertet Annas Verhalten.
Befragt alte Menschen nach Lebenserinnerungen aus dieser schweren Zeit (Zeit des Nationalsozialismus, Zweiter Weltkrieg, Nachkriegszeit).
Das Buch von Anna Wimschneider wurde 1989 verfilmt. Inzwischen wurde der mehrfach preisgekrönte Film auch im Fernsehen gezeigt.

Anna Wimschneider und ihr Mann

Aus einem Interview mit Joseph Vilsmeier, Kameramann, Regisseur und Produzent:

Frage: Wie sind Sie eigentlich auf den Stoff gestoßen, aus dem „Herbstmilch" gemacht ist?

Vilsmeier: Ich habe ganz in der Nähe in Hebertsfelden meine Kindheit verbracht. Deshalb bin ich des Öfteren in der Gegend. 1985, als ich wieder mal bei meiner Verwandtschaft war, da haben mir die Leute erzählt: „Du, da gibt es so eine verrückte Bäuerin, die hat ein Buch geschrieben, in dem dein Großvater vorkommt." In einer Nacht hatte ich das Buch durch. Bin am nächsten Tag bei den Wimschneiders vorbeigefahren und habe Anna und Albert kennen gelernt. Das hat mich so begeistert, dass ich gleich nach München gefahren bin, um die Filmrechte zu kaufen.

Frage: Der Film hat wohl auch eine ganze Menge mit Ihrem eigenen Leben zu tun?

Vilsmeier: Sicher! Ich bin ja hier aufgewachsen, habe hier den Einmarsch der Alliierten miterlebt und sogar genau da, wo wir gedreht haben. Und dann ist im Film eine ganze Menge meiner Erinnerungen verarbeitet. Das Dreschfest zum Beispiel, das war für mich früher immer das Größte. Das haben wir auch so gedreht und da fühlte ich mich wieder in meine Kindheit zurückversetzt. Ich glaube, man kann sagen: Das, was ich hier erarbeitet habe, das ist für mich Kindheit. Man kann tatsächlich sagen: Ich arbeite mit „Herbstmilch" auch meine Kindheit auf.

Keine Sorge, lieber Mutter!

Also ... liebe Mutter, ja, ich esse genug. Ja, auch genügend Vitamine, warum ich trotzdem dauernd erkältet bin, mein Gott, ich weiß es nicht. Doch, ich zieh mich an kühlen Tagen auch warm an, ja, auch die Socken, die du gestrickt hast. Nein, im Winter hab ich auch nicht diese kleinen Tanga-Höschen, natürlich nicht, und ich hab's schließlich auch nicht an der Blase, sondern nur ein bisschen Schnupfen, deshalb musst du doch nicht gleich – was? Ich klinge bedrückt? Ich bin aber nicht bedrückt. Nein, es ist alles in Ordnung, ja, wir vertragen uns gut, doch, ja, bestimmt. Du kennst ihn doch nicht mal richtig, warum sagst du ... Du meinst es nicht so? Dann sag es doch auch nicht so. Nein, ich bin nicht aggressiv, aber ich kann es nicht vertragen, dass du immer wieder – schon gut. Ja. Ja, natürlich weiß ich, dass du es gut meinst. Du meinst es immer gut. Alle Mütter meinen immer alles gut, das weiß ich. Nein, das mein ich jetzt überhaupt nicht ironisch, ich –. Ach, komm, das lassen wir lieber, mir geht es gut, und aus. Und du?

Wieso ist das egal? Was heißt, das interessiert mich ja doch nicht? Was soll das denn nun wieder unterschwellig heißen? Glaubst du, ich komm so selten, weil ich dich ärgern will, oder was? Wann soll ich denn kommen, verdammt noch mal, du weißt doch, wie angebunden ich hier bin. Gut, ich komm demnächst. Doch, natürlich komm ich gern, wenn ich komm. Mutter, ich kann nur nicht öfter kommen, weil ich so viel zu tun hab.

Gott sei Dank hab ich viel zu tun. Doch, es läuft gut. Nein, du musst dir keine Sorgen machen, ich mag meinen Beruf, und ich verdien auch genug. Das weiß ich, dass ich mehr aus mir hätte machen können, aber ich bin mit dem, was ich habe, auch zufrieden. Ja, du findest das schade, aber, entschuldige, das ist mein Leben und da hab ich eben andere Vorstellungen. Mein Gott, das geht doch nicht gegen dich! Das weiß ich doch, dass du immer nur das Beste für mich wolltest. Aber dies ist für mich das Beste, nun akzeptier das doch ...

Elke Heidenreich (*1943)

In diesem erfundenen Telefongespräch wird die Beziehung zwischen Tochter und Mutter deutlich. Beschreibt die Einstellungen beider Personen zueinander, ihre gegenseitigen Erwartungen, ihre unterschiedlichen Standpunkte.

Entwerft selbst einen ähnlichen Schreib- oder Sprechtext. Bestimmt nach euren eigenen Interessen, an wen sich der Text richtet, z. B. Bruder, Schwester, Vater, Freund, Freundin ...

Tauscht die Texte untereinander aus oder spielt sie vor. Beschreibt, welche menschlichen Beziehungen in diesen Texten angesprochen werden.

Maxie Wander (1933–1977)
Guten Morgen, du Schöne

*Die beiden Textauszüge stammen aus dem gleichnamigen Buch, das 1977 in
Ost-Berlin erschienen ist. Es enthält Protokolle von Frauen aus der ehemaligen DDR. Maxie Wander wurde 1933 in Wien geboren, 1958 übersiedelte sie
in die DDR, wo sie als Journalistin und Drehbuchautorin tätig war. Sie lebte bis zu ihrem Tode (1977) mit ihrem Mann, dem Schriftsteller Fred Wander, und ihren beiden Kindern in Berlin.*

Irgendwo hab ich gelesen von einem, der auf der Suche ist nach einem unverbildeten Menschen ... Diesen unverbildeten Menschen hab ich vorläufig
in meiner Tochter und ich will alles tun, um zu verhindern, dass sie verbogen wird. Meine Eltern haben das mit mir genauso gemacht, ihnen habe ich
5 alles zu verdanken ... Du weißt, dass es Eltern gibt, die in bester Absicht ihren
Kindern raten, alles mitzumachen, um nicht unangenehm aufzufallen. Das
ist unverantwortlich. Meine Eltern sagten immer: „Du darfst nichts tun und
nichts sagen, was du nicht ehrlich meinst." Sie haben mich gegen die Heuchelei erzogen.
10 (Rosi S., 34, Sekretärin, verheiratet, ein Kind)

Meen Vater ist unheimlich lustig, er trinkt gern een und dann kriegt jeder allet von ihm. Keen Mensch tut ihm wat zuleide, zu allen hat er Vertrauen. Im
Charakter bin ick ihm sehr ähnlich. Andererseits kann er ooch streng und
konsequent sein. Früher fand ick et das Größte, det er immer allet wusste.
5 Und wie er sich meiner Mutter gegenüber verhält. Meene Mutter is nich janz
jesund, und da hat er ihr'n Bungalow gebaut! Hat uffn Auto verzichtet, hat
'n Bungalow gebaut! Trotzdem isser der Herr im Haus. Erst mal isser meener Mutter geistig überlegen und zweitens is ooch jewesen, det meene Mutter mit Geld schlecht haushalten kann. Und daraus hat sich allet andere ent-
10 wickelt. Ick seh det so: Meene Mutter kommt aus Eisenbahnverhältnissen,
politisch wenig engagiert. Als mein Vater sie geheiratet hat, war sie een kleenet Mädchen. Meen Vater kommt aus der Senftenberger Gegend, Kohlenkumpel, wa? Der Opa hat so'n Charakter jehabt: Also, mein Sohn, det machste nich, Nazipartei und so, machste einfach nich! Zum Schluss war mein Vater
15 noch eingezogen, aber er ist zurückgekommen und hat beim Rat zu arbeiten
angefangen.
   Meine Mutter war die ganze Zeit Hausfrau gewesen. Sie haben sich laufend
in die Wolle jehabt. Erst als meen kleener Bruder jeboren war, hat sie in der
Kinderkrippe ausjeholfen. Sie hat gesehen, welche Probleme andere Frauen
20 haben, und uff eenmal war det zu Hause allet nich mehr so wichtig. Später
fing sie beim Werk an, ganztags. Und da hamwa jestaunt, Mensch, Mutter

macht sich! Sie is sogar Genossin geworden und det war ihre erste Entscheidung. Manche Probleme verkraftet sie noch schlecht, zum Beispiel Partei-
lehrjahr. Schulbildung hat sie keene gehabt und insofern schätze ick sie sehr,
25 wie sie sich herausgemacht hat, aus so eener kleen' Hausfrau, janz im Schatten meines großen Vaters, wa? Und uff eenmal tritt sie gegen ihn uff! Bloß
manchmal is sie so was von kratzbürstig, da kann ick sie nich leiden. Da
schimpft sie zum Beispiel uff den ollen Bungalow, wat sie zu tun hat mit dem
Ding. Dabei weeß sie gar nich, wie gut sie's hat. Die kriegt in letzter Zeit so
30 komische Anwandlungen.
　　Nee, ick möcht nich leben wie meene Mutter. Dabei war ick früher ooch
ganz schön spießig. Ich war zum Beispiel janz scharf uffs Heiraten und allet
jenau wie die andern. Det hat Ralph damals den Rest gegeben. Jetzt haben
wir die Großfamilie vor. Die Idee ist uns gemeinsam gekommen: Ralph und
35 mir, Tom und Erni. Wir wollen zusammen wohnen, weil wir ooch sonst jern
zusammen sind, wa?
　　(Ute G., 24, Facharbeiterin, ledig, ein Kind, lebt in einer Großfamilie)

Zu diesem Buch:

Ich halte jedes Leben für hinreichend interessant, um anderen mitgeteilt zu werden.
Repräsentativen Querschnitt habe ich nicht
angestrebt. Entscheidend war für mich, ob
eine Frau die Lust oder den Mut hatte,
über sich zu erzählen. Mich interessiert, wie
Frauen ihre Geschichte erleben, wie sie
sich ihre Geschichte vorstellen. Man lernt
dabei, das Einmalige und Unwiederholbare
jedes Menschenlebens zu achten und die
eigenen Tiefs in Beziehung zu anderen zu
bringen. Künftig wird man genauer hinhören
und weniger zu Klischeemeinungen und
Vorurteilen neigen. Vielleicht ist dieses Buch
nur zustande gekommen, weil ich zuhören
wollte.

Maxie Wander

Dies ist ein Buch, dem jeder sich selbst hin-
zufügt. Beim Lesen schon beginnt die
Selbstbefragung. In den Nächten danach
entwerfen viele Leserinnen, da bin ich sicher
(nicht so sicher bin ich mir bei Lesern), insgeheim ihr Selbstprotokoll – inständige Mo-
nologe, die niemand je aufzeichnen wird.
Ermutigt durch die Unerschrockenheit der
andern, mögen viele Frauen wünschen, es
wäre jemand bei ihnen, der zuhören wollte:
wie Maxie Wander ihren Gesprächspartne-
rinnen.

Christa Wolf

*Sprecht über die Einstellung der beiden Frauen zu ihren Eltern. Was stellen Rosi und Ute
als besonders wichtig heraus?*
*Weist die Art des Textes (Interviewsituation) und den mündlichen Sprachgebrauch an
einzelnen Beispielen nach.*
Diskutiert die Aussagen von Maxie Wander und Christa Wolf über das Buch.
Versucht diese an den beiden Gesprächsauszügen nachzuweisen, bewertet selbst.

Peter Bichsel (* 1935)
Die Tochter

Abends warteten sie auf Monika. Sie arbeitete in der Stadt, die Bahnverbindungen sind schlecht. Sie, er und seine Frau, saßen am Tisch und warteten auf Monika. Seit sie in der Stadt arbeitete, aßen sie erst um halb acht. Früher hatten sie eine Stunde eher gegessen. Jetzt warteten sie täglich eine Stunde am
5 gedeckten Tisch, an ihren Plätzen, der Vater oben, die Mutter auf dem Stuhl nahe der Küchentür, sie warteten vor dem leeren Platz Monikas. Einige Zeit später dann auch vor dem dampfenden Kaffee, vor der Butter, dem Brot, der Marmelade. Sie war größer gewachsen als sie, sie war auch blonder und hatte die Haut, die feine Haut der Tante Maria. „Sie war immer ein liebes Kind",
10 sagte die Mutter, während sie warteten.

In ihrem Zimmer hatte sie einen Plattenspieler, und sie brachte oft Platten mit aus der Stadt, und sie wusste, wer darauf sang. Sie hatte auch einen Spiegel und verschiedene Fläschchen und Döschen, einen Hocker aus marokkanischem Leder, eine Schachtel Zigaretten. Der Vater holte sich seine Lohn-
15 tüte auch bei einem Bürofräulein. Er sah dann die vielen Stempel auf einem Gestell, bestaunte das sanfte Geräusch der Rechenmaschine, die blondierten Haare des Fräuleins, sie sagte freundlich „Bitte schön", wenn er sich bedankte. Über Mittag blieb Monika in der Stadt, sie aß eine Kleinigkeit, wie sie sagte, in einem Tearoom[1]. Sie war dann ein Fräulein, das in Tearooms
20 lächelnd Zigaretten raucht.

Oft fragten sie sie, was sie alles getan habe in der Stadt, im Büro. Sie wusste aber nichts zu sagen. Dann versuchten sie wenigstens, sich genau vorzustellen, wie sie beiläufig in der Bahn ihr rotes Etui[2] mit dem Abonnement[3] aufschlägt und vorweist, wie sie den Bahnsteig entlanggeht, wie sie sich auf
25 dem Weg ins Büro angeregt mit Freundinnen unterhält, wie sie den Gruß eines Herrn lächelnd erwidert.

Und dann stellten sie sich mehrmals vor in dieser Stunde, wie sie heimkommt, die Tasche und ein Modejournal unter dem Arm, ihr Parfüm; stellten sich vor, wie sie sich an ihren Platz setzt, wie sie dann zusammen essen
30 würden.

Bald wird sie sich in der Stadt ein Zimmer nehmen, das wussten sie, und dass sie dann wieder um halb sieben essen würden, dass der Vater nach der Arbeit wieder seine Zeitung lesen würde, dass es dann kein Zimmer mehr mit Plattenspieler gäbe, keine Stunde des Wartens mehr. Auf dem Schrank stand
35 eine Vase aus blauem schwedischem Glas, eine Vase aus der Stadt, ein Geschenkvorschlag aus dem Modejournal.

„Sie ist wie deine Schwester", sagte die Frau, „sie hat das alles von deiner Schwester. Erinnerst du dich, wie schön deine Schwester singen konnte?"

„Andere Mädchen rauchen auch", sagte die Mutter.

[1] Teestube

[2] französisch: Hülle (sprich: etwi)

[3] für einen längeren Zeitraum geltende Abmachung, hier: Fahrkarte

40 „Ja", sagte er, „das habe ich auch gesagt."

„Ihre Freundin hat kürzlich geheiratet", sagte die Mutter.

Sie wird auch heiraten, dachte er, sie wird in der Stadt wohnen. Kürzlich hatte er Monika gebeten: „Sag mal etwas auf Französisch." – „Ja", hatte die Mutter wiederholt, „sag mal etwas auf Französisch."

45 Sie wusste aber nichts zu sagen. Stenografieren[4] kann sie auch, dachte er jetzt. „Für uns wäre das zu schwer", sagten sie oft zueinander. *⁴ Kurzschrift schreiben*

Dann stellte die Mutter den Kaffee auf den Tisch. „Ich habe den Zug gehört", sagte sie.

Diskutiert über die Beziehungen zwischen Frau und Mann und zwischen Eltern und Tochter.
Belegt eure Meinungen mit Einzelheiten aus dem Text.

Peter Bichsel wurde 1935 geboren und war bis 1972 Grundschullehrer in der Schweiz. Heute arbeitet er als Schriftsteller und Journalist. Mit seiner ersten Veröffentlichung 1964, der Sammlung von Kurzgeschichten „Eigentlich möchte Frau Blum den Milchmann kennen lernen", hatte Bichsel sogleich internationalen Erfolg. Aus dieser Sammlung stammt auch die hier abgedruckte Geschichte. 1967 erhielt Bichsel für seinen Roman „Die Jahreszeiten" den Preis der „Gruppe 47", einer Gruppierung wichtiger deutscher Autoren und Literaturkritiker nach 1945.

Gabriele Wohmann (* 1932)
Schönes goldenes Haar

„Ich versteh dich nicht", sagte sie, so was von
Gleichgültigkeit versteh ich einfach nicht. Als
wär's nicht deine Tochter, dein Fleisch und
Blut da oben." Sie spreizte den Zeigefinger von
5 der Faust und deutete auf die Zimmerdecke.
Aufregung fleckte ihr großes freundliches Gesicht. Sie ließ die rechte Hand wieder fallen,
schob den braunen Wollsocken unruhig übers
Stopfei. Gegenüber knisterte die Wand der
10 Zeitung. Sie starrte seine kurzen festen Finger
an, die sich am Rand ins Papier krampften: fet-
te Krallen, mehr war nicht von ihm da, keine
Augen, kein Mund. Sie rieb die Fingerkuppe
über die Wollrunzeln.

15 „Denk doch mal nach", sagte sie. „Was sie da
oben vielleicht jetzt treiben. Man könnt meinen, du hättest deine eigene Jugend vergessen."

Seine Jugend? Der fremde freche junge
Mann; es schien ihr, als hätten seine komischen dreisten Wünsche sie nie
20 berührt. Sie starrte die fleischigen Krallenpaare an und fühlte sich merkwür-
dig losgelöst. Es machte ihr Mühe, sich Laurela vorzustellen, da oben, über
ihnen mit diesem netten, wirklich netten und sogar hübschen und auch höf-
lichen jungen Mann, diesem Herrn Fetter – ach, war es überhaupt ein Vergnügen für Frauen? Sie seufzte, ihr Blick bedachte die Krallen mit Vorwurf.
25 Richtige Opferlämmer sind Frauen. „Ich versteh's nicht", sagte sie, „deine
eigene Tochter, wirklich, ich versteh's nicht."

Der Schirm bedruckter Seiten tuschelte.

„Nein, ich versteh's nicht." Ihr Ton war jetzt werbendes Gejammer. Wenn
man nur darüber reden könnte. Sich an irgendwas erinnern. Sie kam sich so
30 leer und verlassen vor. Auf den geräumigen Flächen ihres Gesichtes spürte
sie die gepünktelte Erregung heiß. Er knüllte die Zeitung hin, sein feistes vier-
eckiges Gesicht erschien.

„Na was denn, was denn, Herrgott noch mal, du stellst dich an", sagte er.
Sie roch den warmen Atem seines Biers und der gebratenen Zwiebeln, mit
35 denen sie ihm sein Stück Fleisch geschmückt hatte. Sie nahm den Socken,
bündelte die Wolle unterm Stopfei in der heißen Faust. Nein: das hatte mit
den paar ausgeblichenen Bildern von damals überhaupt nichts mehr zu tun.
„Na, weißt du", sagte sie, „als wärst du nie jung gewesen." Sie lächelte steif,
schwitzend zu ihm hin.

72

40 Er hob wieder die Zeitung vors Gesicht: Abendversteck. Jung? Sein Hirn
schweifte gemächlich zurück. Jung? Und wie. Alles zu seiner Zeit. Er rülps-
te Zufriedenheit aus dem prallen Stück Bauch überm Gürtel. Kein Grund zur
Klage. Richtige Hühner, die Frauen, ewiges Gegacker. Er spähte über die
Zeitung in ihr hilfloses redseliges Gesicht: mit wem könnte sie quasseln und
45 rumpoussieren, wenn Laurela erst mal weg wäre? Er stand rasch auf, drehte
das Radio an. Die Musik schreckte das Wohnzimmer aus seinem bräunlichen
Dösen.

Sie sah ihm zu, wie er zum Sessel zurückging, die Zeitung aufnahm, sich
setzte. Sie lehnte sich ins Polster, preßte das Stopfei gegen den Magen. Das
50 war ihr Abend, gewiß, er und sie hier unten, sie mußten warten, das war von
jetzt an alles. Und oben Laurela. O Laurelas Haar. Sie lächelte. Kein Wunder, daß sie ihr nachliefen. Sie wollte nachher noch anfangen mit dem
blauen Kleid, ganz eng unterm Busen, das hob ihn so richtig in die Höhe.
Das Blau paßte gut zum Haar. So hübsches Haar. Wenn es goldene Seide
55 gäbe, sähe sie aus wie Laurelas Haar. Sie räusperte sich, hörte das pappende
Geräusch ihrer Lippen, saß mit offenem Mund, starrte die Zeitung an, die
fetten kräftigen Krallen rechts und links.

„Sie hat hübsches Haar", sagte sie. „Wie Seide, wie Gold."

Er schnickte die Seiten in ihre gekniffte Form zurück.

60 „Na klar", sagte er.

Sie sah die Krallenpfoten zum Bierglas tappen und es packen. Sie hörte ihn
schmatzen, schlucken. So schönes goldenes Haar. Sie bohrte die Spitze der
Stopfnadel in den braunen Wollfilz. Seine und ihre Tochter. Sie betrachtete
die geätzte Haut ihres Zeigefingers. Seine und ihre Tochter. Sie reckte sich in
65 einem warmen Anschwellen von Mitleid und stolzer Verwunderung.

$\boxed{\text{R}}$

Klärt zunächst den inhaltlichen Zusammenhang und die Situation.
Sprecht über die Beziehung der beiden Ehepartner und über ihre Einstel-
lung gegenüber der Tochter.
Wie bewertet der Erzähler im Einzelnen diese Einstellungen?
Belegt mit Beispielen aus dem Text.
Erklärt vor allem den letzten Satz.

Perfekter Urlaubsservice?

Erich Rauschenbach

Mechthild Horn (* 1954)
Plötzlich bin ich Ausländerin

Das ist doch viel zu gefährlich!, hatten meine Eltern gesagt, als ich mich allein auf die Reise machen wollte. Und meine Freundinnen hatten sich ausgemalt, wie ich fern der Heimat in überfüllten Bussen von schwindelnden Pässen stürzen würde, wie ich von Schlangen gebissen, von Banditen über-
5 fallen, von Lkw-Fahrern vergewaltigt, in modrigen Gefängnissen verhungern würde. Als ich dann anderthalb Jahre später unversehrt zurückkam, waren sie fast ein wenig enttäuscht, dass ich Abenteuer dieser Art nicht zu erzählen hatte, obwohl ich in Pakistan gewesen war, in Alaska und in Feuerland.

10 Wovon ich viel hätte erzählen können, das wären die unspektakulären Ereignisse gewesen, von denen der Globetrotteralltag voll ist. Mit dem Rucksack um die Welt zu fahren, das heißt nicht nur Abenteuer und Romantik, großartige Sonnenuntergänge und neue Freundschaften. Das heißt auch endlose Lauferereien, um irgendwelche Stempel zu ergattern, stundenlanges
15 Warten auf verspätete Busse, immer wieder die gleichen Diskussionen mit Schalterbeamten, Zöllnern, Busfahrern und Hoteliers über immer wieder die gleichen Probleme. Nicht umsonst werden Reisebüros dafür bezahlt, Pauschaltouristen all dies zu ersparen. Da sind Fahrpläne herauszufinden, die nirgendwo geschrieben stehen, da sind Visa zu beschaffen, Impfungen auf-
20 zufrischen, Unterkünfte zu suchen, Geld zu wechseln, die Ausrüstung zu flicken. Manchmal fragt man sich, woher man dabei auch noch die Zeit für Indiomärkte und Tempelruinen hernehmen soll.

Solche Dinge aber wollten die Daheimgebliebenen nicht hören. Sie wollten von Abenteuern hören, Geschichten wie die vom pakistanischen Hotel-
25 besitzer, der plötzlich nachts vorm Bett stand, oder die vom Fischerboot auf der Sandbank in Alaska, das bei steigender Flug beinah, beinah gesunken wäre.

Und so erhält die Vorstellung immer wieder neue Nahrung, dass eine Frau außergewöhnlichen Mut haben müsse, um auf Reisen zu gehen. Dabei ist Mut
30 gar nicht so wichtig. Viel wichtiger ist ein klarer Kopf. Wahrhaftig mutig finde ich nicht die Frauen, die sich mit mehr Glück als Verstand von einem Abenteuer ins nächste manövrieren, sondern die, die losfahren, obwohl ihnen das Herz in der Hosentasche sitzt, und die sich auch mal etwas nicht trauen.

35 Wenn es feste Regeln gäbe, was zu gefährlich ist für eine Frau und was nicht, dann wären manche Entscheidungen, was man sich trauen kann, leichter. Aber es kommt so sehr auf die Situation an, auf das Land, in dem man ist, auf die eigene Selbstsicherheit und auf die Sprachkenntnisse, dass keine einzige Regel allgemein gültig sein kann. Zum Beispiel Autostopp: Ich habe das

in den USA nie riskiert, weil alle meine amerikanischen Freunde mir davon
abgeraten hatten. In Alaska gibt es aber so wenig öffentliche Verkehrsmittel,
dass mir oft gar nichts anderes übrig blieb, als per Anhalter zu fahren, und
mir ist auch nie etwas passiert. Aber wer weiß – die nächste Frau, die sich
darauf verlässt, dass eine Frau in Alaska allein per Anhalter fahren kann, gerät
vielleicht gleich beim ersten Mal an den falschen Fahrer.

Auch mir sind schlechte Erfahrungen nicht erspart geblieben. Ganz zu
Anfang, als ich loszog, mit viel zu schwerem Rucksack, unerfahren und
vertrauensselig, habe ich mir oft Tagesziele ausgesucht, ohne vorher auf die
Ankunftszeit zu schauen. Dann kam ich oft viel zu spät in einer fremden Stadt
an und hatte die größten Schwierigkeiten, eine Bleibe für die Nacht zu finden. Ich habe Einladungen von Leuten angenommen, deren Gastfreund-
schaft sich dann als recht eigennützig herausstellte.

Ich habe meine Lehren daraus gezogen. Lehre Nr. 1: Immer vor Sonnen-
untergang an einem unbekannten Ort ankommen; und wenn kein Zug und
kein Bus tagsüber dort hält, dann muss eben auf dieses Reiseziel verzichtet
werden. Lehre Nr. 2: Misstrauisch sein, auch wenn die Leute noch so freundlich sind und noch so überzeugend versichern, ihre besten Freunde seien
Deutsche und ein Bruder habe in Deutschland studiert.

Eigentlich sind diese Lehren so banal, dass ich mit etwas Nachdenken auch
vorher hätte darauf kommen müssen. Vorausschauende Überlegung sollte
denn auch die wichtigste Tugend einer Globetrotterin sein. Gerade wenn
eine Frau in eine völlig andere Kultur fährt, muss sie überlegen: Wie könnte
meine Kleidung, mein Verhalten, meine bloße Existenz in diesem Land
wirken? Welche Reaktionen beschwöre ich damit bei den einheimischen
Männern, aber auch bei den Frauen herauf? Muss mich ein Araber, dessen
Frau das Haus nur verschleiert und in Begleitung verlässt, nicht für scham-
los halten, wenn ich allein, mit offenem Haar, engen Jeans herumlaufe? Muss
er nicht schon mein freundliches Lächeln, meinen Gruß, mein Eingehen auf
die Frage nach dem Woher und Wohin als eindeutige Aufforderung miss-
verstehen, wenn es in seinem Land üblich ist, dass Frauen die Augen niederschlagen und keine Gespräche mit fremden Männern führen? Muss es ihn
nicht reizen, auszuprobieren, ob die schamlose Fremde sich auch anfassen
lässt? Eine Ausländerin, die sich so völlig anders verhält, als es den Sitten und
Gebräuchen des Landes entspricht, muss damit rechnen, auf Schritt und Tritt
angestarrt, verfolgt und auch betatscht zu werden. Das kann einem die Freude an der Reise schon verleiden, selbst wenn nichts Schlimmes passiert. Wenn
man solches Spießrutenlaufen nicht in Kauf nehmen will, sollte man sich für
diesen Reiseabschnitt am besten einen männlichen Begleiter suchen.

Auch bei den Frauen mancher Länder stößt selbstständiges Verhalten
einer Ausländerin nicht unbedingt auf Bewunderung, eher auf Verachtung.
Die Mädchen in Ecuador, mit denen ich eine Zeit lang zusammenwohnte,

waren fassungslos, dass ich mich mit einem anderen Globetrotter verabre-
dete, den ich gerade erst kennen gelernt hatte, und dass ich nach dem Kino
allein zu Fuß nach Hause ging. Beides wäre für sie undenkbar gewesen. Ich
85 hätte deshalb auch kein Recht, meinten sie, mich zu beschweren, dass ich auf
dem Nachhauseweg belästigt worden war. Welches anständige Mädchen ist
schon um diese Uhrzeit allein unterwegs?

Inzwischen sind Touristen nirgendwo auf der Welt mehr ein ungewöhnli-
cher Anblick und überall ist man daran gewöhnt, dass Touristinnen sich
90 anders benehmen als einheimische Frauen. Trotzdem sollte man auf die kul-
turellen Normen des Gastlandes Rücksicht nehmen, schon deshalb, weil man
viel eher in Ruhe gelassen wird, wenn man als Ausländerin nicht auffällt. Deshalb verstehe ich nicht, warum so viele Globetrotterinnen in Trekkinghose
und der üblichen Kluft, mit dem Brustbeutel und der Kamera um den Hals,
95 auf Besichtigungstour gehen, statt Rock und Bluse anzuziehen und die Kamera in der Tasche zu verstecken. Dass Kleidung nur praktisch oder an-
sehnlich, aber nicht beides zugleich sein kann, ist meiner Ansicht nach ein
Vorurteil.

Das Einlassen auf Sitten und Gebräuche anderer Länder ist für eine Frau
100 manchmal nicht angenehm, weil sie auf Freiheiten verzichten muss, die ihr
selbstverständlich sind. Aber gerade in solchen „schwierigen" Ländern bin
ich von Männern so ritterlich behandelt worden wie in Deutschland schon
lange nicht mehr.

Die Fantasie der Daheimgebliebenen und die Realität des Reisens klaffen
oft auseinander. Führt die entsprechenden Beispiele aus dem Text an.
Welche Überlegungen sollte eine Frau – nach Ansicht der Autorin – anstel-
len, bevor sie in „eine andere Kultur" fährt? Teilt ihr diese Ansichten?
Stellt eine Liste der von der Autorin gemachten Ratschläge auf und ergänzt
diese um die Punkte, die ihr für wichtig haltet.
Fertigt auch eine Liste für reisende Männer an. Achtet besonders darauf, in
welchen Punkten sie sich unterscheidet und welche Gemeinsamkeiten sich
ergeben.

Latin Lovers auf Griechisch

Der Bus, den wir am frühen Nachmittag des nächsten Tages besteigen, nähert sich bereits bedenklich dem Ausgangspunkt unserer Rundreise. Doch so schnell zieht es uns noch nicht wieder nach Rhodos. Wir überlegen, ob wir in Kamiros Skala bleiben sollen, aber da der Ort nur aus wenigen Häusern
5 besteht, fahren wir zum nächsten Dorf weiter. Wieder einmal stehen wir verloren in der heißen Nachmittagssonne auf einem kleinen Platz und sehen der Staubwolke des schnell davonfahrenden Busses nach. Der Wirt in der nahe gelegenen Taverna erklärt lakonisch, dass es im Ort keinerlei Übernachtungsmöglichkeit gebe.
10 Da kommt ein junger Grieche an unseren Tisch und sagt uns, dass er in Kamiros Skala ein einfaches Hotel wüsste und uns gern dorthin mitnehmen würde. Wenig später sitzen wir zu dritt in seinem kleinen Lieferwagen. Die Zimmerfrage ist schnell geregelt, und wir verabreden uns mit Stavros zum Abendessen. Er will dazu noch seinen Freund mitbringen, der angeblich viel
15 Land und große Zitronen- und Orangenplantagen besitzt. Wir fragen uns, ob er übertreibt oder ob es an den Sprachschwierigkeiten liegt, dass wir die Geschichte nicht ganz verstehen. Bis zum Abend bleibt uns noch genügend Zeit für einen Spaziergang. Wir schlendern zum kleinen Fischerhafen, klettern über die abgebrochenen Mauern einer alten Mole* und finden später an   *Hafendamm
20 einer Stelle Rest von Mosaiken. Wir brechen einige lockere Steinchen heraus und sinnen ihrer Herkunft nach. Unerwartet erhalten wir Auskunft von einem gepflegten älteren Herrn im dunklen Nadelstreifenanzug. Er erklärt uns in gutem Englisch, dass die Mosaikreste aus einer alten christlichen Kirche stammen, die sich hier einst befand. Im weiteren Verlauf unseres Gesprächs
25 stellt sich heraus, dass er Sergios ist, Stavro's Freund. Vergnügt lassen wir uns später zu viert die frisch gefangenen Fische und den weißen Landwein schmecken. Zum Schluss besteht Sergios darauf, uns als seine Gäste zu betrachten. Unser Protest wird einfach ignoriert, wir sind seine Gäste! Anschließend wollen unsere Kavaliere mit uns eine Disko besuchen. Nach
30 einigem Zögern stimmen wir zu – schließlich sind wir zu zweit! Eng aneinander gepresst sitzen wir in dem kleinen Lieferwagen und Stavros fährt und fährt. Du liebe Zeit, gleich sind wir in Rhodos!
Endlich halten wir vor der großen Disko, die hell erleuchtet, aber kaum besucht ist. Die Kapelle spielt sich lautstark durch ihr kleines Repertoire und
35 geht später zu griechischen Liedern über. Wir haben zu alldem einen Tisch nahe bei der Musik, sodass eine Unterhaltung kaum möglich ist. Dafür trinken unsere beiden Freunde, dass uns angst wird bei dem Gedanken an die etwa fünfundzwanzig Kilometer Heimfahrt. Plötzlich beginnen die beiden auf der leeren Tanzfläche zu tanzen. Zuerst aus Freude an ihrer Musik, doch
40 mit einem Mal haben wir das Gefühl, dass sie nur noch für uns tanzen.

„Latin Lovers", wie sie im Buche stehen! Immer wieder fordern sie uns mit Blicken und Gesten auf, mitzutanzen.

Es ist spät, als wir endlich aufbrechen. Stavros fährt erstaunlich gut trotz des vielen Weins, aber Sergios glaubt nun endlich den Lohn für all seine
45 Anstrengungen und Bemühungen zu erhalten. Seine flinken Hände sind in dem engen Fahrerhaus kaum abzuwehren, so wütend wir auch schimpfen. Stavros redet beruhigend auf seinen Freund ein, hält plötzlich an, Sergios steigt aus und setzt sich für den Rest der Strecke auf die Ladefläche. Nachdem wir uns verabschiedet haben, sehen wir die beiden noch lange vor unse-
50 rem Hotel herumstehen. Wir wagen weder das Licht anzudrehen noch die Balkonschiebetüren zu öffnen.

Etwas übernächtigt sitzen wir am anderen Morgen kurz nach sechs Uhr beim Frühstück. Wir wollen den ersten Bus nach Rhodos erreichen und können auch schon wieder über uns und unser Abenteuer lachen. Da erscheint
55 plötzlich Sergios an unserem Tisch und nimmt zögernd Platz. Es wird kein Wort gesprochen, aber Sergios nimmt zwei frisch gepflückte Zitronen aus der Jackentasche und schiebt sie Inge und mir zu. Was will er mit dieser Morgengabe an zwei fremde Frauen ausdrücken? In seiner Haltung und Geste spüren wir seine Achtung vor uns und sind richtig gerührt. Er bleibt neben
60 dem Bus stehen, bis wir abfahren. Wir lächeln uns zu.

Christian Adler
Die Sanften und die Wilden
Abenteuertourismus – und was es dazu anzumerken gibt

Im leichten Lendenschurz der eine, in dicke Pelze gehüllt der andere, machten sich vor ein paar Jahren zwei seltsame Urlauber auf eine Reise durch Bayern: ein Papua und ein Eskimo. Vor ihren Bäuchen baumelten Kameras, das charakteristische Merkmal der Touristen. Und die beiden verhielten sich
5 nicht anders, als sie es von weißen Abenteurern gewöhnt waren, die in ihrer Heimat ihre Dörfer besucht hatten. Also klingelten sie unangemeldet an der Tür einer alten Dame. Sie drängten sich in ihre Wohnung, ohne sich vorzustellen (wozu sie mangels Sprachkenntnissen ja auch nicht in der Lage gewesen wären), knipsten die Überfallene samt allem Hausrat ab, luden sich bei
10 ihr ein, als wäre dies die normalste Sache der Welt. Sie benahmen sich so, als hätten sie kraft ihrer Herkunft aus einem Land, das sich den bayerischen „Eingeborenen" kulturell überlegen fühlt, kraft ihres Portmonees und weil ihnen vielleicht ein Reiseveranstalter „hautnahe Kontakte" versprochen hatte, einen Anspruch auf Hausfriedensbruch. Auch die Verletzung des Per-
15 sönlichkeitsrechts oder der Missbrauch des Gastrechts war ihnen eine Selbst-

verständlichkeit. Kurz, sie nahmen für sich alle die Verstöße gegen die Regeln des Anstandes und der Höflichkeit in Anspruch, die in Touristenländern überall zu beobachten sind.

Die beiden Exoten verteilten schäbige Almosen, Kugelschreiber und Bonbons, sie drängten sich in religiöse Feiern und begingen vielerlei Taktlosigkeiten mehr, die ihnen die so Heimgesuchten in Bayern keineswegs untätig nachsahen. Die alte Dame warf sie hinaus, die Feuerwehr vertrieb sie aus der Fronleichnamsprozession mit Prügeln, mit der Polizei wurde ihnen gedroht, und nur mit knapper Not entgingen Eskimo und Papua einer Anzeige. Wegen „Erregung öffentlichen Ärgernisses" fand die Völkerverständigung, das erstrebte bessere „Kennen- und Verstehenlernen der besuchten Fremdkultur", nicht statt.

Nun, dieses für uns Augen öffnende und von uns natürlich inszenierte Experiment liegt ein paar Jahre zurück. Mittlerweile wurden wir von den Tourismuskritikern ausführlich und intensiv auf die Ursachen und Auswirkungen des Trümmertourismus hingewiesen, damit wir uns als Reisende künftig nicht mehr auf Unwissenheit oder Gedankenlosigkeit berufen können, wenn wir in entlegenen Weltgegenden auch weiterhin Porzellan zerschlagen. Neue Schlagwörter wurden kreiert; vom „sanften" oder dem „Soft-Tourismus", vom „Anders-Reisen" usw. ist die Rede. Heute liest man darüber sogar schon in den gewöhnlichen Reiseführern, nicht nur in den so genannt alternativen. Die Frage, die sich stellt, ist: Hat diese Tourismuskritik auch etwas genutzt, etwas bewirkt?

Diskutiert über die Wirkung des Textes. Ist er komisch oder möglicherweise sogar verletzend? Woran könnte das liegen?
Versucht die zum Ende des Textes gestellte Frage zu beantworten.
Ihr könnt selbst einen Text schreiben, in dem die Rollen vertauscht sind, z.B.
eine Deutsche in Grönland,
ein Italiener bei den Papuas in Neuguinea etc.

Jost Krippendorf
Der viel getadelte Tourist

Das Exotischste am Tourismus sind die Touristen selbst! Unsere Gesellschaft hat zu diesen merkwürdigen Wesen, die man Touristen nennt, ein gestörtes Verhältnis, obwohl die meisten von uns – und nicht zu selten – selbst auch reisen. Kaum jemand wird wohl derart oft kritisiert, beschuldigt, verlacht und
5 verhöhnt wie eben die Touristen. Man nennt sie die neuen Barbaren[1], die goldenen Horden, die neuen Herren. Man vergleicht sie mit Heuschreckenschwärmen, die als Landplage auftreten, alles kahl fressen und weiterziehen. Es werde ihm ganz übel, wenn er daran denken müsse, was seine Landsleute in Ländern der Dritten Welt anrichten, meinte vor ein paar Jahren der deut-
10 sche Entwicklungshilfeminister. Der Seufzer zum Himmel ist hörbar: „Herr, sie wissen nicht, was sie für Unsinn anstellen!" Karikaturisten in aller Welt haben die Touristen zu ihrem bevorzugten Sujet[2] gemacht. Büchlein mit Tourismuscartoons[3] gibt es inzwischen in jeder Buchhandlung. Was der Tourist auch tut, er tut es immer falsch:

15 **Der lächerliche Tourist,** der schon von seinem Äußeren her auffällt, mit seiner Kamera, die ihm als weltweites Erkennungszeichen vor dem Bauch baumelt. Mit seiner komischen Freizeitbekleidung. Weißhäutig, fettleibig oder halb nackt.

Der einfältige Tourist, reiseunerfahren, ohne Sprachkenntnisse, der sich
20 nirgendwo auskennt, dumme Fragen stellt und sich leicht übers Ohr hauen lässt.

Der organisierte Tourist, der unselbstständig ist, ohne Reisegruppe und Reiseleiter verloren wäre und der sich wie ein Herdentier nur unter seinesgleichen wohl fühlt.

25 **Der hässliche Tourist,** der sich so aufführt, als gehöre die Welt ihm allein, und der alles macht, was ihm zu Hause verboten ist.

Der kulturlose Tourist, der während seiner ganzen Ferien faul am Strand liegt, sich keinen Deut[4] für das besuchte Land und seine Leute interessiert und wie zu Hause fernsieht, Karten spielt und Wiener Schnitzel isst.

30 **Der reiche Tourist,** der sich alles leisten kann und auch kaufen will, der seinen Wohlstand zur Schau stellt und sich wie ein Fürst bedienen lässt.

1 im alten Griechenland Bezeichnung für alle Nichtgriechen; im übertragenen Sinne: roher, ungebildeter Mensch

2 Gegenstand, Stoff

3 satirische Geschichte in Bildern

4 seit dem 16. Jahrhundert geschlagene kleinste niederländische Münze aus Kupfer. Sprichwörtlich für: Wertloses

Der ausbeuterische Tourist, der sich auf Kosten fremder Menschen und Kulturen erholt und von der Armut anderer profitiert.

Der umweltverschmutzende Tourist, der die alles überrollende Blechlawine produziert, mit Abgasen die Luft verpestet, über Felder und Wiesen trampelt, Flüsse, Seen und Meere verschmutzt und die Landschaft verschandelt.

Der alternative Tourist, der sich von den anderen Touristen absetzt, in die hintersten unberührten Winkel der besuchten Gebiete vordringt und so dem Massentourismus den Weg bereitet.

Der Begriff „Tourist" wird in diesem Text ausschließlich von der negativen Seite gesehen! Schlagt in Lexika nach, was ihr dort zu diesem Begriff findet!

„Die Touristen sind die gefährlichsten Feinde, weil man sie braucht. Man kann sie aus verschiedenen Gründen nicht einfach erschlagen, wie man Feinde früher erschlug. Aber man kann schweigen." (Aus einem griechischen Text zum Tourismus auf Kreta.)

Erklärt die Verwendung der Begriffe „Feinde" und „brauchen" in diesem Zusammenhang. Stimmt ihr mit der Schlussfolgerung im letzten Satz überein?
Begründet eure Meinung.

Er muss es wissen. Er fährt täglich von Frankfurt nach Paris.

Man reist nicht, um anzukommen, sondern, um unterwegs zu sein, meinte Goethe.

Nur noch ein paar Minuten, dann sind wir da. Schon ziehen die ersten Vorstadthäuser am Fenster vorbei und ihr vertrauter Anblick weckt aufs Neue die Erwartungsfreude auf die Stadt, die uns gerade wieder einmal so freundlich begrüßt. Das wirklich Faszinierende am Reisen sind diese Momente, die man erlebt, als sei das Bahnfahren nur für sie erfunden worden. Der freundliche Zugbegleiter, die behagliche Ruhe im Abteil, der Drink auf der Fahrt durch die Champagne – alles scheint für diese Augenblicke gemacht zu sein, in denen die Gedanken vielleicht schon zu dem kleinen Café am Montmartre wandern.

Wäre Goethe in unserer Zeit gereist, er wäre sicher mit der Bahn gefahren. Und über den Euro-City, der heute seinen Namen trägt, hätten Sie dann vielleicht alles in seinem Buch „Goethe in Paris" lesen können.

Intelligenter reisen.
Deutsche Bundesbahn

Sprecht über die Wirkung, die dieser Werbetext auf euch ausübt. Wodurch wird diese Wirkung erreicht?
- *Geht auf Einzelheiten des Textes ein.*
  Welche Aufgaben haben das Bild und das Zitat?
- *Gerade Goethe ist viel gereist. Mehr über seine Einstellung zum Reisen könnt ihr erfahren, wenn eine Gruppe von euch sich weitere Informationen dazu verschafft und für euch zusammenstellt.*
- *Wie ist der Text im Einzelnen gegliedert?*
- *Auf welche Weise wird Wesentliches hervorgehoben?*
- *Untersucht die sprachlichen Mittel (z.B. Wortarten, insbesondere Adjektive, Satzbau, Aufforderungen, Übertreibungen, Versprechungen, Wiederholungen ...).*
- *Welche Vorzüge werden im Einzelnen herausgestellt, welche Nachteile werden verschwiegen?*
- *Auf welchen Adressatenkreis (Leser, Empfänger) könnte dieser Werbetext gemünzt sein?*
- *Beurteilt entsprechend den Werbetext aus der Sicht der Werbenden und Umworbenen.*

Baden und Bergsteigen,
Sonnen und Segeln,
Schlemmen und Schwimmen,
Golfen und Gambas, Tauchen und Tanzen,
Fotografieren und Faulenzen.

Bei uns in Spanien

Es stimmt, dass viele Länder sich heute Urlaubsländer nennen. Und gewiss auch einiges zu bieten haben. Aber es wird Ihnen schwer fallen, ein Land zu finden, das so viele Urlaubsmöglichkeiten bietet wie unser Spanien. Und in dem Sie so willkommen sind.

Nicht als Gast, sondern als Freund. In Spanien. Dem Land, aus dem die Ferien sind.

Mit welchen Vorzügen wirbt dieser Text?
Werbetexte nennt man auch appellierende Texte (appellieren von [lat.] appellare = antreiben, bewegen). Erklärt. Nennt besonders auffallende sprachliche Mittel, mit denen der Text arbeitet.

Unser absoluter Knüller
Eindrücke beim Durchblättern von Jugendreiseprospekten

Sind Sie unter 30? Verkörpern Sie den „agilen, munteren Urlaubstyp", bevorzugen Sie „schöne, bunte und ausgeflippte Kleider", wollen Sie dort Urlaub machen, wo es „keine Ruhe suchenden Opas, keine plärrenden Kinder gibt" und wo Sie „ältere Semester mit der Lupe suchen" müssen?

5 Dann wird Ihnen der passende Urlaub mundgerecht serviert, an Urlaubsorten, die „verziert mit Tausenden jungen, braun gebrannten, fröhlichen, sympathischen, unternehmungslustigen, aufgeschlossenen Leuten sind", dort, wo man sogar „barfuß bei Vollmond unter Pinien tanzen" kann, „ohne dass einem alte Knacker den Spaß vermiesen". Das ist das Richtige für alle, die „einen durften Urlaub erleben" und dabei „alle Fesseln der Zivi-
10 lisation abstreifen" wollen, aber dennoch ihrer „Brieftasche Schonzeiten gönnen". Hier gibt es Ferien im „Remmidemmi-Bunker", in dem das „Publikum jung oder zumindest jung geblieben" ist. Ihre Miturlauber sind sogar – man höre und staune – so jung und nett wie Sie", und „die paar Oldies – die sich aber anpassen und nicht weiter stören" – muss man eben in Kauf nehmen, „man ist ja schließlich sympathisch und aufgeschlossen". Im Übri-
15 gen geht alles selbstverständlich ganz zwanglos zu, und nur „wenn's feiner wird, sind auch Jeans willkommen". – Na bitte, wer hat da noch Garderobenprobleme? –

Natürlich wird bei einem so großen Angebot an Jugend und Jugendlichkeit auch der Flirt groß geschrieben. Sie buchen ihn praktisch mit, ob es sich nun um „hübsche, blonde Schwedinnen" handelt oder einfach um einen „hübschen Flirt mit einem hübschen
20 Gegenüber"; im „Disko-Klub zum Anbandeln", der „Schwoofstätte und Kontaktstation", lässt sich vieles verwirklichen. Und sollte es mal nicht so nach Wunsch gehen – in der „Bar, wo man Kummer jeder Art auf gute Art hinunterspült", wird man wieder auf andere Gedanken kommen. Dort können sie „still in Ihr Glas weinen oder das Tanzbein schwingen" – ganz nach Wunsch, „der Slibowitz bzw. die Sangria (örtlich verschieden) macht un-
25 heimlich Laune" und „dort freut man sich auf Abwechslung – Männlein wie Weiblein". Also – „wer sich hier langweilt, dem ist kaum noch zu helfen". Denn „Mannomann, hier ist was los!"

Auch tagsüber! Hier werden „Wasser- und Luftmatratzenschlachten" geschlagen, am Strand, der mit „2-mal Umfallen" mühelos zu erreichen ist. Natürlich erwirbt man
30 sich dort auch die „klassische Bräune", denn „die Sonne macht Überstunden", damit Sie diese begehrte Urlaubstrophäe sicher nach Hause bringen. Trotzdem ist Ihr Urlaubsort mehr als ein „sonnenversetztes Wanne-Eickel" – das ist nämlich „kein Urlaub für konsumierende Betriebsnudeln", sondern hier muss man schon das gewisse „feeling" haben, genau wie Sie! Sportliche Rekorde gilt es natürlich auch zu brechen, sei es „im großen Swim-
35 mingpool – Marc Spitz* ist neuerdings zu schlagen" – oder als „Hans-Hass-Nachfolger" in der Unterwasserwelt. Und wer dann ermattet vom „Après-Segeln" kommt und „Heimweh nach dem Pantoffelkino" hat, wird ebenfalls rührend versorgt: Er kann im

---

* *amerikanischer Schwimmer; mehrfacher Olympiasieger und Weltrekordler*

„televisionierten Aufenthaltsraum" seine Sehnsucht stillen – ist das nicht perfekter Urlaubsservice?

40 Wenn Sie nun – all dieser Pracht zum Trotz – dennoch das Gefühl haben, sich zu langweilen, hilft nur noch eins: Der Ferienanimateur muss her! Er ist „besonders stark in der Organisation" und „eine Art Einheizer, der Ihnen hilft, den Urlaub so angenehm, unterhaltsam und schweißtreibend wie möglich zu gestalten". „Viktoria, Viktoria", schon sind Sie wieder dabei, denn „da wollen Sie doch nicht abseits stehen, oder?"

45 Und falls Sie sich – trotz dieser alles überbietenden Kollektion an Urlaubsgestaltung – immer noch als Individualist fühlen, gibt es auch für Sie spezielle Angebote; aber dann „psst, wenn Sie kommen wollen" – diese Urlaubsziele sind nur für Sie ganz allein in diese – ach so seltenen – Kataloge aufgenommen worden (also topsecret). Da gibt es für den kleinen Snob „Erlebnis- und Luxusvergnügungsreisen", für den unverbesserlichen Kultur-
50 jünger den „Badeurlaub mit historischem Hintergrund" und schließlich noch einen ganz besonderen Leckerbissen für unseren politisch engagierten Freund. Urlaub dort, „wo Churchill einen Teil seiner Memoiren geschrieben hat". – Sie sehen, auch an die Outsider unter Ihnen wurde gedacht! (Aber, wie gesagt: äußerste Diskretion bewahren!)

Und, last not least, noch ein perfekt durchprogrammiertes Angebot für diejenigen, die
55 sich auch in den Ferien Stadtluft um die Nase wehen lassen wollen: Städte-Touren nach dem Motto: „Urlaub in Weltstädten, die einfach unter die Haut gehen" und „die schon andere Kaliber geschafft haben als Sie!" Also – lassen Sie sich schaffen!

Ebenfalls geschafft angesichts solcher Herrlichkeiten, kann ich Ihnen jetzt nur noch raten:
60 „Holen Sie alles nach, was Sie an Kultur, Kneipen, Musik, Flirt und anderen Freizeitvergnügen bisher versäumt haben."

Deshalb – „alles anschnallen, Bremsklötze weg und rin in den Rummel" – kommen Sie, „lassen Sie sich als Frischfleisch" vermarkten, pardon: „begrüßen"!

„Na dann – bis auf bald!"

65 Oder? –

Besorgt euch Reiseprospekte (speziell für Jugendreisen) und überprüft, ob die im Text angeführten Beispiele sich dort so oder in ähnlicher Weise finden lassen.
Untersucht, mit welchen sprachlichen Mitteln die Werbetexte arbeiten, welche Wünsche, Vorstellungen, Gefühle etc. sie ansprechen.
Welche Absicht wird mit der Schlussformulierung verfolgt?

Annette Humpe
Monotonie in der Südsee

Monotonie
in der Südsee
Melancholie
bei dreißig Grad
Monotonie
unter Palmen
Campari auf Tahiti
Bitter Lemon auf Hawaii

Ich flieg nach Hawaii
wir sind auch dabei
Ich flieg nach Tel Aviv
zum Minimaltarif
Ich flieg nach Eschnapur
dem Tiger auf der Spur
Ich flieg nach Babylon
Hotel mit Vollpension

Monotonie
in der Südsee
Melancholie
bei dreißig Grad
Monotonie
unter Palmen
Sylvester auf Tahiti
Heiligabend auf Hawaii

Riesige Wellen, 120 km feiner Sand-
strand, super Wetter - und echte
Wellenreiter! Gestern haben wir
am Strand ein tolles Lagerfeuer
gemacht so mit Gitarrenklängen
und Kötelett grillen. Bis fünf in
die Nacht haben wir viel Spaß
gehabt. Am schönsten ist es aber,
am Strand zu liegen, sich in
der Sonne zu aalen, ab und zu
Sport zu treiben und dann in
den Wellen zu toben.

Michaela

Urlaubsgrüße

Ansichtskarten aus dem Urlaub sollen den Daheimgebliebenen kundtun, wie superschön und herrlich-angenehm es da ist, wo wir gerade sind.

Wer sich mit solchen Grüßen aber selbst ein zusätzliches harmloses Vergnügen machen will, kommt am ehesten auf seine Rechnung, wenn er die Unzulänglichkeiten, die es in jedem Urlaub nun einmal gibt, total herunterspielt und auf solche Weise beim Empfänger so etwas wie, nun sagen wir einmal, neidvolle Gedankenverbindungen auslöst.

Hier ist es saukalt und es regnet seit 14 Tagen ununterbrochen ist keine besonders einfallsreiche Urlaubsmeldung.

Da schreibt man besser: *Gott sei Dank haben wir nicht unter hochsommerlicher Hitze zu leiden ...*

Ist das Futter im Hotel ungenießbar, dann berichten wir:

... die Küche ist von einem ungewöhnlichen exotischen Reiz.

Das Personal ist nicht faul und unliebenswürdig, sondern:

... die Bedienung ist unaufdringlich und frei von falscher Freundlichkeit.

Ungeziefer auf dem Zimmer? Nein, sondern: *... der enge Kontakt mit der heimischen Tierwelt wird zu einem Erlebnis ganz besonderer Art.*

Wenn wir beim Baden vor Kälte bibbern, hört sich das so an: *... zu unserem Glück ist das Meer nicht die warme Badewannenbrühe wie letztes Jahr ...*

Und sollte der Strand einer Mülldeponie gleichen, dann heißt es: *... an den ungewöhnlich abwechslungsreichen Gestaden der blauen See gibt es ständig Neues zu entdecken ...*

Eine von Öl verpestete Adria *leuchtet und schillert* in unseren Feriengrüßen *in nie gesehenen Farben,* und wenn einen der Wahnsinnskrach der vielköpfigen Familie von nebenan auch noch so nervt, man spricht von *ganz unerwarteten Kommunikationserlebnissen.*

Rainer Brambach
Im Juli und August

Seit Jahren, im Juli und August, wenn die Villen, Ämter, Schulhäuser und Fußballplätze verödet sind, bekomme ich täglich Grüße von fern. Der Briefträger wirft einen Alphornbläser samt Gebirge, die Seufzerbrücke, den Denker von Rodin, einen Serben in Pluderhosen, auch das schilfbestandene Ufer einer Nordsee-Insel in meinen Kasten.

Freunde erinnern sich meiner, nachdem sie ohne mich fortfuhren.

Axel Kutsch
Schöne Grüße aus Afrika

Liegen am Strand halb nackt
stop
wunderbar warm hier unten
stop
bei euch tiefer Winter – ätsch –
stop
schwarze Bedienung spurt
stop
verneigt sich noch für ein Trinkgeld
stop
fühlen uns wie im Paradies
stop
nur bettelnde Kinder stören
stop
ansonsten alles wie im Prospekt
stop

*Welche Art von Tourist schreibt hier seine
Urlaubsgrüße? Vergleicht dazu auch die
„Touristentypen" im Text auf Seite 81.
Worauf gründet sich das Wohlbefinden des
Touristen?
Was erfahren wir über das besuchte Land
und dessen Einwohner?*

Die Kunst, zwischen Zeilen zu lesen

Da schreibt NUR Touristic über Tunesien, „hin und wieder müssen Sie an den Stränden mit Verunreinigung durch Tang und Teer rechnen". Da warnt Touropa Marokko-Urlauber vor „Störungen bei den technischen Einrichtungen", die „nicht sofort behoben werden können". – Ist bei Deutschlands Reiseveranstalter die Wahrheitsliebe ausgebrochen?

Kaum. „Der Katalog ist", so blauäugig ein Branchensprecher, „gleichzeitig Werbe- und Vertragstext. Ein Offenlassen der Schattenseiten würde die vertragliche Seite verletzen."

Sicher. Aber Schönen, Verklausulieren, Verformulieren und vor allem Weglassen ist noch immer erlaubt. Man muss zwischen den Zeilen zu lesen verstehen – und besonders auf das achten, was nicht erwähnt wird.

Dazu ein paar Lesehilfen: „Nahe gelegener Flugplatz", „Uferstraße 150 Meter entfernt" oder „Bautätigkeit" bedeuten Krach. „Neu erbaute Anlage" heißt, dass es an Grün fehlt. Und „Hier können Sie sich richtig erholen" bedeutet im Klartext: Hier ist nichts los.

Ein „beheizbarer" Swimmingpool ist noch längst nicht beheizt, und ein „Naturstrand" heißt schlicht, dass Algen oder Dreck die Badewonnen trüben.

Auch das „Hotel für junge oder jung gebliebene Gäste" lässt nichts Gutes ahnen: Hinter solchen Floskeln verbirgt sich wenig Komfort und viel Remmidemmi.

„Saubere Zimmer" sind Schlafstätten ohne Komfort, „zweckmäßige Zimmer" komfortabel, aber besonders steril – und „Zimmer mit Meerseite" haben noch längst keinen Meerblick. Auch vor „zentraler Lage" sei gewarnt. Dahinter verbirgt sich das laute Stadthotel.

(Welt am Sonntag, 5. 6. 1988)

*Stellt die Formulierung im Prospekt und die tatsächliche Bedeutung gegenüber
Diskutiert die hier kritisierte Strategie. Beurteilt jeweils aus der Sicht der Touristik-
Unternehmen und der Touristen.*

89

Reisemängel
Beweise sichern

Millionen buchen jedes Jahr ihren Urlaub als Pauschalreise, und immer wieder ist die Zahl der registrierten Mängel beachtlich. Erfüllt ein Reiseveranstalter seine im Vertrag angekündigten Leistungen nicht oder nur unvollständig, sollten Urlauber bei ihrer Mängelrüge auf jeden Fall folgende Punkte beachten:

■ Mängel sind sofort der örtlichen Reiseleitung oder einem vom Veranstalter benannten Ansprechpartner anzuzeigen, nicht der Hotelleitung oder Verwaltung der Ferienwohnung.

■ Für die Mängel ausreichende Beweise sichern: Fotos, Speisekarten usw.

■ Eine Mängelliste sollte von der Reiseleitung abgezeichnet werden. Einige Veranstalter haben ihre Reiseleiter angewiesen, keine Mängellisten zu unterschreiben. Umso wichtiger werden Beweise durch Fotos und Zeugen; Zeugenadressen sollten sofort notiert werden; und die Zeugen sollten zum Beispiel Zimmermängel selbst gesehen haben, um sie eventuell vor Gericht beschreiben zu können.

■ Die vierwöchige Beschwerdefrist nach Ende der Reise muss eingehalten werden; die Beschwerde sollte per Einschreiben mit Rückschein an den Veranstalter gehen.

■ Weist der Veranstalter Ersatzansprüche ab, muss binnen sechs Monaten geklagt werden. Die Zeit von der Anmeldung der Ansprüche bis zur Ablehnung durch den Veranstalter wird in die Halbjahresfrist nicht eingerechnet.

„Tourismus zerstört die Umwelt und viele Kulturen"

München (AP).   Der Massentourismus ist nach Meinung des Forschers und Autors Heinrich Harrer nicht nur weltweit der „Devisenbringer" Nummer eins", sondern auch „einer der größten Umweltzerstörer". Harrer sagte dies gestern in München im Vorfeld eines Symposiums, das Anfang Mai in Hüttenberg in Kärnten stattfinden wird. Dort soll nach Möglichkeiten gesucht werden, den Tourismus wieder einzudämmen.

Harrer erklärte, er selbst sehe sich mitverantwortlich für den Touristikboom, da er die Menschen durch seine Bücher und Reiseberichte „auf den Geschmack gebracht habe", immer mehr zu reisen. Die Einrichtung von Natur- und Nationalparks, etwa in den USA, könne hier eine sinnvolle Lösung sein. Daneben sollten Touristen umsichtiger mit der Natur umgehen und die Eigenständigkeit fremder Kulturen mehr als bisher akzeptieren. Schon jetzt gebe es viele Stämme nicht mehr, die er vor 50 Jahren noch auf seinen Reise getroffen habe, sagte der 73-jährige Schriftsteller.

(Frankfurter Rundschau, 12. 5. 1990)

Natourismus – kein neues Schlagwort, keine Worthülse, sondern ein Begriff, der WWF[1]-Positionen zum Thema „Tourismus und Naturschutz" auf einen Nenner bringt:

[1] Der World Wildlife Fund (WWF) ist eine Naturschutz-Organisation

Naturschutzgebiete schaffen
Als Ausgleich für touristisch erschlossene Regionen müssen Schutzgebiete und Nationalparks eingerichtet werden, in denen einzigartige Lebensräume gesichert werden sowie gefährdete Tier- und Pflanzenarten überleben können. In besonders ausgewiesenen Zonen innerhalb dieser Reservate darf es weder eine wirtschaftliche noch eine touristische Nutzung geben.

Angepasste Erschließung durchführen
Neue Reisegebiete dürfen nicht „überdimensioniert", sondern nur im Rahmen ihrer natürlichen Ressourcen[2] und bereits vorhandenen Kapazitäten[3] erschlossen werden.

[2] Ressourcen: Arbeit, Kapital, Boden usw., aber auch Rohstoffe und Bodenschätze

Technischen Umweltschutz einsetzen
Bei der touristischen Erschließung sowie Erweiterung bestehender Anlagen müssen alle Möglichkeiten des technischen Umweltschutzes ausgeschöpft werden.

[3] Kapazität: Fassungs- und Leistungsvermögen

Ort, Zeit und Umfang begrenzen
Zum Schutz der Natur müssen Ausflugs- und Freizeitaktivitäten auch außerhalb von Schutzgebieten eingeschränkt werden.

Umweltverträglichkeit prüfen
Umweltverträglichkeitsprüfungen sind als verbindliche Maßnahmen vor der Neuerschließung von Urlaubsregionen und der Erweiterung bestehender touristischer Einrichtungen vorzuschreiben.

Revision[4] vornehmen
Ältere Erschließungspläne, die den Umwelt- und Naturschutz nicht vorrangig berücksichtigen, müssen überarbeitet und entsprechend angepasst werden.

[4] Revision: Überprüfung

Integration berücksichtigen
Planung und Umsetzung von Erschließungsmaßnahmen dürfen nicht ohne die wirkungsvolle Einbindung der ortsansässigen Bevölkerung erfolgen.

Sensibilisierung erreichen
Nur durch Umweltberatung und -bildung von Einwohnern, Behörden, Urlaubsplanern, Reiseunternehmen und Touristen ist ein harmonisches Miteinander von Natur und Tourismus möglich.

Management verbessern
Konzepte, die Tourismus in Naturschutzgebieten regeln und Naturerlebnisse in diesen Gebieten fördern, müssen weiterentwickelt und rasch umgesetzt werden.

Umwandlung fördern
Bei der Vergabe von Finanzmitteln für touristische Projekte durch Entwicklungshilfeeinrichtungen darf der wirtschaftliche Aspekt nicht mehr im Vordergrund stehen. Vielmehr müssen diese Gelder der umweltverträglichen Erschließung von Reiseregionen und der Einrichtung von Schutzgebieten dienen.

Selbstverständnis entwickeln
Umwelt- und naturschutzbewusste Urlaubsplanung und ein entsprechendes Verhalten vor Ort müssen zur Selbstverständlichkeit für Naherholungssuchende und Ferntouristen gleichermaßen werden.

Diskutiert und debattiert über den Tourismus, seine Folgen und mögliche Alternativen.
Erkundigt euch über kommunale Freizeit- und Tourismusplanungen in eurer näheren Umgebung.
Achtet darauf, euch bei möglichst vielen Interessengruppen zu informieren.
Wenn ihr Partei ergreifen, andere informieren oder aufmerksam machen wollt, müsst ihr Argumente schriftlich darlegen und auf die Adressaten abstimmen.
Ihr könnt euch auch schriftlich mit der Frage „Tourismus – ja oder nein?" auseinander setzen und eure Überlegungen dazu veröffentlichen.
Erörtert in eurer Klasse das Thema „Sanfter Tourismus – ja oder nein?".
Bezieht eure eigenen Erfahrungen mit ein.

Theodor Fontane (1819–1898)
Reisen (1877 geschrieben)

Zu den Eigentümlichkeiten unserer Zeit gehört das Massenreisen. Sonst reisen bevorzugt Einzelne, jetzt reist jeder. So gewiss in alten Tagen eine Wetterunterhaltung war, so gewiss ist jetzt eine Reiseunterhaltung. „Wo waren Sie in diesem Sommer?", heißt es von Oktober bis Weihnachten. „Wohin
5 werden Sie sich im Sommer wenden?", heißt es von Weihnachten bis Ostern; viele Menschen betrachten elf Monate des Jahres nur als eine Vorbereitung auf den zwölften, nur als die Leiter, die auf die Höhe des Daseins führt.
Um dieses Zwölftels willen wird gelebt, für dieses Zwölftel wird gedacht und gedarbt. [...] Elf Monate muss man leben, den zwölften will man leben.
10 Die Mode und die Eitelkeit haben ihren starken Anteil an dieser Erscheinung, aber in den weitaus meisten Fällen liegt ein Bedürfnis vor. Der moderne Mensch, angestrengter, wie er wird, bedarf auch größerer Erholung.
Findet er das erhoffte Glück? Ja und nein, je nachdem wir das eine oder andere unter Reisen verstehen. [...]

Sind die Aussagen, die Fontane trifft, noch „aktuell"?
Verdeutlicht die Behauptungen anhand von Beispielen!

Ferdinand Ranft
Reisen verdummt

Es hat den Anschein, dass eine der großartigen Möglichkeiten zur Emanzipation der Menschen, das Reisen nämlich, sich in ihr genaues Gegenteil verkehrt. Reisen bildet, hieß es früher einmal. Heute könnte man in vielen Fällen überspitzt formulieren: Reisen verdummt. Die wirtschaftlichen und technischen Errungenschaften unseres Jahrhunderts, die es dem Menschen so leicht wie noch nie machen, die Welt zu entdecken, haben nur den oberflächlichen Massentourismus hervorgebracht.

Nennt Vorzüge und Nachteile des Massentourismus.
Erörtert das Thema. Wägt dabei das Pro und Kontra ab.
Wählt aus folgenden Themen aus:
• Welche Vorzüge und Nachteile bietet eine Pauschalreise?
• Ist Urlaub die schönste Zeit im Jahr?
• Individuell reisen – sinnvoll oder nicht?
Vergleicht die Aussagen Fontanes und Ranfts.

Stellt eine Themenliste über verschiedene Aspekte des Reisens auf.
Verteilt die Themen auf Gruppen und erörtert jeweils das Pro und Kontra
der Ausgangsthese/Ausgangsfrage, z.B.:

- *Reisen verdummt*
- *Man reist nicht, um anzukommen, sondern um unterwegs zu sein*
- *Tourismus ist umweltschädlich*
- *Ist der sanfte Tourismus eine wirkliche Alternative?*
- *Bildungsurlaub kontra Erholungsurlaub*
- *...*

Urlaub und Freizeit: 200 Tage im Jahr ohne Arbeit

Die Reiselust der Deutschen wird weiter wachsen, die Ausgaben dafür werden von derzeit rund 35 Milliarden Mark auf etwa 45 Milliarden Mark im Jahr 2000 steigen. Anspruchsvolle Reisen, bei denen auf der einen Seite Entspannung, auf der anderen Seite auch ein wenig Abenteuer geboten werden, liegen dann vor allem bei gut verdienenden Singles im Trend. Kurzreisen werden nach einer Studie des Hamburger BAT Freizeit-Forschungsinstituts weiter zunehmen, das traditionelle Zwei- oder Drei-Wochen-Paket soll durch flexible Mehr-Tage-Angebote ersetzt werden. Gereist wird im Jahre 2000 meist allein. Im kommenden Jahrzehnt werden zunehmend Angebote für bestimmte Zielgruppen entstehen, Ferien-Klubs für Kinder, Abenteuer-Urlaub für Gruppen, Entspannungs-Seminare für Vereine.

Besonderer Wert, so die BAT-Erkenntnis, wird auf komfortables Wohnen gelegt. Privat-Zimmer oder einfache Gasthöfe haben danach im Jahr 2000 kaum noch eine Chance.

Auch die Rolle der Freizeit wird in den kommenden Jahren deutlich zunehmen. 1990 halten sich Freizeit und Arbeitszeit noch etwa die Waage, aber „spätestens im Jahr 2010 wird der Wandel von der Arbeits- zur Freizeit-Arbeitsgesellschaft vollzogen sein", so die BAT-Prognose.

Der „Freizeitarbeiter" wird im Jahr 2010 nur noch 165 Tage jährlich in seiner Firma verbringen, aber 200 zu Hause, im Freizeitpark oder im Urlaub. Berufsarbeit ist „lediglich Mittel zum Zweck und nicht mehr höherer Lebenszweck". Bereits heute steht der Freizeitwert einer Stadt an erster Stelle, wenn es um einen berufsbedingten Ortswechsel geht – noch vor Geld, Karriere, Bildung und Kultur. Die Philosophie „Zeit ist Geld" wird wertlos, „wenn sich die Erkenntnis durchsetzt, dass man den Gewinn an persönlicher Freizeit nicht kaufen kann wie irgendein Produkt. Freizeit wird ein kostbarer Lebenswert", sagt das BAT-Institut voraus.

Trotzdem wird der Beruf nicht zur puren Notwendigkeit verkommen: „Die sinnlose Arbeit hat ihren Sinn verloren, nicht aber die Arbeit an sich", meinen die Freizeitforscher.

(Stern 2000, 27. 11. 1989)

Haltet ihr diese Zukunftsperspektive von heute aus gesehen für wirklichkeitsnah?
Diskutiert darüber. Bezieht dazu die farbig gekennzeichneten Stellen mit ein.
Welche Veränderungen ergäben sich in unserer Gesellschaft, wenn die Freizeitsforscher
mit ihren Behauptungen richtig lägen?

Lesehinweis ⟩ *Heinrich Böll: Anekdote zur Senkung der Arbeitsmoral, S. 96*

Lehrlinge fallen nicht vom Himmel.

An alle Unternehmer:

Dass Meister nicht vom Himmel fallen, wissen wir. Dass man um Lehrlinge werben muss, ist manchem neu.

Das aber ist Realität: Im Westen Deutschlands stehen heute für hundert Jugendliche, die Ausbildungsplätze suchen, 140 Lehrstellen zur Verfügung. Und in absehbarer Zeit wird der Lehrlingsmangel noch drastischere Formen annehmen. Der Hauptgrund dafür ist die niedrige Geburtenrate in den 70er Jahren. Deswegen sinkt jetzt die Zahl der Schulabgänger.

Trotzdem scheinen manche Unternehmer keine Schwierigkeiten zu haben, junge Leute für ihren Betrieb zu begeistern. Als clevere Chefs lassen sie sich eben was einfallen. Sie locken die Jugendlichen, etwa durch Ferienjobs oder eine Schnupperlehre. Oder mit einer Führung durch ihren Betrieb, die sie mit den Schulen und der Berufsberatung organisieren. Sie zeigen sich, und zwar von ihrer besten Seite.

Machen Sie es doch ebenso: Werben Sie mit der abwechslungsreichen Tätigkeit in Ihrem Unternehmen, mit Ihren sympathischen Mitarbeitern, mit den Aufstiegschancen, die Sie bieten können. Und noch etwas: Einserkandidaten sind nicht immer die besseren Lehrlinge. Auch schwächere Schulabgänger, ausländische Jugendliche oder Körperbehinderte stehen im praktischen Leben ihren Mann oder ihre Frau.

Die Berufsberatung im Arbeitsamt ist auch für Sie da. Rufen Sie an.

 Ihr Arbeitsamt

Klärt Absender und Adressatenkreis des Werbetextes.
Sprecht über Aufbau und Machart der Werbung, zum Beispiel:
- *Blickfang, Bild (Geschlecht, Aussehen, Kleidung, Haar, Frisur, Gesichtsausdruck ...)*
- *Hervorhebungen ...*
- *Wiederholung, Aufzählung, Satzbau ...*
- *Anordnung der Einzelteile*

Heinrich Böll (1917–1985)
Anekdote zur Senkung der Arbeitsmoral

In einem Hafen an einer westlichen Küste Europas liegt ein ärmlich geklei-
deter Mann in seinem Fischerboot und döst. Ein schick angezogener Tourist
legt eben einen neuen Farbfilm in seinen Fotoapparat, um das idyllische Bild
zu fotografieren: blauer Himmel, grüne See mit friedlichen schneeweißen
5 Wellenkämmen, schwarzes Boot, rote Fischermütze. Klick. Noch einmal:
klick, und da aller guten Dinge drei sind und sicher sicher ist, ein drittes Mal:
klick. Das spröde, fast feindselige Geräusch weckt den dösenden Fischer, der
sich schläfrig aufrichtet, schläfrig nach seiner Zigarettenschachtel angelt; aber
bevor er das Gesuchte gefunden, hat ihm der eifrige Tourist schon eine
10 Schachtel vor die Nase gehalten, ihm die Zigarette nicht gerade in den Mund
gesteckt, aber in die Hand gelegt, und ein viertes Klick, das des Feuerzeugs,
schließt die eilfertige Höflichkeit ab. Durch jenes kaum messbare, nie nach-
weisbare Zuviel an flinker Höflichkeit ist eine gereizte Verlegenheit entstanden, die der Tourist – der Landessprache mächtig – durch ein Gespräch zu
15 überbrücken versucht.
„Sie werden heute einen guten Fang machen." Kopfschütteln des Fischers.
„Aber man hat mir gesagt, dass das Wetter günstig ist." Kopfnicken des
Fischers.
„Sie werden also nicht ausfahren?"
20 Kopfschütteln des Fischers, steigende Nervosität des Touristen. Gewiss
liegt ihm das Wohl des ärmlich gekleideten Menschen am Herzen, nagt an
ihm die Trauer über die verpasste Gelegenheit.
„Oh, Sie fühlen sich nicht wohl?"
Endlich geht der Fischer von der Zeichensprache zum wahrhaft gespro-
25 chenen Wort über. „Ich fühle mich großartig", sagt er. „Ich habe mich nie
besser gefühlt." Er steht auf, reckt sich, als wolle er demonstrieren, wie ath-
letisch er gebaut ist. „Ich fühle mich fantastisch."
Der Gesichtsausdruck des Touristen wird immer unglücklicher, er kann
die Frage nicht mehr unterdrücken, die ihm sozusagen das Herz zu spren-
30 gen droht: „Aber warum fahren Sie dann nicht aus?"
Die Antwort kommt prompt und knapp. „Weil ich heute Morgen schon
ausgefahren bin."
„War der Fang gut?"
„Es war so gut, dass ich nicht noch einmal auszufahren brauche, ich habe
35 vier Hummer in meinen Körben gehabt, fast zwei Dutzend Makrelen gefangen …"
Der Fischer, endlich erwacht, taut jetzt auf und klopft dem Touristen beruhigend auf die Schultern. Dessen besorgter Gesichtsausdruck erscheint
ihm als ein Ausdruck zwar unangebrachter, doch rührender Kümmernis.

40 „Ich habe sogar für morgen und übermorgen genug", sagte er, um des Fremden Seele zu erleichtern. „Rauchen Sie eine von meinen?"

„Ja, danke."

Zigaretten werden in Münder gesteckt, ein fünftes Klick, der Fremde setzt sich kopfschüttelnd auf den Bootsrand, legt die Kamera aus der Hand, denn
45 er braucht jetzt beide Hände, um seiner Rede Nachdruck zu verleihen.

„Ich will mich ja nicht in Ihre persönlichen Angelegenheiten mischen", sagt er, „aber stellen Sie sich mal vor, Sie führen heute ein zweites, ein drittes, vielleicht sogar ein viertes Mal aus und Sie würden drei, vier, fünf, vielleicht gar zehn Dutzend Makrelen fangen … stellen Sie sich das mal vor." Der Fischer
50 nickt.

„Sie würden", fährt der Tourist fort, „nicht nur heute, sondern morgen, übermorgen, ja, an jedem günstigen Tag zwei-, dreimal, vielleicht viermal ausfahren – wissen Sie, was geschehen würde?"

Der Fischer schüttelt den Kopf.

55 „Sie würden sich in spätestens einem Jahr einen Motor kaufen können, in zwei Jahren ein zweites Boot, in drei oder vier Jahren könnten Sie vielleicht einen kleinen Kutter haben, mit zwei Booten oder dem Kutter würden Sie natürlich viel mehr fangen – eines Tages würden Sie zwei Kutter haben, Sie würden …", die Begeisterung verschlägt ihm für ein paar Augenblicke die
60 Stimme, „Sie würden ein kleines Kühlhaus bauen, vielleicht eine Räucherei, später eine Marinadenfabrik, mit einem eigenen Hubschrauber rundfliegen, die Fischschwärme ausmachen und Ihren Kuttern per Funk Anweisung geben, Sie könnten die Lachsrechte erwerben, ein Fischrestaurant eröffnen, den Hummer ohne Zwischenhändler direkt nach Paris exportieren – und
65 dann …", wieder verschlägt die Begeisterung dem Fremden die Sprache. Kopfschüttelnd, im tiefsten Herzen betrübt, seiner Urlaubsfreude schon fast verlustig, blickt er auf die friedlich hereinrollende Flut, in der die ungefangenen Fische munter springen. „Und dann", sagt er, aber wieder verschlägt ihm die Erregung die Sprache.

70 Der Fischer klopft ihm auf den Rücken, wie einem Kind, das sich verschluckt hat. „Was dann?", fragt er leise.

„Dann", sagt der Fremde mit stiller Begeisterung, „dann könnten Sie beruhigt hier im Hafen sitzen, in der Sonne dösen – und auf das herrliche Meer blicken."

75 „Aber das tu ich ja schon jetzt", sagte der Fischer, „ich sitze beruhigt im Hafen und döse, nur Ihr Klicken hat mich dabei gestört."

Tatsächlich zog der solcherlei belehrte Tourist nachdenklich von dannen, denn früher hatte er auch einmal geglaubt, er arbeite, um eines Tages nicht mehr arbeiten zu müssen, und es blieb keine Spur von Mitleid mit dem ärm-
80 lich gekleideten Fischer in ihm zurück, nur ein wenig Neid.

Beschreibt das Verhältnis der beiden handelnden Personen zur Arbeit und stellt gegenüber:

- *die Ziele ihres Arbeitens,*
- *ihre Einstellung zu ihrer Arbeit,*
- *den Stellenwert, den Arbeit für sie hat,*
- *die Begleitumstände, die sie mit Arbeit verbinden,*
- *die Auswirkungen von Arbeit für sie selbst.*

Der letzte Abschnitt macht die Einstellung des Touristen deutlich. Belegt am Text, dass der Tourist aus diesem Verständnis heraus mit dem Fischer argumentiert.

Welches Verhalten verbirgt sich in der Überschrift hinter der Bezeichnung Arbeitsmoral?

Betrachtet dazu die Überschrift genau. Schlagt auch nach, welche Merkmale mit der Textsorte „Anekdote" verbunden sind. Ist die Aussage der Überschrift ernst gemeint?

Erklärt, warum der Tourist am Ende „ein wenig Neid" verspürt.

Übertragt das Verhalten des Fischers auf unsere Verhältnisse.

Diskutiert über die entstehenden Folgen.

Wolfdietrich Schnurre (1920–1989)
Ich frag ja bloß

Mensch. Nie haste Zeit!
  Muss arbeiten, Junge.
Und warum rackerste so?
  Weil's dir mal besser gehn soll als mir.
Aber wenn de'n bisschen weniger schuften würdst, ging's dir doch auch schon ganz gut.
  Geht doch hier nicht um's Ausruhn! Geht doch um's Geld!
Und wenn de das mich dann verdien lassen würdst?
  Aber verstehst du denn nicht: Das Leben muss doch'n Sinn haben, Junge!
Und das is der Grund, warum ich nischt von dir hab?

Theo Schmich
Geier

Geier waren wir.

Unser Opfer war Harold. Manchmal kommt mir alles im Traume wieder.
Wir hocken auf dem Rande unserer Büroschränke. Mit kahlen, hässlichen,
lauernden Geierköpfen. Unter uns, an seinem Schreibtisch, Harold.

5   Mit seiner Beförderung zum Prokuristen hatte Harolds Ende begonnen.
Er strahlte an diesem Tage, schritt energiegeladen durch die Flure. Siegessicher. Er hatte es geschafft, er würde es weiterhin schaffen.

Wir, seine Kollegen, waren jenseits allen Neides. Längst schon hatte er uns
überrundet, hatte seine Beförderung sich abgezeichnet. Unseren Neid hatten
10 wir hinter uns gebracht, zu einem früheren Zeitpunkt. Und resigniert angesichts Harolds Energie. Jetzt standen wir auf. Nicht gegen Harold, sondern
um aus sicherem Abstande seinen Kampf zu beobachten.

„Ob er es schafft?"

„Kaum. Zu viel Arbeit. Und es wird noch mehr, verlasst euch darauf!"
15   „Abwarten. Harold ist zäh."

Die Geier bezogen ihre Posten. Schon bald nach seiner Beförderung erschien Harold verändert. Betont freundlich war er bisher gewesen, frei von
Launen. Nun wurde er gereizt, fuhr seine Untergebenen an. Meist zwar fand
er hinterher eine Entschuldigung. Doch war dies nur ein Beweis dafür, wie
20 schwer ihm bereits die Kontrolle über sich selbst fiel.

„Was habe ich gesagt? Es wird zu viel für ihn." Viel sagend zwinkerten wir
uns zu.

Harolds rechtes Augenlid begann zu zucken. Es war nicht zu übersehen,
dies ständig zuckende Augenlid. Bemerkte Harold es nicht? Jedenfalls sah er
25 uns beim Gespräch unbefangen an, während wir Mühe hatten, ihm nicht ins
Gesicht zu lachen. Es war zu komisch, dies zuckende Augenlid!

Dann wurde Harold wieder stiller. Nicht eigentlich, dass er seine Gereiztheit überwand. Nur ihre „Wogen" schlugen weniger hoch. Harold verlor an
Energie.

30   „Er schafft es nicht", urteilten wir einmütig und wiegten dabei unsere Köpfe. Keine schadenfrohe Feststellung! Ein leidenschaftsloses Urteil.

Harold hetzte von einer Aufgabe zu anderen, konnte aber nie etwas vollständig erledigen, da sich hinter jeder dringenden Arbeit eine noch dringendere versteckte. Seine Gesichtszüge wurden schlaffer. Die Mundpartie be-
35 kam etwas Raubtierhaftes. Der Glanz seiner Augen wurde matter. Doch
gleichzeitig verengten sie sich zu lauernden Spalten.

„Urlaub!", sagte einer von uns.

Mit geringschätzigem Staunen sahen wir ihn an. Erkannte er die Situation
nicht? Einen Urlaub konnte Harold sich nicht leisten. Zwar, seinen Posten

40 erobern hätte keiner von uns vermocht. Aber wir hätten seine Stellung erschüttert während seiner Abwesenheit, ihm Befugnisse entrissen, uns Entscheidungen angemaßt. Geier, die auf eine Schwäche ihres Opfers warteten.

„Mein Arm schmerzt, meine Schulter", klagte Harold. Für einen Augenblick empfanden wir Mitleid. Ein klagender Harold, das war neu, das war
45 ungewohnt. Alarmierend! Schmerzen im Arm, in der Schulter. Herz.

„Zum Arzt", sagten wir.

Harold sah uns an, durch uns hindurch. Nickte schließlich langsam, als hätte er begriffen, und ging müde zurück an seinen Schreibtisch. Und er hatte begriffen!
50 „Ruhe!", würde der Arzt anordnen. Teure Medikamente, jedes Medikament hätte Harold sich leisten können. Aber keine Ruhe. Eines nur gab es: durchhalten. Die Stellung festigen, ausbauen. Dann vielleicht: Ruhe. Andere drängten nach. Auch wir. Eine Schwäche von ihm hätte uns gestärkt. Harold wusste das.
55 An einem Freitag sahen wir ihn zum letzten Male. Samstags war er zusammengebrochen. Er hatte noch gelebt, als man ihn ins Krankenhaus schaffte. So jedenfalls hörten wir, als wir montags darauf zur gewohnten Arbeit erschienen.

Vergleicht diesen Text mit den vorhergehenden.
Bestimmt dazu die Einstellungen der handelnden Personen zu Beruf und Arbeit.
Schreibt die Redeteile dieses Textes ohne die Zwischenstücke hintereinander auf die linke Hälfte des Blattes. Notiert auf der rechten Hälfte in Stichworten, was an den entsprechenden Verlaufsabschnitten über Harold gesagt wird.
Erklärt die Überschrift.
Aus Harolds Sicht sähe das Geschehen sicherlich anders aus. Ihr könnt das darstellen, indem ihr
* *Harold selbst sprechen lasst,*
* *die Begebenheit aus Harolds Sicht erzählt oder beschreibt,*
* *Harold diese Geschichte einer dritten Person erzählen lasst,*
* *Harolds Gedanken in den Text einfügt.*

Vorsicht bei „Drücker"-Jobs

Nachdrücklich hat der in Köln beheimatete „Arbeitskreis Jugendarbeitslose" vor Arbeitsofferten gewarnt, die sich bewusst an Jugendlich wenden.

Hinter solchen Angeboten – so der Arbeitskreis – würden sich überwiegend Zeitschriftenwerber und Versicherungsagenturen verbergen, die die angeworbenen Jugendlichen meistens in heimatfernen Gebieten einsetzen wollen.

Oftmals werden diese dann von unseriösen Geschäftemachern dazu gedrängt, weiter Arbeitslosengeld zu kassieren.

Noch häufiger sei der Versuch dieser Arbeitgeber, die Jugendlichen unter Tarif zu bezahlen.

(Kölner Stadtanzeiger, 9. 4. 1990)

Berufswahlverhalten und Lebensplanung von Mädchen
Ein Thema für die Schule und eine Aufgabe für die Gewerkschaften

Mädchen und Frauen erfahren im Erwerbs- und Privatleben nach wie vor Benachteiligungen im Vergleich zu Jungen und Männern. Sie verrichten kaum Hausarbeit und beteiligen sich selten an der Kindererziehung und der Pflege von Familienangehörigen. Wenn das Ziel ist, Frauen und Männern die gleichen Entfaltungsmöglichkeiten im Erwerbs- und Privatleben zu verschaffen, bedarf es Veränderungen in der Erziehung, aber auch entsprechender Gestaltung im Erwerbsbereich. Schule, Gewerkschaften, Arbeitsverwaltung sowie Arbeitgeber sind hier gefordert. [...]

Regine Bigga

Den weiblichen Lebenszusammenhang in die Schule bringen

Auf den ersten Blick besteht viel Grund zur Freude: Nach mehr als 100 Jahren Kampf um die weibliche Bildung scheinen in dieser Frage die Probleme gelöst zu sein. Mehr Mädchen als Jungen besuchen heutzutage erfolgreich weiterführende Schulen, schon in der Grundschule sind ihre Noten weitaus besser als die der Jungen (G. Schümer 1985). Da müssen wir aber aufhorchen, weil diese Erfolgsleiter just mit dem Eintritt ins „wirkliche Leben" jäh abbricht. Da haben Mädchen weniger Aussichten auf Lehrstellen, geraten in wenig bezahlte und angesehene Berufssparten, bleiben stellunglos. [...]

Welche Absicht verfolgt dieser Zeitungsartikel?
Untersucht, ob sich unter den Stellen- und Arbeisangeboten in den Tageszeitungen auch Angebote für solche „Drücker"-Jobs befinden.
Tauscht eure Erfahrungen mit ähnlichen Tätigkeiten aus.
Klärt die Begriffe „Job", „jobben". Benutzt dazu ein Lexikon.
Schlagt auch folgende Begriffe nach: Beruf, Berufung, Arbeit, Maloche, Stress, Beschäftigung, Erwerbstätigkeit.
Was kommt eurer eigenen Vorstellung von Berufstätigkeit am nächsten? Formuliert einen kurzen Text.

Alle Macht den Frauen?

[...] Die Frauen haben ihre Macht erkannt, sie lassen sich nicht mehr in die Kirche, die Küche oder an das Kinderbett zwingen. Mit Strumpfhose und Pille, mit Elektroherd und Waschmaschine sind sie selbstständiger geworden. Nur die Männer haben es noch nicht so richtig begriffen. Sie fürchten immer noch ein paar lautstarke Feministinnen und Emanzen, aber aus diesen Kaderabteilungen der Frauenbewegung sind längst kampfstarke Divisionen geworden, seit es Europa gibt und ein europäisches Parlament, das ja auch gleich die Französin Simone Weil als erste Präsidentin gewählt hat.

Natürlich ist die griechische Ziegenhirtin anders als die deutsche Kosmetikerin und die irische Hausfrau anders als die Fürstenkinder von Monaco. Aber die europäische Politik hat diese Unterschiede wahrgenommen, analysiert und eine Frauenpolitik programmiert, die eigentlich revolutionär ist.

Die EG will überall die Gleichberechtigung der Frauen im Beruf und die Chancengleichheit in der Gesellschaft. Vor dem Zweiten Weltkrieg bekamen die Frauen gewöhnlich nur 60 bis 70 Prozent des Männerlohnes; jetzt verlangt der EWG-Vertrag, Artikel 119, gleiches Entgelt bei gleicher Arbeit. Die Gemeinschaft hat bisher drei Richtlinien erlassen, um den Grundsatz der Gleichbehandlung zu verwirklichen. Das sind verbindliche Rechtsinstrumente, die auch den einzelnen Nationen schon viel zu schaffen gemacht haben. [...]

Aus einer Ansprache des ehemaligen Bundespräsidenten Richard von Weizsäcker

[...]

Wenn heute Arbeit organisiert und angeboten wird, geschieht es ganz vorrangig nach den Bedürfnissen des Betriebes. Dürfen dabei die Anforderungen der Frau und der Familie weiterhin darunter leiden? Die Fragen richten sich an die Unternehmerseite ganz gewiss nicht weniger als an die Gewerkschaften. Es geht wahrlich nicht darum, der Frau eine bestimmte Rolle aufzudrängen, weder eine familiäre noch eine berufliche. Entscheidend ist, dass sie selbst darüber befindet und dass die Verhältnisse ihr dies erlauben.

Eine Frau muss besser als bisher wählen können, ob sie ganz, zeitweilig oder gar nicht erwerbstätig sein will. Wie soll ihr dies gelingen, wenn die Sorge für die Familie nach wie vor ganz überwiegend ihr allein aufgebürdet bleibt und wenn die Arbeitsangebote zu wenig auf sie Rücksicht nehmen?

Viele Frauen sind auf Erwerbstätigkeit absolut angewiesen, viele sehen sie als eigenverantwortliche Lebensgestaltung, manche aber suchen sie auch deshalb, weil sie fürchten müssen, worauf Nell-Breuning hinweist, dass sie ohne selbst verdientes Geld die Achtung der Kinder verlieren. So wird nicht selten gedacht in unserer vom Erwerbsleben geprägten, materiell orientierten Gesellschaft.

Die Folgen dieser Entwicklung tragen wir alle. Wir dürfen ja nicht übersehen, dass jeder Funktionsverlust der Familie anderweitig ersetzt und bezahlt werden muss. Je weniger die Familie selbst schafft, desto mehr muss Familienersatz geschaffen und finanziert werden: für Kinder und alte Menschen, für Kranke, Gefährdete und Behinderte. Je stärker die Kosten dafür steigen, umso mehr wird letztlich auch der Lohn damit belastet. [...]

Mitverdienen als Ehefrau – das ist in den neuen Bundesländern viel selbstverständlicher als in den alten. Mit wachsender Kinderzahl nimmt zwar in beiden Teilen Deutschlands die Berufstätigkeit der Ehefrau ab, aber im Osten kommt sie in jedem Fall doppelt so oft vor wie im Westen. Dafür gibt es zwei Gründe: In der DDR waren zwei Einkommen nötig, um finanziell als Familie einigermaßen über die Runden zu kommen. Und: Um den Ehefrauen das Mitverdienen zu ermöglichen, gab (und gibt) es auf dem Gebiet der neuen Bundesländer sehr viel mehr Kinderhorte und -tagesstätten.

Fasst den Inhalt der einzelnen Texte jeweils kurz zusammen.
Formuliert zu jedem Text den Kerngedanken.
Klärt die Rede- bzw. Schreibsituation, in der die Texte entstanden sind.
Vergleicht sprachliche Machart und Absicht der einzelnen Texte:
• *In welchem der Texte wird eher informiert?*
• *In welchem wird hauptsächlich Kritik geübt?*
• *Mit welchem Text sollen die Leser oder Hörer besonders angesprochen werden?*

Lesehinweis⟩ *Sequenz Von „Rollenspielen" und „Beziehungskisten"*

Köpfchen gefragt

Hat das Zeugnis einen Sinn? Sind die Noten wichtig, wenn es um die Einstellung geht?

Wir haben Schüler der Klassen 10 A befragt. Uns interessierte, auf welche Fächer die Betriebe am meisten achten.

26 Jungen antworteten uns. Bei den Jungen wird besonders auf Mathematik, Chemie und Physik geachtet. Das liegt daran, dass sie meistens in technische Berufe einsteigen wollen. In allen Berufen fordert man mindestens befriedigende Leistungen in den angeführten Fächern.

Natürlich haben wir auch die Mädchen befragt und bei ihnen sieht es etwas anders aus. Die von ihnen verlangten Leistungsfächer sind Deutsch, Mathematik und je nach Beruf Biologie. Auch von ihnen werden befriedigende Leistungen verlangt.

Der Schwerpunkt auf dem Fach Deutsch ist so zu erklären, dass die meisten Mädchen Tätigkeiten in Dienstleistungsberufen (Verwaltung, Verkäuferin …) anstreben.

Abschließend kommen wir zu dem Ergebnis, dass die Noten für die Betriebe – zumindest im ersten Eindruck – sehr wichtig sind. Sie bilden sich in der Regel dann ein eigenes Urteil durch Eignungstests und Vorstellungsgespräche. (Es lohnt sich also, zu „büffeln"!)

Die Schüler und Schülerinnen dieser Klasse haben ihre Erfahrungen im Rahmen eines Praktikums gemacht.
Vergleicht sie mit euren eigenen Erfahrungen.
Achtet auf die unterschiedlichen Ergebnisse bei der Befragung von Mädchen und Jungen.
Welche Begründungen werden hier gegeben?
Stimmt ihr damit überein?
Die Redakteure und Redakteurinnen des Artikels aus einer Schülerzeitung kommen zu einer Schlussfolgerung, die Aussagen über das schulische Lernen macht.
Diskutiert, ob ihr euch dieser Konsequenz anschließen könnt.

Computer erobern Arbeitswelt

Von je 100 Erwerbstätigen brauchen EDV-Kenntnisse

1970 1980 1990 2000

5 18 43 64

Quelle: IAB · INDEX FUNK 4156

Gebt die Aussage dieser Grafik mit euren eigenen Worten wieder.

Vergleicht die Aussage mit dem folgenden Beitrag einer Schülerin in einer Schülerzeitung.

Sie berichtet darin über Erfahrungen, die sie im Praktikum gemacht hat.

Welche Folgen hat die aufgezeigte Entwicklung für

- *eure eigene Berufswahl,*
- *die schulische Bildung,*
- *eure Einstellung zum Umgang mit Computern,*
- *verschiedene Berufszweige, die ihr kennt,*
- *eure Einstellung zum Lernen?*

Diskutiert darüber.

COMPUTER AM ARBEITSPLATZ

Unaufhaltsam bahnt sich der Computer seinen Weg in unser Leben. Man findet ihn überall in unserer Freizeit und in der Arbeitswelt. Wir befragten alle Praktikanten, inwieweit man in ihrem Beruf über Kenntnisse im Umgang mit Computern verfügen sollte.

Hier das Ergebnis: In 31 % der besuchten Praktikumsberufe braucht man im Umgang mit dem Computer Kenntnisse. Bei etwa 56 % ist das noch nicht der Fall.

Der Betrieb schließt jedoch die Möglichkeit nicht aus, später einmal computergesteuerte Maschinen einzusetzen. Man kann jetzt aber schon sagen, dass alle diejenigen über Computerkenntnisse verfügen sollten, die ihren Beruf in einem Büro oder in einer Verwaltung antreten wollen.

Verpasste Chancen

Von je 100 jungen Erwerbstätigen würden sich rückblickend entscheiden für:

Höheren Schulabschluss **37**

Anderen Beruf **25**

12 Studium

12 Lehre

6 Mehr Fleiß

5 Andere Fachrichtung an Berufsfachschule

4 Suche nach besserem Arbeitsplatz

2 Lehre durchzuhalten

Mehrfachnennungen möglich　Quelle: IAB　© Globus 8300

Was ich heute beruflich anders machen würde …

„Hätte ich doch damals …" – diese Gedanken mögen wohl vielen jungen Erwerbstätigen durch den Kopf gegangen sein, als sie vom Institut für Arbeitsmarkt- und Berufsforschung (IAB) befragt worden sind. Das IAB wollte von ihnen wissen, was sie aus heutiger Sicht während ihres schulischen und beruflichen Werdegangs anders gemacht hätten. Das Ergebnis: 37 Prozent der Befragten wünschten sich, sie hätten länger die Schulbank gedrückt und einen höheren Abschluss erreicht. Jeder Vierte ist anscheinend mit seinem Beruf nicht zufrieden; könnten sie die Uhren noch einmal zurückdrehen, so würden 25 von je 100 Befragten einen anderen Beruf wählen

Zwölf Prozent würden sich heute für ein Studium entscheiden, gäbe man ihnen noch einmal die Chance. Ebenso groß ist die Gruppe derer, die eine Lehre machen würden. Übrigens: Wenn es um den Bildungsstand der Erwerbstätigen in der ehemaligen DDR geht, so brauchen sie sich vor ihren Kollegen aus dem Westen nicht zu verstecken: Während in Westdeutschland beinahe jeder Vierte keinen Berufsabschluss vorweisen kann, haben in den fünf neuen Bundesländern nur vier Prozent der Befragten nichts gelernt. Einen Meisterbrief oder Fachschulabschluss besitzen 23 Prozent (alte Bundesländer: 12 Prozent).

So sind die Erwerbstätigen in Deutschland ausgebildet. Von je 100 haben

Alte Bundesländer		Neue Bundesländer
7	Hochschulabschluss	9
12	Fachschulabschluss, Meisterbrief	23
58	abgeschlossene Lehre	59
23	keinen Abschluss	4
–	Sonstiges	5

Verbindet Aussagen des Begleittextes mit der entsprechenden Darstellung in der Grafik. Vervollständigt den Text, indem ihr weitere Darstellungen in der Grafik zu textlichen Aussagen umformuliert.

Die Aussagen, die hier über die Verhältnisse in den Bundesländern gemacht werden, könnt ihr selbst grafisch darstellen.

Welche Konsequenzen haben alle diese Aussagen für eure Berufsentscheidung? Diskutiert darüber.

Arbeit ohne Menschen

Im Produktionstechnischen Zentrum in Berlin, einer kühnen Glas- und Stahl-
konstruktion an den Ufern der Spree, inszenieren Ingenieurwissenschaftler
die Zukunft – ein Kunstwerk aus Apparaten und Informationsströmen. Was
sich in der lichten Rundhalle wie von Geisterhand geführt in Bewegung setzt,
5 tut bereits in den modernsten Betrieben seinen Dienst: Fahrerlose Trans-
portwagen bringen ihre Last von Station zu Station. Oder zum Hochregal, wo
ein (ebenfalls fahrerloses) Förderzeug die Ware verstaut und aus dem Regal
die – über den Rechner bestellten – Teile herausholt, um sie auf die Reise zur
Bearbeitung und Montage zu schicken. Der Wagen gleitet fast lautlos dahin,
10 elektronische Augen, Sensoren, registrieren Kurs und Ladung. In der ganzen
Halle schnellen Greifarme von Industrie-Robotern hin und her, packen sich
hier ein Werkstück, da ein Werkzeug, helfen, in Sekunden ein schweres Teil
zu bearbeiten. Auch Wasser wird zum Werkzeug. Unter Hochdruck durch-
schlägt sein Strahl Metall, entgratet Guss. Laserstrahlen schneiden Blech.
15 Laserscanner messen Entfernungen. […]

Und der Facharbeiter, dem die Technik davoneilt? Seine Arbeit am Computer bringt ihn kaum noch mit dem Werkstück in Berührung. Was an der
Maschine passiert, muss er im Kopf haben. Das Bildungssystem, stellte vor
einiger Zeit das amerikanische Battelle-Institut[1] fest, hinke der technischen
20 Entwicklung immer hinterher – im günstigsten Fall um fünf Jahre. Der Meister
kann seinem Schüler Fertigkeiten beibringen, diese aber nie mit ihm an der
neuesten Technik üben. Die Lehrlinge, die später die „Fabrik 2000" funk-
tionstüchtig halten wollen, müssen sich beim heutigen Innovationstempo[2] auf
lebenslanges Lernen einrichten. „Flexibilität" und „Schlüsselqualifikationen"[3]
25 wurden zu Schlagworten der Berufsbildungs-Forscher.

Kein Zufall also, dass Arbeitgeber und Gewerkschaft nach über vierzig Jahren die Ausbildung in den wichtigen Lehrberufen der Metall- und Elektro-
branche total umkrempelten. Aus ehemals 42 Metall-Berufen sind sechs neue
Grundberufe entstanden. „Breit ausbilden und möglichst lange gemeinsam",
30 heißt das Motto. Die Spezialisierung beginnt erst am Ende der dreieinhalb-
jährigen Lehre.

[…]

Doch was heißt Arbeiter? Ob sich die kommenden Generationen noch so
nennen werden, ist keineswegs sicher. In der Geschichte der Industrie nahm
35 die Zahl der „Arbeiter" ständig ab, die der Angestellten ständig zu. Ingenieurwissenschaftler, die die Fabrik automatisieren, sehen die Trennwand zwischen Werkstatt und Planungsbüro verschwinden. Aus dem Facharbeiter
werde ein Techniker, der höchsten Anforderungen genügen müsse. Weniger,
aber bessere Leute würden gebraucht.
40 […]

[1] Das Battelle-Institut berät vor allem die Industrie und Behörden
[2] Innovation: Erneuerung
[3] Schlüsselqualifikation: besonders Erfolg versprechende Ausbildung

Könner mit dem Sinn für das Ganze, Fantasie und Reaktionsvermögen sind nun gefragt. Rüsten, Planen, Steuern und Überwachen – das, was ansteht. Besser ausgebildet und bezahlt werden sie sein, stärker gefordert wie die Crew im Cockpit, die Mannschaft auf der Kommandobrücke.

Dorothea Hilgenburg
(Aus: Die Zeit, Nr. 31/1987, S. 14)

Klärt die Fremdwörter und Fachbegriffe aus dem Zusammenhang des Textes heraus. Formuliert die Kernaussage des Textes; welche Zukunftsbezüge werden angesprochen?

Lesehinweis⟩ *Textsequenz „Schöne neue Welt"*

Günter Kunert (* 1929)
Die Maschine

Erhaben und in einsamer Größe reckte sie sich bis unters Werkhallendach; schuf somit die Vorstellung, Monument des Zeitalters zu sein und diesem gleich: stampfend, gefahrvoll, monoton und reichlich übertrieben. Und vor allem: Auch sie produzierte einzig und allein durch gegensätzliche Bewegung
5 unterschiedlicher Kräfte, durch einen gezähmten Antagonimus[1] all ihrer Teile.

Aber in diesem wundervollen System blitzender Räder, blinkender Kolben, sich hebender und sich senkender Wellen war ein unansehnliches Teil, das wie von Schimmel überzogen schien und das sich plump und arrhyth-
10 misch[2] regte. Ein hässlicher Zusatz an der schönen Kraft. Ein Rest von Mattigkeit inmitten der Dynamik.

Als um die Mittagszeit ein Pfiff ertönte, löste sich dieses Teil von der Maschine und verließ die Halle, während die Maschine hilflos stehen blieb, zwiefach: in sich und am Ort. Plötzlich erwies sich, das billigste Teil und das
15 am schlimmsten vernachlässigte war das teuerste und nur scheinbar ersetzlich. Wo es kaputtgeht, wird es nicht lange dauern, bis über den Beton Gras gewachsen ist.

Klärt, wer hier als „unansehnliches Maschinenteil" beschrieben ist. Diskutiert, ob die Aussage der letzten beiden Sätze immer zutrifft. Stellt dazu Beispiele einander gegenüber.

[1] *aus dem Griechischen für: Gegensatz, Gegnerschaft, Widerstreit*

[2] *aus dem Griechischen für: Mangel an Ebenmaß; Unregelmäßigkeit der Herzbewegung*

Aus den Reden des Südseehäuptlings Tuiavii aus Tiavea

Vom Beruf des Papalagi[1]

Es ist eine Freude, eine Hütte zu bauen, die Bäume im Walde zu fällen und sie zu Pfosten zu behauen, die Pfosten dann aufzurichten, das Dach darüber zu wölben und am Ende, wenn Pfosten und Träger und alles andere gut mit Kokosfaden verbunden ist, es mit dem trockenen Laube des Zuckerrohres
5 zu decken. Ich brauche euch nicht zu sagen, wie groß eine Freude ist, wenn eine Dorfschaft das Häuptlingshaus errichtet und selbst die Kinder und Frauen an der großen Feier mit teilnehmen.

Was würdet ihr nun sagen,wenn nur wenige Männer aus dem Dorfe in den Wald dürften, um die Bäume zu fällen und sie zu Pfosten zu schlagen? Und
10 diese wenigen dürften nicht helfen, die Pfosten aufzurichten, denn ihr Beruf wäre es, nur Bäume zu fällen und Pfosten zu schlagen? Und die, welche die Pfosten aufrichten, dürften nicht das Dachgesparre[2] flechten, denn ihr Beruf

[1] *(sprich: Papalangi), der Weiße, der Fremde*

[2] *die drei Balken, die die Grundform des dreieckigen Daches bilden*

wäre es, nur Pfosten aufzurichten? Und die, welche das Dachgesparre flechten, dürfen nicht helfen, es mit Zuckerrohrlaub zu decken, denn ihr Beruf
15 wäre es, nur Sparren zu flechten? Alle aber dürften nicht helfen, den runden Kiesel vom Strande zu holen zum Belag des Bodens, denn dieses dürften nur tun die, deren Beruf dies ist? Und nur die dürften die Hütte befeiern und einweihen, die darin wohnen, nicht aber sie alle, welche die Hütte erbauten? –

Ihr lacht, und so würdet ihr auch sicherlich sagen: Wenn wir nur eines und
20 nicht alles mittun dürfen und nicht bei allem helfen sollen, wozu Manneskraft dient, so ist unsere Freude nur halb – sie ist gar nicht. Und ihr würdet sicher als einen Narren erklären, jeden, welcher von euch derweise forderte, eure Hand nur zu einem Zwecke zu benutzen, gerade so als seien alle anderen Glieder und Sinne eures Leibes lahm und tot.

25 Hieraus wird denn auch dem Papalagi seine höchste Not. Es ist schön, einmal am Bache Wasser zu schöpfen, auch mehrere Male am Tage; aber wer da von Sonnenaufgang bis zur Nacht schöpfen muss – der wird schließlich den Schöpfer in Zorn von sich schleudern in Empörung über die Fessel an seinem Leibe. Denn nichts fällt jedem Menschen so schwer, als immer genau
30 das Gleiche zu tun.

Es gibt aber Papalagi, die schöpfen nicht etwa Tag um Tag an gleicher Quelle – dies möchte ihnen noch eine hohe Freude sein –, nein, die nur ihre Hand heben oder senken oder gegen einen Stab stoßen und dies in einem schmutzigen Raume, ohne Licht und ohne Sonne, die nichts tun, bei dem
35 eine Kraftmühe ist oder irgendeine Freude, deren Heben oder Senken oder Gegen-einen-Stein-Stoßen dennoch vonnöten ist nach dem Denken des Papalagi, weil damit vielleicht eine Maschine angetrieben oder geregelt wird, die da Kalkringe schneidet oder Brustschilder, Hosenmuscheln oder sonst was. Es gibt in Europa wohl mehr Menschen als Palmen auf unseren Inseln,
40 deren Gesicht aschgrau ist, weil sie keine Freude an ihrer Arbeit kennen, weil ihr Beruf ihnen alle Lust verzehrt, weil aus ihrer Arbeit keine Frucht, nicht einmal ein Blatt wird, sich daran zu freuen.

Und darum lebt ein glühender Hass in den Menschen der Berufe. Sie alle haben in ihrem Herzen ein Etwas wie ein Tier, das eine Fessel festhält, das
45 sich aufbäumt und das doch nicht loskann. Und alle messen ihre Berufe aneinander voll Neid und Missgunst, man spricht von höheren und niederen Berufen, obgleich doch alle Berufe nur ein Halbtun sind. Denn der Mensch ist nicht nur Hand oder nur Fuß oder nur Kopf; er ist alles vereint. Hand, Fuß und Kopf wollen gemeinsam sein. Wenn alle Glieder und Sinne zusam-
50 mentun, nur dann kann sich ein Menschenherz gesund freuen, nie aber wenn nur ein Teil des Menschen Leben hat und alle anderen tot sein sollen. Dies bringt den Menschen in Wirrnis, Verzweiflung oder Krankheit.

Der Papalagi lebt in Wirrnis durch seinen Beruf. Er will dies zwar nie wissen und sicherlich, so er mich dies reden hörte, möchte er mich als den

55 Narren erklären, der da Richter sein will und der doch nie zu urteilen vermag, weil er selbst nie einen Beruf gehabt und auch nie wie ein Europäer gearbeitet hat.

Aber der Papalagi hat uns nie die Wahrheit und die Einsicht gebracht, warum wir arbeiten sollen, mehr als Gott es von uns verlangt, um satt zu wer-
60 den, ein Dach über dem Haupte zu haben und eine Freude am Feste auf dem Dorfplatz. Wenig mag diese Arbeit erscheinen und arm unser Dasein an Berufen. Aber was ein rechter Mann und Bruder der vielen Inseln ist, der macht seine Arbeit mit Freude, nie mit Pein. Lieber macht er sie gar nicht. Und dies ist es, was uns von den Weißen scheidet. Der Papalagi seufzt, wenn er von
65 seiner Arbeit spricht, als erdrücke ihn seine Bürde; singend ziehen die Jünglinge Samos ins Tarofeld, singend reinigen die Jungfrauen die Lendentücher am strömenden Bache. Der große Geist will sicher nicht, dass wir grau werden sollen in Berufen und schleichen wie die Kröten und kleinen Kriechtiere in der Lagune. Er will, dass wir stolz und aufrecht bleiben in allem Tun und
70 immer ein Mensch mit fröhlichen Augen und fließenden Gliedern.

Beantwortet folgende Fragen möglichst ausführlich:
Wie kennzeichnet der Südseehäuptling den Beruf des Papalagi?
Was kritisiert er daran?
Welche Bedeutung haben für den Südseehäuptling Beruf und Arbeit?
Welche Folgerungen, Wünsche und Vorstellungen ergeben sich für euch aus
den Reden des Häuptlings?

Kurt Marti (* 1921)
Neapel sehen

Er hatte eine Bretterwand gebaut. Die Bretterwand entfernte die Fabrik aus seinem häuslichen Blickkreis. Er hasste die Fabrik. Er hasste seine Arbeit in der Fabrik. Er hasste die Maschine, an der er arbeitete. Er hasste das Tempo der Maschine, das er selber beschleunigte. Er hasste die Hetze nach Ak-
5 kordprämien, durch welche es zu einigem Wohlstand, zu Haus und Gärtchen gebracht hatte. Er hasste seine Frau, sooft sie ihm sagte, heut Nacht hast du wieder gezuckt. Er hasste sie, bis sie es nicht mehr erwähnte. Aber die Hände zuckten weiter im Schlaf, zuckten im schnellen Stakkato[1] der Arbeit. Er hasste den Arzt, der ihm sagte, Sie müssen sich schonen, Akkord ist nichts
10 mehr für Sie. Er hasste den Meister, der ihm sagte, ich gebe dir eine andere Arbeit, Akkord ist nichts mehr für dich. Er hasste so viel verlogene Rücksicht, er wollte kein Greis sein, er wollte keinen kleineren Zahltag, denn immer war das die Hinterseite von so viel Rücksicht, ein kleinerer Zahltag. Dann wurde er krank, nach vierzig Jahren Arbeit und Hass zum ersten Mal krank.

[1] Stakkato: Rhythmus aus kurzen, stoßenden Tönen

15 Er lag im Bett und blickte zum Fenster hinaus. Er sah sein Gärtchen. Er sah den Abschluss des Gärtchens, die Bretterwand. Weiter sah er nicht. Die Fabrik sah er nicht, nur den Frühling im Gärtchen und eine Wand aus gebeizten Brettern. Bald kannst du wieder hinaus, sagte die Frau, es steht alles in Blust[2]. Er glaubte ihr nicht. Geduld, nur Geduld, sagte der Arzt, das kommt schon

2 Blust (oberdt.): Blüte

20 wieder. Er glaubte ihm nicht. Es ist ein Elend, sagte er nach drei Wochen zu seiner Frau, ich sehe immer das Gärtchen, sonst nichts, nur das Gärtchen, das ist mir zu langweilig, immer dasselbe Gärtchen, nehmt doch einmal zwei Bretter aus der verdammten Wand, damit ich was anderes sehe. Die Frau erschrak. Sie lief zum Nachbarn. Der Nachbar kam und löste zwei Bretter

25 aus der Wand. Der Kranke sah durch die Lücke hindurch, sah einen Teil der Fabrik. Nach einer Woche beklagte er sich, ich sehe immer das gleiche Stück der Fabrik, das lenkt mich zu wenig ab. Der Nachbar kam und legte die Bretterwand zur Hälfte nieder. Zärtlich ruhte der Blick des Kranken auf seiner Fabrik, verfolgte das Spiel des Rauches über dem Schlot, das Ein und Aus der

30 Autos im Hof, das Ein des Menschenstromes am Morgen, das Aus am Abend. Nach vierzehn Tagen befahl er, die stehen gebliebene Hälfte der Wand zu entfernen. Ich sehe unsere Büros nie und auch die Kantine nicht, beklagte er sich. Der Nachbar kam und tat, wie er wünschte. Als er die Büros sah, die Kantine und so das gesamte Fabrikareal[3], entspannte ein Lächeln die Züge

3 Areal: Fläche, Bezirk

35 des Kranken. Er starb nach einigen Tagen.

Die Überschrift des Textes greift die Redewendung „Neapel sehen und dann sterben" auf. Beziehst die Bedeutung dieses Ausspruchs auf den Text. Stellt den ersten und die beiden letzten Sätze einander gegenüber. Erklärt Verhalten und Motive der Hauptperson.
Das Stilmittel der Wiederholung wird in diesem Text häufig verwendet. Welche Aufgabe erfüllt es hier?
Vergleicht die Textaussage mit der folgenden Zeichnung von Ivan Steiger.

Zeichnung: Ivan Steiger

Des alten Handwerks Rechte und Gewohnheiten (1804)

1. Sollst du dich vor allen Dingen der wahren Gottesfurcht befleißigen, morgens und abends fleißig beten und die Sonn- und Feiertage in die frühe Predigt und selbiger mit Andacht beiwohnen. Jedoch solches ohne Wissen und Willen deines Meisters nicht tun, indem derselbe dir es ohne höchster Not nicht verwehren wird.

3. Sollst du Wasser vor die Gesellen zum Waschen in die Werkstatt bringen, nachhero deines Meisters Schuhe putzen und solche morgens und abends an sein gewöhnlich Ort setzen.

4. Sollst du deinem Meister in allem treu und fleißig und verschwiegen sein und dich nicht unterstehen, etwas unter zu schlagen oder zu veruntreuen.

5. Sollst du auf das Werkzeug wohl Acht geben, wann dir etwas abgeht, solches dem Meister ansagen, und wann du siehst, dass die Gesellen, wie es oft geschieht, etwas verbrechen oder in Leder verschneiden, so sollst du es dem Meister ingeheim anzeigen und sonstens allen Schaden auf diese Weise verhindern helfen.

9. Wenn ein Gesell in der Werkstatt sich ungebührlich aufführt, so sollst du es deinem Meister ingeheim anzeigen, sonstens aber vor allem Schwätzen zwischen Meister und Gesellen dich enthalten.

10. Wenn Feierabend ist, sollst du deine Werkstatt abkehren, das Werkzeug an seinen Ort stecken. Jedes und alles mit Bedacht tun: Das Stroh und die Haar fleißig aussuchen, dass kein Werkzeug darin liegen bleibt, sondern an sein gehörigen Ort gebracht wird.

11. Sollst du das Feuer und Licht insonderheit wohl in Acht nehmen und das Feuerzeug mit gutem Zunder versehen und solchen an seinem Ort verwahren.

12. Wenn du etwa an einen Sonn- und Feiertag ausgehen willst, so sollst du es ohne Wissen und Willen deines Meisters oder Meisterin nicht tun, sondern es zuvor ansagen, und wenn du ausgehst, sollst du mit keinem bösen Buben herumschweifen. Und in summa in allen Stücken dich bescheiden aufführen und den lieben Gott jederzeit vor Augen und im Herzen haben, damit du in keine Sünde willigst und wider Gottes Gebot handelst.

Zum Beschluss, wenn du diesen Artikeln in allem willst nachkommen, so gelobe solches mit Mund und Hand und gib einem jeden Meister die Hand. Hierauf, und wenn dieses geschehen, sollen die Meister dem Jungen Glück und Segen zu seinen Lehrjahren wünschen.

Ute Gerhard
Frauenarbeit im 19. Jahrhundert

Die Heimarbeit, Vorstufe oder Übergangsform vom Handwerk zur Fabrikarbeit, war im ganzen 19. Jahrhundert eines der ausgedehntesten, wenn auch oft versteckten und verschämten Arbeitsgebiete der Frauen. Zunächst, am Ende des 18. und zu Beginn des 19. Jahrhunderts, hatte Heimarbeit oder Hausindustrie für die Arbeit suchenden Frauen
5 durchaus Vorteile geboten: Sie überwand die Schranken des zünftlerischen Handwerks, von dem Frauen zu dieser Zeit ausgeschlossen waren, sie kam zu den Arbeiterinnen aufs Land, in ihre Stube und ermöglichte auf diese Weise die Vereinbarung einer kärglichen, aber doppelten Subsistenz[1], einerseits landwirtschaftliche Eigenproduktion und Hausarbeit, andererseits alle möglichen Teilarbeiten, die kaum technische Produktionsmittel erforderten,
10 abgesehen vom Webstuhl oder später von der Nähmaschine. Anfangs schienen die Geldmittel, die aus der Heimarbeit flossen, der nur an Naturallöhne gewöhnten, ländlichen Unterschicht einen neuen Lebensstandard zu versprechen. Doch mit zunehmender Industrialisierung gerieten bald alle Heimarbeiterinnen im Wettlauf mit der Zeit unter den Konkurrenzdruck der maschinellen Massenproduktion. Sie versuchten, die Einbußen durch noch
15 billigere Löhne, durch Mehrarbeit, endlose Arbeitstage und die Einbeziehung aller Familienmitglieder von den Kindern bis zu den Greisen auszugleichen; aber ihr Elend war dennoch nicht aufzuhalten.

Beispielhaft ist uns die Not dieses Berufszweiges bekannt: Bereits in den vierziger Jahren hat Louise Otto auf das Los der Klöpplerinnen[2], Stickerinnen und Näherinnen aufmerksam
20 gemacht und sich zur Linderung der Nöte in ihrer „Frauen-Zeitung" für die Assoziation[3] der Arbeiterinnen eingesetzt.

Die elenden Arbeits- und Lebensverhältnisse der Heimarbeiter haben bis in unser Jahrhundert überdauert. Als im Jahr 1906 mit Unterstützung der Gewerkschaften und der Frauenbewegung in Berlin eine Heimarbeiterausstellung veranstaltet wurde, bei der jedes aus-
25 gestellte Stück einen Zettel mit der darauf verwendeten Arbeitszeit und dem Stücklohn oder Wochenverdienst enthielt – an einem Kasperletheater mit sechs Figuren hatte jemand 22 Pfennige verdient –, zeichnete sich die Erschütterung über diesen Grad der Verelendung in vielen Pressekommentaren ab:

„In eine Ausstellung der Not und Anklage werden wir geladen, sie zeugt von Zuständen,
30 denen gegenüber die Fabrikarbeit und Fabrikorganisation als ein erstrebenswertes Ideal erscheint ... Denn in den dumpfen Stuben, in denen gearbeitet, geschlafen, gekocht und gewaschen wird ... muss von früher Stunde ... bis in die späte Nacht hinein gearbeitet werden, jeden Tag immer wieder neu, monoton und eilig, und was das Schlimmste ist, ungezählte Kinderhände müssen von den Eltern gemissbraucht werden, damit die Puppen
35 und Bleisoldaten, die Federn und Perlenbesätze rechtzeitig fertig werden."

[1] Subsistenz: veraltet für „Lebensunterhalt"
[2] Klöppeln: das Herstellen von Spitze
[3] Assoziation: genossenschaftlicher Zusammenschluss

Heinrich Heine (1797–1856)
Die schlesischen Weber[1]

Im düstern Auge keine Träne,
Sie sitzen am Webstuhl und fletschen die Zähne:
„Deutschland, wir weben dein Leichentuch,
Wir weben hinein den dreifachen Fluch –
　　Wir weben, wir weben!

Ein Fluch dem Gotte, zu dem wir gebeten
In Winterskälte und Hungersnöten;
Wir haben vergebens gehofft und geharrt,
Er hat uns geäfft und gefoppt und genarrt –
　　Wir weben, wir weben!

Ein Fluch dem König[2], dem König der Reichen,
Den unser Elend nicht konnte erweichen,
Der den letzten Groschen von uns erpresst,
Und uns wie Hund erschießen lässt –
　　Wir weben, wir weben!

Ein Fluch dem falschen Vaterlande,
Wo nur gedeihen Schmach und Schande,
Wo jede Blume früh geknickt,
Wo Fäulnis und Moder den Wurm erquickt –
　　Wir weben, wir weben!

Das Schiffchen fliegt, der Webstuhl kracht,
Wir weben emsig Tag und Nacht –
Altdeutschland, wir weben dein Leichentuch,
Wir weben hinein den dreifachen Fluch,
　　Wir weben, wir weben!"

[1] *Das Gedicht ist im Jahre 1844 entstanden.*

[2] *Friedrich Wilhelm IV. (1795–1861) hatte den schlesischen Weberaufstand von 1844 blutig niederschlagen lassen.*

Verschafft euch genauere Informationen zu Leben, Arbeit und Elend der Weber in Schlesien und zu dem Aufstand der Weber im Jahre 1844.
Klärt die Sichtweise, die Heine in seinem Gedicht einnimmt. Weist sie am Aufbau und an einzelnen Formulierungen nach.
Welche Absicht könnte der Text verfolgen? Beachtet dabei besonders die historischen Zusammenhänge.

Berufe: Die Klassiker sterben nicht aus

Gen-Designer werden an Pflanzen und Tieren herumbasteln, Freizeit-Berater bringen den Menschen bei, mit der Langeweile zu leben, programmieren und betreuen Maschinen, die uns die Arbeit abnehmen, und Sterbebegleiter kümmern sich vor dem Tod um allein gelassene Menschen – Zukunftsberufe, die sich heute für die Gesellschaft von morgen entwickeln. Bei allem Fortschritt aber wird man auch im Jahr 2000 auf vertraute Berufe treffen: Der Automechaniker wird noch immer unter der Ölwanne liegen, der Bäcker Brötchen backen und der Kranführer hoch über der Baustelle thronen.

Das prophezeien zumindest die Experten vom Institut für Arbeitsmarkt- und Berufsforschung in Nürnberg. Krisenfeste Jobs haben im Jahr 2000 nicht nur der Bankkaufmann und der Maschinenbauingenieur, sondern auch der Lokführer im Hightech-Cockpit, der Feuerwehrmann als Chemikalienexperte und der Postbote als Sozialarbeiter. Die „Klassiker" sterben nicht aus, aber sie passen sich dem neuen Wissen und der künftigen Technik an.

Ausbildung und Qualifikation werden im Jahr 2000 noch stärker über Berufschancen entscheiden als heute. Der Anteil der Berufstätigen ohne abgeschlossene Berufsausbildung wird von 27 Prozent im Jahr 1985 auf 20 Prozent sinken. 15 Prozent aller Berufstätigen werden im Jahr 2000 einen Hochschulabschluss haben (1985: 10 Prozent), so eine Schätzung der Bundesländer-Kommission für Bildungsfragen.

Der Arbeitsmarkt des Jahres 2000 wird ein größeres Angebot an Dienstleistungsberufen, Forschung und Management bieten, dafür weniger Jobs bei der Güterproduktion, dem Transport und der Lagerung. Zwischen 1990 und 2000 nimmt die Zahl der Arbeitsplätze in der Produktion bei uns um 655 000 auf rund acht Millionen ab, schätzt das Schweizer Forschungsinstitut Prognos. In den Bereichen Forschung und Management gibt es zur Jahrtausendwende 613 000 Arbeitsplätze mehr als 1990 und insgesamt rund 3,5 Millionen. Die Dienstleistungsberufe, vom „Kunstmanager" bis zum Polizisten, werden im letzten Jahrzehnt dieses Jahrtausends um 415 000 Stellen zunehmen, auf insgesamt rund 4,4 Millionen.

Die Zahl aller Beschäftigen in der Bundesrepublik steigt nach der Prognos-Schätzung in den neunziger Jahren wieder leicht an, um 25 000 auf rund 25,3 Millionen. Die Zahl der registrierten Arbeitslosen liegt bei rund 1,5 Millionen, die Arbeitslosenquote bei sechs Prozent.

(Stern 2000 vom 27. 11. 1989, S. 187)

Stellt eine Liste derjenigen Berufe auf, die laut dieser Aussage eine Rolle spielen werden.
Vergleicht diese Berufe mit den Tugenden der vorangehenden Artikel.
Findet in Zusammenarbeit mit den Fächern Wirtschaftslehre und Gesellschaftslehre heraus, ob sich durch die Wiedervereinigung wirklich nur die in diesem Artikel angegebenen Zahlen verändern oder ob sich auch inhaltliche Veränderungen abzeichnen.
Beschreibt weitere Berufe der Zukunft, von denen ihr wisst, oder solche, die ihr euch vorstellen könnt.
Erfindet dazu Texte, die das Verhältnis des Menschen zu seiner Arbeit zum Thema haben.

Marie Luise Kaschnitz (1901–1974)
Die alten und die neuen Berufe

Der Bäcker der Fleischer der Seiler der Handschuhmacher der Rikschafahrer der Fischer der Kupferschmied der Ebenist* die Hebamme der Holzfäller der Gefangenenwärter der Henker. Der Fahrstuhlführer der Raumpilot der Werbefachmann der Müllplanologe der Reiseleiter der Fernsehreporter die Phonotypistin der Herzverpflanzer der Programmierer der Froschmann der Gefangenenwärter der Henker.

* Kunstschreiner, der Möbel speziell mit Ebenholzverzierungen herstellt

Sucht diejenigen Stellen im Text, an der die Aufzählung der alten Berufe aufhört und die der neuen Berufe anfängt. Welche Berufe werden zweimal genannt?
Vergleicht mit anderen Aufstellungen von Berufen. Was ist hier anders?
Welche Absicht verfolgt der Text?
Versucht diese Aufzählung in Zeilen und Strophen eines Gedichts zu gliedern.
Vergleicht und begründet eure Ergebnisse.

„Schöne neue Welt"

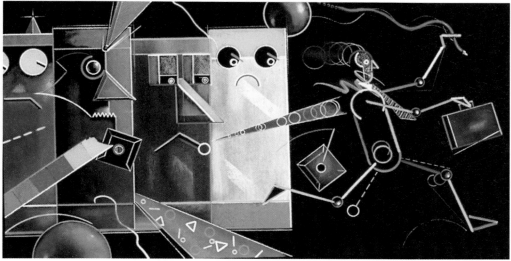

„Der netzwerkende Nachtmahr" von Andrzej Dudzinski

Thomas Reimann
Elektronik schickt Schiedsrichter ins Abseits

Die Einleitungssätze nehmen auf das Weltmeisterschaftsendspiel im Fußball 1966 Bezug (England–Deutschland 4:2). Dabei führte ein umstrittenes Tor zur wichtigen 3:2-Führung für England.

Es war ein wunderschöner Sommertag, dieser 30. Juli 1966. Ein Tag, an den sich deutsche Fußballfans nur ungern erinnern. Ein Tag, an dem die Grenzen des Fernsehens und der Fotografie deutlich wurden.

Schuld daran ist ein Tor, das vielleicht keins war. Ein Tor, das immer noch,
5 auch nach 25 Jahren, zu erregten Diskussionen führt. „Nie und nimmer", so tönt es von den Stammtischen, wenn selbst ernannte Fußballexperten zusammenhocken, „ist der Ball über die Torlinie gegangen." [...]

Nach diesem Spiel tauchten in der deutschen Presse Fotos auf, die beweisen sollten, dass der Ball nach Hursts Lattentreffer nicht im vollen Umfang die
10 Torlinie überschritten hatte. Aber zweifelsfrei konnten diese Aufnahmen nicht klären, ob das Tor nun korrekt erzielt worden war. Auch die Fernseh- und Filmbilder, die von diesem Spiel noch existieren, geben keinen sicheren Aufschluss über die Gültigkeit des entscheidenden Treffers. Die Positionen der Kameras im Moment des „Torschusses" verfälschten die Perspektive [...]. Die
15 Technik konnte damals noch keine Klarheit schaffen.

Immer wieder kommt es im Sport zu fragwürdigen Entscheidungen. Überall, wo gemessen, gezählt und bewertet wird, werden auch Fehler gemacht. Von Menschen, die als Kampf- oder Schiedsrichter den sportlichen Wettstreit leiten. Die Möglichkeiten der Technik bleiben bei ihren Entscheidungen meist
20 unberücksichtigt. Technik dient lediglich zur Weitenmessung oder zur Geschwindigkeitskontrolle. Es ist also der Mensch, der oft in Sekundenbruchteilen über Sieg oder Niederlage entscheidet. Die so genannten „Tatsachenentscheidungen" führen oft zu Skandalen. Ganze Nationen erregen sich dann über strittige Fragen, wie Tor oder nicht Tor – Abseits oder nicht Abseits.
25 Mit dem in Italien entwickelten Computer-Animationssystem „Telebeam" lassen sich solche Fragen mit 99-prozentiger Sicherheit, also nahezu zweifelsfrei beantworten. Telebeam, in bescheidenem Rahmen bereits während der Fußballweltmeisterschaft in Italien eingesetzt, erzeugt Bilder aus jedem gewünschten Blickwinkel. Jede Bewegung der Spieler, der Schieds-
30 richter und des Balles kann aus jeder beliebigen Perspektive betrachtet werden. Die Entscheidungen der Schiedsrichter sind somit jederzeit nachprüfbar.

Wie funktioniert nun der Telebeam? Telebeam ist eine Kombination von elektronischer Hardware und Grafik-Software. Er benötigt lediglich das Bild
35 einer normalen Fernsehkamera. Die Lichtstrahlen (beams), die von der Spiel-

118

fläche in das Objektiv der Kamera (tele) reflektiert werden, machen aus dem Fernsehbild die Abbildung des Telebeam.

Jede Bildinformation wird in Beziehung zu feststehenden Größen wie der Kameraposition im Stadion und vorher programmierter Daten wie Elfmeter-
40 punkt oder Aus- und Seitenlinien gesetzt. Die Fernsehbilder werden von einem Rechnersystem in digitale Datensätze zerlegt. Mit diesem Datenmaterial füttern die Telesia-Leute eine 3-D-Grafikmaschine, die das Spielgeschehen innerhalb von Sekunden in eine bewegliche Grafik umsetzt.

Comicähnliche Kunstfiguren rennen, rackern und schießen dann auf einem
45 giftig-grünen Spielfeld. Sie symbolisieren ihre echten Spielerkollegen auf dem Fußballplatz. Das System unterscheidet dabei zwischen Haut- und Haarfarbe, Rückennummer, Namen und Trikot der beteiligten Spieler. Die Kunstfiguren auf dem Telebeam-Bildschirm bewegen sich fast genauso wie ihre echten Vorbilder. Kopfball, Torschuss oder Steilpass – kein Problem.

50 Das eigentlich Revolutionäre an Telebeam ist aber nicht die möglichst getreue Abbildung der Geschehnisse auf einem Sportplatz. Im Gegensatz zu Bildern von einer Kamera, die auch in der Wiederholung nur schnell oder langsam vor- oder zurückgespult werden können, also einen Vorgang nur aus einer zeitlichen „Perspektive" (in time) zeigen, kann der Zuschauer mit Hilfe
55 des Telebeam aus allen möglichen Blickwinkeln das Spielgeschehen betrachten (in space): aus der Sicht des Schützen, des Torwarts oder direkt von oben, wie aus einem Hubschrauber. Man kann sich sogar in die Position des Balles versetzen lassen, so als ob das Leder Augen habe.

Doch Telebeam kann noch mehr. Während der Fußballweltmeisterschaft
60 1990 in Italien ermittelte Telebeam, dass der Uruguayer Ruben Sosa mit 132 km/h den härtesten Schuss des Turniers losgelassen hatte. Der Kapitän der deutschen Nationalmannschaft, Lothar Matthäus, beschleunigte den Ball bei seinem Treffer zum 3 : 1 gegen Jugoslawien immerhin noch auf 103 km/h. Auch die Entfernung des Schützen zum Tor oder der Abwehrmauer, zum Bei-
65 spiel bei einem Freistoß, kann Telebeam ermitteln. Ähnlich wie beim Tennis oder Eishockey führt das System auch genau Buch über diverse Statistiken wie Fouls, Ballkontakte oder tatsächliche Spielzeit.

So erfuhr die erstaunte Fachwelt, dass ein Fußballspiel nicht 90 Minuten, sondern durchschnittlich 65 Minuten lang ist. Nur etwas mehr als eine Stun-
70 de ist der Ball im Spiel. Der Rest der „Spielzeit" wird durch Behandlungspausen oder zur Vorbereitung von Einwürfen, Eckbällen und Freistößen beansprucht. […]

Telebeam im Sport – ein unbestechlicher Schiedsrichter. Eine Tatsache, die gestandene Sportfunktionäre so fürchten wie der Teufel das Weihwasser.
75 Denn der totale Einsatz von Telebeam bei Sportveranstaltungen würde die Schiedsrichter zu Statisten, manche meinen auch zu Sklaven der Technik machen. Vor allem die konservativen, an traditionellen Werten orientierten

119

40 Der Tommy wa immer noch mitten Verkäufer zugange, Meister, sachter, datt wissense doch wohl, datt Transistorverstärker in Gegensatz zu ein Röhrenverstärker wesentlich höhere Gegenkopplungsmaßnahmen erfordern, schon konstruktionsbedingt, un wo hamse denn eintlich de Dreiweg-Bassreflex-System-Boxen?

45 Der Verkäufer wa mitte Nerven auch schon ziemlich weit runter, nä, er versuchtet aber nomma –

Junge, sachter, kumma, für dein Zimmer is hier die Anlage doch schön, die dein Pappa auch gefällt, un is nich so teuer, monacobraun un de Boxen mit 15,2 Litter, watt willze denn mitne 150-Watt-Box mit ein Frequenzbereich
50 von 30 000 Hertz un 62 Litter, da falln euch ja de Wände ein, datt is doch viel zu laut. De Mutter fracht noch: Huch, Litter, wattenn für Litter? Aber der Tommy ziehtse schon weck, nä, Mamma, sachter, lass, wer gehn, der Tüp scheckt datt überblicksmäßig nich, un dann sindse raus.

Un ich stand da un denk so, meine Zeit, watt wa ich glücklich dammals
55 mitte erste Schallplatte von Freddy Quinn in unsere Musiktruhe. Unte aam Blagen heute – kein Wunder, dattse Stress ham, wennse sich so viel Technik merken müssen für ein einzigen Plattenspieler …

In diesem Text lässt die Verfasserin die Metzgersfrau Else Stratmann aus Wanne-Eickel zu Wort kommen. Erklärt, welche Probleme sie mit der modernen Technik hat.
Um welche Fachbegriffe geht es im Einzelnen?
Nehmt auch Stellung zu der Sprache von Else Stratmann. Bedenkt dabei, dass die Überlegungen und Gedanken der Frau aus dem Ruhrgebiet zunächst im Hörfunkprogramm ausgestrahlt wurden, bevor sie in gedruckter Form (als Taschenbuch) erschienen.

Angelika Mechtel (* 1943)
Kabylon

„Irgendwann hat es ihm die
Sprache verschlagen. Seitdem
läuft er seine Kreise, auch mal
Kreisel, die Ohren schützend
verklappt, den Monolog seiner
Maschine im Gehirn, im Kopf
drinnen eine andere Welt als
draußen. Auf Isolierstation. Wieder
angenabelt, diesmal an die
Kabel, die von den Kopfhörern
über seine nackte Brust zum
Rekorder verlegt sind. Die Sonne
scheint."

Der Titel des Gedichts erinnert im Klang an „Babylon". Informiert euch darüber im
Duden. Welche Bezüge zum Gedicht lassen sich herstellen?
Im Text heißt es: „Auf Isolierstation wieder angenabelt" …
Erklärt diese Ausdrücke im Zusammenhang des Textes.

Vergleicht den Text „Kabylon" mit dem folgenden Cartoon.
In welcher Weise sind sich die Aussagen in Bild und Text ähnlich, wodurch unterscheiden
sie sich?

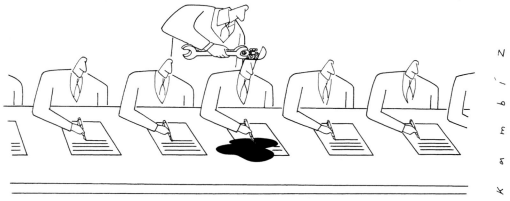

(Aus: Die Zeit, Nr. 41/1991)

Kambiz Derambakhsh, geboren 1942 in Shiraz, Iran, musste seine Heimat aus politischen
Gründen verlassen.
Seit Ende 1980 lebt und arbeitet er in der Bundesrepublik, vor allem als Cartoonist und
Satiriker für internationale Zeitungen sowie als Zeichner für Kinderbücher.

Roger Willemsen

IM AUGE DER BOMBE

Der General tritt im militärischen Tarnanzug vor die Presse. Vor wem er sich tarnt, ist unklar, liegt doch die Front weit weg. Am Tarnanzug erkennen wir: Der General ist im Einsatz, im selben Einsatz wie seine Soldaten in der Wüste. Derselbe Krieg, dieselbe Konfektion[1].

Jetzt wendet er sich zu den wartenden Reportern, wir sehen am Bildschirm zu. Dreißig Jahre Bond-Film haben uns auf das Gesicht des Generals vorbereitet – er sieht aus wie ein General. Hollywood hat Recht behalten.

Das Fernsehen ist zum Warteraum des Krieges geworden. Die einzige rhetorische Figur[2], die er kenne, hat Napoleon gesagt, sei die Wiederholung. Während sich der General vorbereitet, den Kameras noch einmal den Krieg zu erklären, wissen wir: Gleich wird es wieder ein bisschen Schlacht geben. Mit dem Zeigestock an der Tafel erläutert der General die Frontlinien dieses Krieges. [...]

„Was Sie jetzt sehen werden", sagt der General und tritt mit dem Zeigestock vor einen Monitor, „ist kein Videospiel." Was folgt, ist eines: unkenntliche Wirklichkeit, reduziert zum Diagramm, ein Fadenkreuz bei der Objektwahl, ein Zoom, ein Blitz, dann bersten die Konturen. *Game over.* In den Spielotheken haben manche dieser Apparate Frauenstimmen: „Das war ein bisschen wenig. Versuch's noch mal."

Noch mal. Das Bildfeld des Videospiels reduziert die unübersichtliche Wirklichkeit auf ein duales System: Ziel-Objekt – Non-Objekt[3], Treffer – Fehlschlag. Mensch und Computer sind sich entgegengekommen. Der Computer gleicht Fehler aus, steuert seine Waffen, *smart weapons,* intelligent; der Mensch reduziert Schlachtfelder auf Zeichenfelder. [...]

Während das Videospiel den Treffer mit elektronischem Donner unterlegt, sackt das Gebäude in der Demonstration des Generals lautlos zusammen.

Von allen Bildern aus der ersten Phase des Krieges hat ihn keines bezeichnet wie dieses. In keinem fasst sich die Kriegsberichterstattung der Generäle so vorbildlich zusammen wie in jenem, das auf die Darstellung der Opfer nicht einmal programmiert ist, in dem es keine Leidtragenden, nur Grafiken, keine Täter, nur Blickwinkel, keine Subjekte, nur Funktionen zu sehen gibt, vorgestellt im Zoom, mit dem Auge der Bombe, in jener einzigen Darstellung einer militärischen Operation, die todsicher den Betrachter mit der Waffe identifiziert und damit geeignet ist, den Vorgang *unwillkürlich* zu legitimieren[4]. Diese Bilder aus einem unsichtbaren Krieg wirkten live wie die Konserve Kriegsspiel und unterhaltsam wie ein Video-Game mit dem Bonus des Authentischen.

„Es war wie im Kino", berichtet der heimgekehrte Bomberpilot. Aber er hatte aus dem Fenster gesehen. Es war wie im Videospiel, weiß der Zuschauer daheim, er hatte nur den Monitor.

Der General entlässt die Journalisten. Sie haben keinen Krieg gesehen. *Game over. Score?*

Erklärt den Zusammenhang des Textes. – Welche neue Dimension von „Krieg" wird hier deutlich? Was hat der Text mit dem Thema zu tun?

[1] *Bekleidungsindustrie*
[2] *wirkungsvolle Gestaltung der Rede*
[3] *kein Zielgegenstand*
[4] *rechtmäßig machen*

Martin Zimmerhof

Leben mit nützlichen Idioten

Wenige andere Faktoren haben das Leben in den modernen Industriegesellschaften so schnell und nachhaltig verändert wie der unaufhaltsame Siegeszug des Computers. Die in den 50er und 60er Jahren noch in einer merkwürdigen Mischung aus Amüsement und weihevollem Respekt „Elektronengehirne" genannten Rechenmaschinen haben mehr oder weniger auffällig im privaten und beruflichen Alltag Platz genommen:

Im Kinderzimmer, aus dem fröhliche Computerspiele piepsen, im Taschenrechner von Scheckkartenformat, der von Solarzellen betrieben wird, in der (Daten-)Verwaltung und der Bürotechnik, im Ingenieursbüro, das wiederum per Computer Industrieroboter entwirft. Das erste ausschließlich von Computern berechnete Auto fährt schon seit geraumer Zeit über die Straßen, auf denen Ampeln – natürlich rechnergestützt – den Verkehrsfluss steuern. [...]

Auch wer sich im tragisch irrtümlichen Glauben wähnt, er habe mit elektronischer Datenverarbeitung und Kommunikationstechnik nichts zu tun, wird allmorgendlich diskret wie beharrlich vom Marmeladenglas auf dem Frühstückstisch daran erinnert, dass er bereits mitten im Computerzeitalter lebt. Auf dem Etikett prangt der so genannte Strichcode, den die flinke Kassiererin im Supermarkt kurz über den Scanner, das Lesegerät, hält. Dieses gibt die gelesenen Informationen nicht nur an den Kassenbon weiter, auf dem dann Artikelbezeichnung und Preis ausgedruckt werden, sondern auch an die Lagerhaltung, die auf diese Weise erfährt, welche Ware wann nachzubestellen ist.

Doch nicht immer ist die Anwendung des Computers für den Menschen von so praktischer Harmlosigkeit wie Striche auf dem Konfitürenglas. Früher war der Besuch im Geldinstitut immer mit ein paar netten Worten verbunden, wenn die oder der Angestellte mit einem freundlichen Lächeln die Kontoauszüge aushändigte. Heute erledigt dies ein ratternder Kontoausdrucker im Vorraum der Kassenhalle, wo auch der Geldautomat grußlos ein paar Scheine rausrückt. [...] Wie weit und inwiefern verändert sich der Mensch zwischen und mit diesen Systemen beziehungsweise verändern diese Systeme ihn? Dass die intensive Nutzung des Computers am Arbeitsplatz oder als heimischer Kommunikations- und Spielpartner völlig folgenlos auf die Denkstrukturen des Menschen und seine Einschätzungsfähigkeit der Wirklichkeit bleibt, ist eher unwahrscheinlich.

Wohin wird die kulturverändernde Kraft der Computer – vor allem der kommenden Generationen – führen? Wer wird die unvorhersehbaren Folgen für eine künftige EDV-Zivilisation bestimmen? Die Informatiker? Die Bedürfnisse der Industrie?

Fasst die Hauptthemen, Argumente und Beispiele des Textes kurz zusammen.
Diskutiert die Problematik „nützliche Idioten".
Versucht eine eigene Stellungnahme zu allen Fragen am Schluss des Textes.
Formuliert selbst einen Kommentar zu diesen Problemen.

Katastrophen in der Kiste

Ob Ölpest oder Waldsterben, ob Bodenerosion oder Ozonloch – ökologischen Problemen rücken Experten heute mit Rechnern zu Leibe   Von Bernhard Borgeest

In einem Zimmer mit Blick über den Hamburger Hafen inszenieren Wissenschaftler die Ölpest am Persischen Golf. „Eineinhalb Millionen Tonnen Öl haben wir
5 bereits ins Meer gepumpt", erläutert Stephan Dick vom Bundesamt für Seeschifffahrt und Hydrografie[1]. „Nun schieben wir noch eine dichte Land-See-Strömung unter und legen einen Land-See-Wind drauf." Dick
10 tippt seine Daten in den Rechner und gibt den *run*-Befehl. Nach einigen Minuten erscheinen auf dem Bildschirm ein Koordinatenkreuz und die Umrisse des Persischen Golfs. Vor der Küste Kuwaits ein dunkler
15 Fleck, der Ölteppich. Bild für Bild wird der Fleck größer, zieht sich mehr und mehr in die Länge und wandert von imaginären Winden und Strömungen getrieben nach Süden, auf die Entsalzungsanlagen von
20 Dschubai[2] zu.

Die Umwelt in der Kiste: Ölpest, Giftwolken einer Müllverbrennungsanlage, der Lärm einer geplanten Autobahn, Rodungen bei einer Flurbereinigung – nahezu jedes
25 ökologische Problem jagen Wissenschaftler heute durch den Computer. „Nur mit Hilfe von Datenbanken, Netzwerken und Expertensystemen kann der Kampf gegen die Vernichtung unserer Ozonschicht und gegen
30 die Zerstörung unserer Regenwälder erfolgreich geführt werden", heißt es in einer Veröffentlichung eines Computer-Riesen. Die Firma tituliert ihre Produkte neuerdings

sogar als „Überlebensrechner". Nicht nur die Industrie hegt hohe Erwartungen. Ganze 35 Forschungszweige erhoffen sich vom Computer neue ökologische Erkenntnisse und sehen ihn als ein „Zukunftslabor", in dem ohne Risiko nach neuen Wegen beim Verbrauch von Energie und Rohstoffen gesucht 40 werden kann. [...]

Können Computer tatsächlich Umweltprobleme lösen? Oder erzeugen sie – wie Skeptiker meinen – nur eine falsche Traumwelt, der wir schließlich mehr glauben als der 45 Realität?

Computer und Umwelt – das ist im Prinzip die Idee, sich den technischen Fortschritt zunutze zu machen, um die verheerenden 50 Folgen des technischen Fortschritts in den Griff zu bekommen. Doch Computer und Umwelt sind nicht ohne weiteres kompatibel. Hier eine Ansammlung von Chips und Drähten, die Zahlen verarbeiten – dort ein 55 Gewirr aus Boden, Luft und Wasser, in dem Tiere und Pflanzen leben.

Damit der Rechner die Natur erfassen kann, müssen die Forscher sie gnadenlos vereinfachen. Sie müssen die Bewegungen 60 der Meere, die Winde der Atmosphäre oder den Fluss des Grundwassers in Formeln und Funktionen fassen. Die Wirklichkeit reduzieren sie auf einen Satz mathematischer Gleichungen. 65

(*ZEIT-Magazin*, 1991)

Um welches Problem geht es hier? Weist an zentralen Formulierungen aus dem Text nach. Fasst den Inhalt des Textes stichwortartig zusammen.
Versucht die unterstrichene Aussage zu widerlegen bzw. zu erörtern. Begründet, indem ihr entsprechende Beispiele zur Stützung eurer Aussagen anführt.
Welches Ziel könnte eine Computerfirma verfolgen, wenn sie ihre Computer als „Überlebensrechner" bezeichnet?

[1] Gewässerkunde   [2] saudiarabische Stadt am Persischen Golf

Der folgende Text ist ein Ausschnitt aus dem Roman „Schöne neue Welt". Aldous Huxley erzählt darin von einer zukünftigen Welt, in der alle unsere Wünsche in Erfüllung gegangen sind und ein allgemeines Wohlbefinden herrscht.

Doch die vielen Organisationen, Apparate, Medikamente, die das uneingeschränkte irdische Glück sichern sollen, haben das kritische Denken ausgerottet und viele andere Werte zerstört, zum Beispiel den Glauben an Gott, die Liebe zum Menschen und zur Natur, das Interesse an der Kunst, die Wahrheit und Freiheit. Plötzlich tritt in diese perfekte, genormte „Zivilisation" ein ursprünglicher Mensch, der aber als anomales, wildes Wesen aus einer anderen Welt angesehen wird.

Dieser „Wilde" lehnt die perfekte und genormte Bequemlichkeit ab, er möchte im Gegenteil auch die Gefahren des Lebens erfahren, er sucht nach religiösen Bezügen und interessiert sich für Kunst.

Mit seinem Roman will Aldous Huxley verdeutlichen, wie fragwürdig und grauenhaft eine solch „schöne neue Welt" wäre.

127

Aldous Huxley (1894–1963)
Schöne neue Welt – Erstes Kapitel

Ein grauer gedrungener Bau, nur vierunddreißig Stockwerke hoch. Über dem
Haupteingang die Worte: Brut- und Normzentrale Berlin-Dahlem. Darun-
ter, auf einer Tafel, der Wahlspruch des Weltstaats: Gemeinschaftlichkeit,
Einheitlichkeit, Beständigkeit. […]
5   „Und dies", sagte der Direktor, die Tür öffnend, „ist der Befruchtungs-
raum."
   Dreihundert Befruchter standen über ihre Instrumente gebeugt, als der
Brut- und Normdirektor den Saal betrat. Kaum ein Atemzug unterbrach die
Stille, kaum ein gedankenverlorenes Vor-sich-hin-Summen oder -Pfeifen
10 störte die allgemeine angespannte Vertieftheit. Eine soeben eingetroffene
Gruppe sehr junger, sehr rosiger und sehr unerfahrener Studenten folgte aufgeregt und ein bisschen beklommen dem Direktor auf den Fersen. Jeder hielt
ein Merkheft in der Hand, in das er, sooft der große Mann den Mund auftat,
krampfhaft kritzelte. Aus erster Quelle – eine besondere Gunst. Der Brut-
15 und Normdirektor von Berlin legte Wert darauf, seine neuen Studenten
höchstpersönlich durch die einzelnen Abteilungen zu führen.
   „Nur damit Sie eine Vorstellung vom Ganzen bekommen", erklärte er in
solchen Fällen. Irgendeine Vorstellung mussten sie schließlich haben, wenn
sie ihre Arbeit mit Verstand verrichten sollten, andererseits aber auch keine
20 zu genaue Vorstellung, wenn sie brauchbare und zufriedene Mitglieder der
Gesellschaft werden sollten. […]
   Der Direktor wies auf ein sehr langsam laufendes Band, auf dem soeben
ein Gestell voller Reagenzgläser in einen großen Metallkasten befördert wurde; ein anderes Gestell verließ ihn im selben Moment. Der Mechanismus surr-
25 te leise. Acht Minuten dauerte es, bis die Röhrchen den Kasten durchlaufen
hatten, erklärte der Direktor. Acht Minuten starker Röntgenbestrahlung waren nahezu das Äußerste, was ein Ei aushalten konnte. Einige gingen zugrunde; die am wenigsten empfänglichen teilten sich in zwei; die meisten trieben vier Knospen; manche acht. Alle wurden in die Brutöfen zurückgebracht,
30 wo sich die Knospen zu entwickeln begannen; dann, nach zwei Tagen, wurden sie plötzlicher Kälte ausgesetzt und so im Wachstum angehalten. Nun
trieben die Knospen ihrerseits zwei, vier oder acht Knospen. Wenn es so weit
war, erhielten sie eine fast tödliche Menge Alkohol zugesetzt, bildeten daraufhin abermals Knospen, und dann, wenn die Knospe aus der Knospe ent-
35 sprungen war, ließ man sie sich in Ruhe weiterentwickeln, da eine weitere
Unterbrechung meist verhängnisvoll wirkte. Zu diesem Zeitpunkt wurden
aus dem ursprünglichen Ei bereits acht bis sechsundneunzig Embryos – gewiss ein gewaltiger Fortschritt gegenüber der Natur! Völlig identische Geschwister, aber nicht lumpige Zwillinge oder Drillinge wie in den alten Zei-

128

40 ten des Lebendgebärens, als sich ein Ei manchmal zufällig teilte, sondern Dutzendlinge, viele Dutzendlinge auf einmal.

„Dutzendlinge", wiederholte der Direktor mit weit ausholender Armbewegung, als verteilte er Almosen. „Viele Dutzendlinge."

Ein Student war töricht genug, zu fragen, wo da der Vorteil liege.

45 „Aber, lieber Freund!" Der Direktor drehte sich mit einem Ruck zu ihm um. „Begreifen Sie nicht? Ja, begreifen Sie denn das nicht?" Er hob den Zeigefinger mit feierlicher Miene. „Das Bokanowskyverfahren ist eine der Hauptstützen für eine stabile Gesellschaft."

Eine der Hauptstützen für eine stabile Gesellschaft.

50 Menschen einer einzigen Prägung, in einheitlichen Gruppen. Ein einziges bokanowskysiertes Ei lieferte die Belegschaft für eine kleine Fabrik.

„Sechsundneunzig völlig identische Geschwister bedienen sechsundneunzig völlig identische Maschinen!" Seine Stimme bebte fast vor Begeisterung. „Da weiß man doch wirklich, woran man ist! Zum ersten Mal in der Welt-

55 geschichte!" Er zitierte den Leitspruch des Erdballs: „Gemeinschaftlichkeit, Einheitlichkeit, Beständigkeit." Goldene Worte. „Wenn sich das Bokanowskyverfahren unbegrenzt fortführen ließe, wäre das Problem gelöst."

Gelöst durch gleiche Gammas, identische Deltas, einheitliche Epsilons. Millionlinge. Massenproduktion, endlich auch in der Biologie.

60 „Aber leider", der Direktor schüttelte den Kopf, „können wir nicht unbegrenzt bokanowskysieren."

Sechsundneunzig schien das Äußerste zu sein, zweiundsiebzig ein gutes Durchschnittsergebnis. Mit ein und demselben Ovar[1] und dem Samen eines einzigen Mannes möglichst viele Gruppen identischer Geschwister zu

65 erzeugen war die Bestleistung (leider nur eine zweitbeste), und sogar die zu erreichen war schwierig. [...]

Er winkte einen blonden, rotbäckigen jungen Mann herbei, der gerade vorüberging. „Herr Päppler!" Der rotbäckige junge Mann trat zu der Gruppe.

70 Sie setzten den Rundgang fort.

„Achtundachtzig Kubikmeter Karteikarten", erklärte Päppler mit Hochgenuss, als sie den Raum betraten.

„Sämtliche notwendigen Angaben enthaltend", ergänzte der Direktor.

„Jeden Morgen auf den letzten Stand gebracht."

75 „Und jeden Nachmittag in Tabellen zusammengefasst."

„Anhand derer die Berechnungen angestellt werden."

„Soundso viele Menschenwesen von der und der Sorte."

„Lagernd in den und den Mengen."

„Jederzeit die gewünschte Zahl von Entkorkungen."

80 „Unvorhergesehener Mehrverbrauch sofort gedeckt. Ja, sofort", wiederholte Päppler. „Sie ahnen gar nicht, wie viele Überstunden ich nach dem

[1] *Ovarium: Eierstock*

129

letzten Erdbeben in Japan machen musste!" Gutmütig lachend schüttelte er den Kopf.

„Die Prädestinatoren[2] übergeben ihre Zahlen den Befruchtern."

[2] *prädestinieren: vorherbestimmen*

85 „Die ihnen die gewünschte Anzahl Embryos schicken."

„Worauf die Flaschen hierher kommen, um im Einzelnen prädestiniert zu werden."

„Von hier aus gelangen sie ins Embryonendepot."

„Wohin wir uns nun begeben."

90 Päppler öffnete eine Tür und ging über eine Treppe voran ins Tiefgeschoss hinunter.

Die Hitze war auch hier tropisch. Die Dämmerung nahm zu, je tiefer sie stiegen. Zwei Türen und ein Korridor, der um zwei Ecken führte, schützten den Keller vor jedem Einsickern des Tageslichts.

95 „Embryos sind wie noch nicht entwickelte Filme", sagte Päppler scherzend, während er die zweite Tür aufstieß. „Sie vertragen nur rotes Licht."
[...]

Sie kamen an Meter 320 von Regal 11 vorüber. Ein junger betaminus Mechaniker arbeitete mit Schraubenzieher und -schlüssel an der Blutsurrogat-
100 pumpe einer Flasche. Das Summen des Elektromotors wurde um Bruchteile eines Tons tiefer, als er die Muttern lockerte. Tiefer, tiefer ... Ein letzter Ruck, ein Blick auf den Drehzahlmeter und er war fertig. Er ging zwei Schritte weiter, die Reihe entlang, und begann die gleiche Arbeit an der nächsten Pumpe.

105 „Verringerung der Umdrehungsgeschwindigkeit", erklärte Päppler. „Das Blutsurrogat zirkuliert langsamer und fließt daher in längeren Abständen durch die Lunge, führt also dem Embryo weniger Sauerstoff zu. Es geht nichts über Sauerstoffverknappung, wenn man einen Embryo unter dem Durchschnitt halten will." Wieder rieb er sich die Hände.

110 „Ja, warum wollen Sie denn den Embryo unterdurchschnittlich halten?", fragte ein Student naiv.

„Schafskopf!" Der Direktor brach sein langes Schweigen. „Ist Ihnen denn noch nie aufgefallen, dass ein Epsilonembryo auch eine Epsilonumwelt, nicht nur eine Epsilonerbmasse haben muss?"

115 Offenbar war es dem Jungen noch nie aufgefallen. Er schämte sich.

„Je niedriger die Kaste", sagte Päppler, „desto weniger Sauerstoff." Das erste davon betroffene Organ war das Gehirn. Dann kam das Knochengerüst dran. Verringerte man die normale Sauerstoffzufuhr um dreißig Prozent, erhielt man Zwerge, verringerte man sie weiter, augenlose Ungeheuer.

120 „Die völlig nutzlos sind", schloss Päppler.

Dagegen – seine Stimme wurde vertraulich und eifrig – wenn es gelänge, ein Verfahren zur Verkürzung der Wachstumsperiode zu entwickeln, welch ein Triumph, welch ein Segen für die Gesellschaft!

130

„Denken Sie an das Pferd!“

125 Sie dachten daran.

Ausgewachsen mit sechs Jahren, der Elefant mit zehn. Der Mensch jedoch mit dreizehn noch nicht einmal geschlechtsreif, erst mit zwanzig wirklich ausgewachsen. Daher natürlich, als Frucht solch langsamer Entwicklung, die menschliche Intelligenz.

130 „Aber Epsilons“, bemerkte Päppler sehr zu Recht, „brauchen keine Intelligenz.“

Brauchten keine und bekamen auch keine. Der Verstand eines Epsilons war wohl mit zehn Jahren reif, der Körper aber erst mit achtzehn arbeitsfähig. Lange, überflüssige, vergeudete Jahre des Heranwachsens. Wenn man die 135 körperliche Entwicklung beschleunigen könnte, bis sie der Wachstumsgeschwindigkeit einer Kuh entsprach, wie kolossal die Ersparnis für die Allgemeinheit!

„Kolossal!“, murmelten die Studenten, Päpplers Begeisterung war ansteckend. […]

140 Der Rundgang durch die purpurne Dämmerung führte sie in die Nähe von Meter 170 des Regals 9. Von hier an war Regal 9 verschalt, die Flaschen legten den Rest der Reise in einer Art Tunnel zurück, der hier und da von zwei bis drei Meter breiten Öffnungen unterbrochen war.

„Wärmegewöhnung“, erklärte Päppler.

145 Hitzetunnel wechselten mit Kältetunneln ab. Kälte war gekoppelt mit Unbehagen, das durch starke Röntgenstrahlen verursacht wurde. Wenn die Embryos entkorkt wurden, war ihnen das Grauen vor Kälte bereits eingefleischt. Sie waren prädestiniert, in die Tropen auszuwandern, Bergarbeiter, Azetatseidenspinner oder Stahlarbeiter zu werden. Später wurde ihr Verstand 150 dazu gezwungen, dem Instinkt ihres Körpers zu folgen. „Wir normen sie darauf, dass es ihnen bei Hitze gut geht“, schloss Päppler. „Die Kollegen im Stockwerk über uns bringen ihnen die Liebe zu ihr bei.“ „Und darin“, warf der Direktor salbungsvoll ein, „liegt das Geheimnis von Glück und Tugend: Tue gern, was du tun musst! Unser ganzes Normungsverfahren 155 verfolgt dieses Ziel: die Menschen lehren, ihre unumstößliche soziale Bestimmung zu lieben.“ […]

Beschreibe Arbeitsweise, Ziel, Auswirkungen der „Brut- und Normzentrale“.
Wie beurteilt ihr diesen „Fortschritt“? Beurteilt auch den Titel des Romans. Lest die Einführung zu diesem Text. Stellt euch vor, der „Wilde“, ein ursprünglicher Mensch, versucht einem der genormten Wesen das „frühere“ Leben der Menschen zu erklären. Schreibt ein solches Gespräch auf. Ihr könnt auch selbst einen Fantasietext erfinden (zum Beispiel Kurzge-

schichte, Reportage, Bericht, Gedicht …), in dem ihr so tut, als ob solche gentechnologischen Veränderungen Realität wären.

Lesehinweis〉 *Heinrich Böll: Auf der Brücke, S. 21*

Hans-Jochen Vogel
Chancen und Risiken der Gentechnologie

Das Thema Gentechnologie reicht weit über den Tag hinaus. Zum einen haben wir es mit der alten Frage zu tun, wo die Grenzen des Heilens und Linderns liegen; wo zwar geheilt und gelindert wird, wenn auch um den Preis neuer, bisher unerkannter Begleiterscheinungen und Begleiterfahrungen. Diese Frage, so meine ich, bewegt sich noch im Herkömmlichen.

Aber dann treten zwei Aspekte in das Blickfeld, die über das Herkömmliche weit hinausgehen. Da ist zum Ersten die Frage, ob wir nicht damit begonnen haben, die Zeugung neuen menschlichen Lebens einer Art technischem Produktionsprozess zu überantworten und damit den Beginn der humanen Existenz – jedenfalls für unser Menschenverständnis – aus dem Humanum* herauszulösen. Zum Zweiten stellt sich die Frage, ob nicht bereits eine Entwicklung begonnen hat, bei der die menschlichen Individuen in ihrer körperlichen Beschaffenheit und in ihrer Charaktereigenschaft eines Tages geradezu auf Bestellung angefertigt und geliefert werden. Ein Unterproblem ist das der zeitlichen Versetzung, also der Durchbrechung der Generationenfolge, der möglichen Überbrückung von Jahrzehnten für den geplanten und schon produzierten Menschen – wobei sich mir in diesem Zusammenhang das innere Gefühl gegen die Verwendung des Wortes „Mensch" zu sträuben beginnt. Maßen wir uns damit nicht eine absolute Macht über Ungeborene an, eine Macht, die wir in einem langen Entwicklungsprozess gegenüber lebenden Menschen unter dem Gesichtspunkt der Menschenwürde eingeschränkt und immer stärker begrenzt haben?

Das Spannungsverhältnis zwischen technologischer Entwicklung und Menschenwürde und das weitere Spannungsverhältnis zwischen der Freiheit der Forschung und der Menschenwürde treffen hier in exemplarischer Weise aufeinander. Allgemein gesprochen führt uns das Thema Gentechnologie unmittelbar an ein Grundproblem unserer technischen Zivilisation heran: Darf der Mensch alles tun, was er aufgrund seiner technischen Möglichkeiten tun könnte? Oder gibt es humane Grenzen des technisch Machbaren, die wir

* Menschlichen

132

nicht überschreiten dürfen, wenn wir nicht riskieren wollen, in die Lage von Goethes Zauberlehrling zu kommen?

Ich halte es für notwendig, in eine breite Diskussion über diese Fragen einzutreten, bevor die Weichen der weiteren Entwicklung unter ökonomischen und anderen Gesichtspunkten gestellt werden. Diese Diskussion ist umso dringlicher, als das Thema, mit dem wir es hier zu tun haben, das Thema der Kernspaltung an Bedeutung übertreffen könnte.

Fasst zusammen, was hier unter Gentechnologie verstanden wird. Welches Grundproblem der Gentechnologie spricht der Autor an? Diskutiert diese zentrale Fragestellung in der Klasse.
Ihr könntet dies auch schriftlich erörtern.
Geht dabei auch auf die farbig gekennzeichnete Textstelle ein.

*Diskutiert über die in den beiden Bildern dargestellten Visionen.
Beachtet dabei, wann die Bilder jeweils entstanden sind.*

Thomas Bayrle, Humphrey-Bogart-Rushhour, 1971

„Das sind die zuletzt ausgestorbenen Tierarten und das ist der letzte
Naturschützer!"

(Aus: Stern, Heft 45/1988/S. 79)

Der folgende Text ist der Anfang einer utopischen Erzählung. Versucht eine
Fortsetzung zu erfinden.

Italo Calvino
Ohne Farben

Bevor die Erde sich ihre Atmosphäre und ihre Ozeane ausgebildet hatte, muss
sie wie ein grauer, im Raum rotierender Ball ausgesehen haben. So wie heu-
te der Mond: Wo die ultravioletten Strahlen der Sonne direkt auftreffen, wer-
den alle Farben zerstört; deshalb ist das Gestein auf der Mondoberfläche nicht
bunt wie das auf der Erde, sondern von einem toten, eintönigen Grau. Wenn
die Erde ein farbenfrohes Gesicht hat, so verdankt sie das ihrer Atmosphäre,
die jene tödlichen Strahlen filtert.

Ein bisschen eintönig war es schon – bestätigte Qfwfq –, aber geruhsam. Ich
konnte Meilen um Meilen im Rekordtempo laufen, wie man es kann, wenn
einem keine Luft im Weg ist, und sah nichts als Grau in Grau. Keine schar-
fen Kontraste, das einzige wirklich ganz weiße Weiß, wenn es so etwas gab,
5 war im Zentrum der Sonne, dem man den Blick nicht einmal annähern konnte, und wirklich ganz schwarz war nicht einmal das Dunkel der Nacht, da
man immer sehr viele Sterne sah. Weite Horizonte taten sich vor mir auf,
noch nicht unterbrochen von Bergketten, die damals gerade erst anfingen,
sich zu erheben, grau über grauen Steinebenen; und obwohl ich Kontinente
10 um Kontinente durchmaß, gelangte ich niemals an eine Küste, denn Meere
und Seen und Flüsse lagen noch irgendwo unter der Erde.
  Begegnungen machte man selten in jenen Tagen, wir waren ja noch so wenige! Bei der ultravioletten Strahlung durfte man keine großen Ansprüche
stellen, um zu überleben. Vor allem das Fehlen der Atmosphäre machte sich
15 in vielerlei Weise bemerkbar, etwa an den Meteoriten – sie hagelten nur so
von überall her aus dem Raum auf uns nieder, denn es gab ja noch keine Stra-
tosphäre, auf die sie jetzt aufprallen wie auf ein Vordach und daran zer-
schellen. Dann auch die Stille: Wir konnten schreien, so viel wir wollten, ohne vibrierende Luft waren wir alle stumm und taub. Und die Temperatur?
20 Es gab ja noch nichts, was die Sonnenwärme gespeichert hätte, nachts wurden wir starr vor Kälte. Zum Glück erwärmte die Erdkruste sich von unten,
mit all den flüssigen Mineralien, die sich im Innern des Planeten verdichte-
ten; die Nächte waren kurz (wie die Tage: Die Erde drehte sich damals schneller); zum Schlafen schmiegte ich mich an einen schön warmen Felsen; die
25 trockene Kälte ringsum war ein Vergnügen. Kurz gesagt, ich persönlich kam
mit dem Klima ganz gut zurecht.

Bei so vielen unentbehrlichen Dingen, die uns abgingen, war das Fehlen der Farben, wie ihr verstehen werdet, unser geringstes Problem. Selbst wenn wir gewusst hätten, dass es sie gab, hätten wir sie als einen ungebührlichen Luxus betrachtet. Misslich war nur, dass man die Augen so anstrengen musste, wenn man etwas oder jemanden suchte, denn da ja alles gleichmäßig farblos war, gab es keine Gestalt, die sich klar von ihrer Umgebung abhob. Mit Müh und Not erkannte man gerade noch, was sich bewegte; einen kullernden Meteoritensplitter, eine zickzackförmig aufreißende Erdspalte, eine hochschießende Lavafontäne.

An jenem Tage lief ich durch eine Art Amphitheater aus Felsen, die porös wie Schwämme waren, ganz durchlöchert von Bögen, hinter denen sich andere Bögen auftaten: eine ziemlich zerklüftete Gegend also, in der die allgemeine Farblosigkeit durch mehr oder weniger tiefe Schlagschatten differenziert wurde. Und zwischen den Pfeilern dieser farblosen Bögen sah ich etwas wie ein farbloses Blitzen huschen, das plötzlich verschwand und ein Stück weiter drüben wieder auftauchte: zwei parallele Schimmer, die bald aufglommen, bald erloschen. Noch ehe ich recht begriffen hatte, was es war, lief ich schon verliebt hinter den Augen von Ayl her …

Der Hauptmann von Köpenick

Carl Zuckmayer (1896–1977)
Der Hauptmann von Köpenick

Die Komödie „Der Hauptmann von Köpenick" wurde 1931 in Berlin zum ersten Mal aufgeführt. In ihr geht es um ein Ereignis, über das ganz Berlin um die Jahrhundertwende lachte. Der Schuster Wilhelm Voigt, gerade nach kleinen Straftaten aus dem Gefängnis entlassen, erhält von den Behörden erst eine Aufenthaltsgenehmigung, wenn er Arbeit hat, und Arbeit erst, wenn er eine Aufenthaltsgenehmigung vorweisen kann. Zur Aufenthaltsgenehmigung benötigt er einen Pass. Um an einen Pass zu kommen, verkleidet er sich als Offizier, stellt eine kleine Gruppe Soldaten auf der Straße unter sein Kommando, dringt mit ihr in das Rathaus von Köpenick bei Berlin ein. Dort aber gibt es keine Passstelle. Er wird gesucht, stellt sich nach einiger Zeit den Behörden und hofft, nach kurzer Strafe endlich einen Pass zu erhalten.
Die Komödie geht auf ein Geschehen zurück, das sich tatsächlich 1906 ereignet hat. Sie kennzeichnet die so genannte „Wilhelminische Ära"* *der deutschen Geschichte. Zuckmayers Theaterstück hatte großen Erfolg auf den Bühnen. 1956 wurde es verfilmt. Heinz Rühmann spielte den Schuster Voigt. Aus diesem Film stammen die Fotos.*
In der Szene 14 des 2. Aktes des Stücks spricht Voigt mit seinem Schwager Hoprecht über sein Schicksal.

* Ära: Zeitalter

VOIGT: Is auch nich nötig. Lass dir man nicht stören. Ick zieh mir nur um – und denn jeh ick.

HOPRECHT: Wohin denn?

VOIGT *zuckt die Achseln.*

HOPRECHT: Ja wieso – du willst doch nich fort, Willem?

VOIGT: Darnach is nich gefragt. Ick muss fort.

HOPRECHT *macht einen Schritt auf ihn zu.*

VOIGT *holt mit einer gleichsam abwehrenden Bewegung das Papier aus seiner Tasche, wirft's auf den Tisch:* Lies man.

HOPRECHT *liest:* Ausweisung – ja Herrgott, Willem, haste denn keine Eingabe gemacht?

VOIGT: Zweie. Abschlägig beschieden. Für die erste hattense kein Interesse, für die zweite keene Zeit.

HOPRECHT *ratlos:* Ja – wo willste denn hin, Willem?

VOIGT *lacht sonderbar:* Jarnirgends.

HOPRECHT: Mensch – du wirst mir doch keine Dummheiten machen!!

VOIGT: Ausjeschlossen. Dummheiten – ausjeschlossen. Ick wer nu langsam helle.

HOPRECHT: Du musst natürlich sehn, dass du in einem andren Bezirk 'n Aufenthalt kriegst – oder du musst um 'n Pass einkommen, bei deiner Heimatbehörde.

VOIGT: Danke. Det kenn ick schon.

HOPRECHT: Ja, was willste denn sonst – was willste denn anfangen?!

VOIGT: Mach dir man keine Sorjn. Is nich so wichtig. *Lacht wieder leise.*

HOPRECHT: Lach doch nich immer! Die Sache is doch ernst!

VOIGT: Ick finde dat lustig. Dir hamse nich befördert – mir befördernse. Jedem dat Seine. Nich?

HOPRECHT: Sei doch still!! Willem, du fährst aufn ganz falschen Gleis! Wenn so was is, denn, denn müssen besondere Gründe sein, das is halt 'n Unglück, Willem, was dir passiert!

VOIGT: 'n Unglück? Ne. Da is kein Glück bei, und is auch kein Unglück bei. Det is janz 'n sauberes glattes Unrecht is det. Aber reg dir man nich auf, Friedrich. Et jibt mehr Unrecht auf de Welt, scheenes ausjewachsenes Unrecht. Det muss man nur wissen. Ick weiß nu.

HOPRECHT: Gar nichts weißte! Pech haste! Det is es! Wenn det so wär, wie du sagst – denn gäb's ja kein Treu und Glauben mehr auf de Welt! So darfste mir nich fort, Willem. So kommste nich weiter. Du musst das tragen – wie'n Mann.

VOIGT: Tragen – det bin ick jewohnt, Friedrich. Det macht mir nichts. Ich hab'n breiten Puckel, da jeht 'n Packen ruff. Aber – wohin soll ick's tragen, Friedrich. Det is de Frage! Wo soll ick denn hin mit! Ick hab ja keen Aufenthalt, für mir gibt's ja keen Platz uff de Erde, da könnt ick höchstens in de Luft steigen, nich?

HOPRECHT: Nich in de Luft, Willem! Zurück aufn Boden, Mensch! Wir leben in 'n Staat – und wir leben in ne Ordnung – da kannste dir nich außerhalb stellen, das darfste nich! So schwer's auch fällt – da musste dich wieder reinfügen!

VOIGT: Wo rein? In Staat? In ne Ordnung? Ohne Aufenthalt? Und ohne Pass?

HOPRECHT: Einmal kriegste's doch! Einmal kommste doch wieder rein!

VOIGT: So – und wat soll ick drinnen? Wat hilft et mir denn? Da wer'ck noch lange kein Mensch von!

HOPRECHT: 'n Mensch biste überhaupt nur, wenn du dich in ne menschliche Ordnung stellst! Leben tut auch ne Wanze!

VOIGT: Richtig! Die lebt, Friedrich! Und weißte, warum se lebt? Erst kommt de Wanze, und dann de Wanzenordnung! Erst der Mensch, Friedrich! Und dann de Menschenordnung!

HOPRECHT: Du willst dich nich unterordnen, das isse's! Wer 'n Mensch sein will – der muss sich unterordnen, verstanden?!

VOIGT: Unterordnen. Jewiss! Aber unter wat drunter?! Det will ick janz jenau wissen! Denn muss die Ordnung richtig sein, Friedrich, det isse nich!

HOPRECHT: Sie is richtig! Bei uns is richtig! Schau dir ne Truppe an, in Reih und Glied, denn merkste's! Wer da drin steht, der spürt's! Tuchfühlung musste halten! Dann biste'n Mensch – und dann haste ne menschliche Ordnung!

VOIGT: Wennse man nur keen Loch hat! Wennse man nur nich so stramm sitzt, dass de Nähte platzen! Wenn da man nur nichts passiert, Mensch!

HOPRECHT: Bei uns nich! Bei uns in Deutschland, da is 'n fester Boden drunter, da is kein hohler Raum zwischen, da kann nichts passieren! Anderswo vielleicht, wo det Jebälk faul is – da vielleicht! Sagen wa mal: in Russland zum Beispiel, da habense die Bestechlichkeit der Behörden, habense da – und denn die Muschicks, det sind nämlich Analphabeten, die wissen noch nicht mal, wie sie heißen – und denn die Lasterhaftigkeit der höheren Kreise, und denn die Studentinnen, un det ganze schlechte Beispiel! Da kann was passieren, Willem, da is Bruch! Verstehste?! Bei uns is alles jesund, von unten auf – und was jesund is, det is auch richtig, Willem! Det is auf Fels jebaut!

VOIGT: So? Und woher kommt denn det Unrecht?! Kommt det janz von selbst?

HOPRECHT: Bei uns gibt's kein Unrecht! Wenigstens nich von oben runter! Bei uns geht Recht und Ordnung über alles, das weiß jeder Deutsche!

VOIGT: So? Un deine Beförderung, is det Recht und Ordnung? und mein Aufenthalt, is det Recht und Ordnung?

HOPRECHT: Du drehst alles um, Willem! Du hast doch zuerst jeschlagen, widers Recht, und denn hat's dich jetroffen! Und das mit der Beförderung, das muss eben sein! Da gibt's keine Beschwerde drüber! Die kriegen im Reichstag de Hölle heiß jemacht, wegen de Wehrvorlage und 'n Heeresetat*, denn müssense 'n Etat kürzen und denn trifft et eben mich, det is nu mal so, könnt jedem andren auch passieren! Wat is denn schon einer, gegens Ganze jenommen?! Für det Geld, wat se an Löhnung sparen, da wird vielleicht ne Kanone jebaut!

* Etat: Haushaltsplan des Staates, Geldmittel

VOIGT: Und denn jeht se los – un denn trifft et wieder dich! Bumbum, da liechste!

HOPRECHT: Jawoll, da liech ick, wenn's man losjeht! Und denn weiß ick auch, wofür! Fürs Vaterland, und für de Heimat!

VOIGT: Mensch, ick häng an meine Heimat jenau wie du! Jenau wie jeder! Aber se sollen mir mal drin leben lassen, in de Heimat!! Denn könnt ick auch sterben für, wenn's sein muss! Wo is denn de Heimat, Mensch? In 'n Polizeibüro? Oder hier, ins Papier drinnen?! Ick seh ja gar keene Heimat mehr, vor lauter Bezirke!!

HOPRECHT: Ich will's nich mehr hören. Willem! Ich darf's nich mehr hören – ich bin Soldat! Und ich bin Beamter!! Das bin ich mit Leib und Seele, da steh ick für! Ich weiß, dass bei uns das Recht über alles geht!

VOIGT: Auch übern Menschen, Friedrich! Übern Menschen, mit Leib und mit Seele! Da jeht et rüber, und denn steht er nicht mehr uff.

HOPRECHT: Du hast nich jedient, Willem! Du kennst et nich! Wenn de wüsstest, wie unsre Offiziere sind, da mag mal so 'n junger Schnösel bei sein, jewiss – aber die anderen! De richtigen, Mensch! Da jehn wir durchs Feuer für, und det machen die auch für uns, da is jeder für jeden!

VOIGT: Und det Janze?! Det Janze, Friedrich, für wem is det? Wat steht hinter, Friedrich, 'n Gott oder 'n Teufel?! Nee, mir hamse zu lang jepufft, mir hamse nu wachjekriegt, da jibt's keen Pennen mehr, ick will det nu janz jenau wissen!!

HOPRECHT: Ick sag dir zum letzten Mal: Reinfügen musste dich! Nich mängeln gegen! Und wenn's dich zerrädert – denn musste det Maul halten, denn jehörste doch noch zu, denn biste 'n Opfer! Und det is 'n Opfer wert!! Mehr kann ick nich sagen, Mensch! Haste denn keine innere Stimme, Willem? Wo sitzt denn bei dir det Pflichtgefühl?!

VOIGT: Vorhin – aufn Friedhof – wie de Brockn aufn Sarch runterjekullert sind – da hab icks jehört – da war se janz laut, war se –

HOPRECHT: Wer? Was haste jehört?

VOIGT: De innere Stimme. Da hatse jesprochen, du, und da is alles totenstill jeworden in de Welt, und da hab ick's vernommen: Mensch, hatse jesagt – einmal kneift jeder 'n Arsch zu, du auch, hatse jesagt. Und denn, denn stehste vor Gott dem Vater, stehste, der allens jeweckt hat, vor dem stehste denn, und der fragt dir ins Jesichte: Willem Voigt, wat haste jemacht mit dein Leben? Und da muss ick sagen – Fußmatte, muss ick sagen. Die hab ick jeflochten im Jefängnis und denn sind se alle druff rumjetrampelt, muss ick sagen. Und zum Schluss haste jeröchelt und jewürcht, um det bisschen Luft, und denn war's aus. Det sagste vor Gott, Mensch. Aber der sagt zu dir: Jeh wech!, sagt er! Ausweisung!, sagt er! Dafür hab ick dir det Leben nich jeschenkt, sagt er! Det biste mir schuldig! Wo is et? Wat haste mit jemacht?! *Ganz ruhig* Und denn, Friedrich – und denn is et wieder nischt mit de Aufenthaltserlaubnis.

HOPRECHT: Willem – du pochst an de Weltordnung – dat is ne Versündigung, Willem! Det änderste nich, Willem! Det änderste doch nicht!!

VOIGT: Det will ick auch nicht. Det will ick nich, Friedrich. Det könnt ick ja nicht, da bin ick viel zu allein für … Aber so knickerich, verstehste, möcht ick mal nich vor mein Schöpfer stehn. Ick will ihm nichts schuldig bleiben, verstehste? Ich wer noch was machen mit.

HOPRECHT: Du pochst an de Weltordnung, Willem.

VOIGT: Ausjeschlossen. Det wär 'ne Dummheit, det mach ick nich. Friedrich, da mach dir man keene Sorjn. Ick wer mir nur mal 'n bissken ranhalten, wer ick. Was de andern können, det kann ick noch lange. *Lacht*

HOPRECHT: Willem, wat haste denn vor? Wat willste denn anfangen, Mensch! Sprich dich doch aus, Willem – also ich hab dich gewarnt!!

VOIGT   *hat inzwischen sein Paket verschnürt, setzt den Hut auf:* Is gut, Friedrich. Du bist 'n Kerl. Da, dein Anzuch hab ick übern Stuhl jehängt. Marie wird 'n klopfen. *Geht auf ihn zu, gibt ihm die Hand, die Hoprecht zögernd nimmt* Adieu, Friedrich, Dank dir für alles. *Ab*

HOPRECHT   *klammert sich mit den Händen an eine Stuhllehne:* Der Mensch – der Mensch is ja gefährlich!!   *Dunkel*

Erklärt Wilhelm Voigts Problem.
Warum soll er ausgewiesen werden, warum erhält er keine Aufenthaltsgenehmigung?

In einer weiteren Szene des Stückes wird deutlich, wie verhängnisvoll ein Erziehungssystem ist, das nur auf Militarismus und obrigkeitsstaatlichem Denken berührt. Hier redet der Direktor des Zuchthauses, in dem Wilhelm Voigt einsitzt, zu den Gefangenen:

DIREKTOR: Also wir haben uns hier zusammengefunden zur Feier des zweiten September, des Sedantags[1]. Sechzig Millionen deutsche Herzen schlagen höher bei dem Gedanken, dass heute vor vierzig Jahren unser glorreiches Heer auf blutiger Walstatt[2] den entscheidenden Sieg errang, der uns erst zu dem gemacht hat, was wir sind. Viele unserer Mitbürger gedenken heute in stolzer Freude eines ihrer Anverwandten, der diesen Sieg mit erringen half. Auch ich hatte, wie ihr wisst, das unvergessliche Glück, als junger Kriegsfreiwilliger an diesem großen Tage vor dem Feind zu stehen. Dieses höchste Glück, einen Krieg fürs Vaterland mitzumachen, kann natürlich nicht jeder Generation beschieden sein. Auch diejenigen, welche in den Zwischenzeiten in friedlicher Arbeit ihrer Heimat dienen, erfüllen eine hohe Mission[3]. Vor allem hat die segensreiche Einrichtung der allgemeinen Wehrpflicht unserem Volke in seinem stehenden Heer eine lebendige Kraft geschaffen, die auch in Friedenszeiten unsre sittliche Festigkeit und unsre körperliche und geistige Gesundheit gewährleistet. Vielen von euch war es leider durch frühe Schicksalsschläge versagt, diesem Heer anzugehören und, Schulter an Schulter mit fröhlichen Kameraden, im Wehrverband zu stehen. Was euch dadurch an hohen Werten verloren gegangen ist, habe ich immer nach besten Kräften mich bemüht, euch hier an der Stätte neuer Erziehung und neuer Wegweisung, soweit es angängig ist, zu ersetzen. Manch einer, der vor Antritt des Strafvollzugs noch keinen Unteroffizier von einem General unterscheiden konnte, verlässt die Anstalt als ein zwar ungedienter, aber mit dem Wesen und der Disziplin unserer deutschen Armee hinlänglich vertrauter Mann. Und das wird ihn befähigen, auch im zivilen Leben, so schwer es anfangs sein mag, wieder seinen Mann zu stellen. Kommen wir wieder auf den historischen Anlass unserer heutigen Feier zurück. Wie ihr wisst, war es mir persönlich vergönnt, an der Erstürmung der außerordentlich wichtigen Höhe 101 teilzunehmen, eine Aktion, welche zwar nicht die Entscheidung herbeiführte, aber immerhin dazu beitrug. General der Infanterie von der Tann stand mit nur drei kriegsstarken Divisionen einer Übermacht von vier feindlichen Armeekorps unter Führung des französischen Generals Boulanger gegenüber. Unterstützt wurde unsere Aktion durch die Artillerie des dritten Korps und die erste bayrische Kavalleriedivision unter Generalleutnant Fürst Donnersmarck. – Über die Stärke und Einteilung der

[1] *erinnert an die Kapitulation der französischen Hauptarmee im Deutsch-Französischen Krieg 1870/71 und die Gefangennahme Kaiser Napoleons III. bei Sedan am 2. September 1870*

[2] *veraltet für: Kampffeld, Schlachtfeld*

[3] *Sendung*

143

verschiedenen Truppenverbände seid ihr euch hoffentlich noch im Klaren. Wie ist die Gliederung eines Armeekorps beschaffen? – Bulcke!

BULCKE: *ein langer Kerl mit riesigen Händen, leiert herunter* Ein Armeekorps besteht aus zwei Infanteriedivisionen, die Division zu je zwei Brigaden Infanterie, einer Kavallerie- und einer Artilleriebrigade. Die Brigade besteht aus –

DIREKTOR: Danke, na, Sie waren Soldat, das merkt man. Aus wie viel Kompanien besteht ein kriegsstarkes Infanterieregiment? – Pudritzki!

PUDRITZKI *klein, mit sehr starkem Stoppelwuchs und polnischem Akzent* Is sich – ise sich verschiddn, Härr Drrektrr.

DIREKTOR: Unsinn! Sie lernen's nie, setzen Sie sich. Wer weiß es?

VOIGT *meldet sich unter anderen.*

DIREKTOR: Gut, Voigt, Sie brauchen es nicht zu sagen, ich will Ihnen eine schwerere Fragen stellen. Was versteht man unter einer Kavalleriedivision?

VOIGT *klar, ohne zu stocken* Eine Kavalleriedivision ist eine selbstständige Formation, welche direkt der Armee unterstellt ist und über deren Einsatz das Armeeoberkommando je nach der Lage verfügt. Sie besteht aus drei, manchmal vier Kavallerieregimentern, denen eine Abteilung berittener Feldartillerie zur Unterstützung beigegeben ist.

DIREKTOR: Bravo, Voigt! Sehr gut, der Voigt! Sie haben hier ordentlich aufgepasst und auch was gelernt. Sie werden sehen, dass es Ihnen im späteren Leben einmal von Nutzen sein wird. Treten Sie mal heraus, Sie übernehmen die Führung der Sturmregimenter, es ist ja heute das letzte Mal, dass Sie an unserer Übung teilnehmen. Aufseher Lorenz, teilen Sie sechs Mann ein, zwei von jeder Haupttruppengattung, die Pioniere und die Etappe brauchen wir erst später, beim Vormarsch.

Charakterisiert die Einstellung des Zuchthausdirektors. Warum lässt Zuckmayer den Direktor wohl in hochdeutscher Sprache reden? Welchen Stellenwert hat das Militär in unserer heutigen Gesellschaft?

144

Zeitungsbericht

Köpenick, 16. Okt. Ein Gaunerstreich von unglaublicher Frechheit hat sich heute hier abgespielt. Heute Nachmittag kam eine Abteilung des vierten Garderegiments, bestehend aus einem Gefreiten und 11 Mann, unter Führung eines in die Uniform eines Hauptmanns gekleideten Mannes hier an, begab sich auf das hiesige Rathaus und verhaftete den Bürgermeister und den Hauptkassenrendanten[1]. Nachdem sich der angebliche Hauptmann die 4000 Mk enthaltende Kasse hat aushändigen lassen, erteilte er Befehl, den Bürgermeister und den Rendanten unter militärischer Begleitung nach der Neuen Wache in Berlin zu schaffen, befahl den Mannschaften, das Rathaus noch eine halbe Stunde lang besetzt zu halten, und fuhr dann in Richtung nach Berlin davon. Die Mannschaft, die, vom Schießplatz in Tegel kommend, in Berlin von dem eine gefälschte Kabinettsorder[2] zeigenden angeblichen Hauptmann angehalten und nach Köpenick geführt worden war, reiste später nach der Kaserne in Berlin ab. Wie das „Köpen. Tagebl." meldet, wurden der Bürgermeister und der Rendant auf der neuen Wache in Berlin alsbald freigelassen. Es handelt sich bei dieser Sache, die anfangs für einen schlechten Scherz gehalten wurde, um einen unglaublichen Gaunerstreich, vielleicht auch um einen Wahnsinnigen, nach dem nun die Köpenicker und Berliner Polizei eifrig fahndet.

Ordnet dem Zeitungsbericht die entsprechenden Filmbilder dieser Sequenz zu.

[1] *Rechnungsführer in größeren Gemeinden oder Gemeindeverbänden*
[2] *Anordnung, Befehl von Seiten der Regierung*

Rechtfertigung

Der Bürgermeister von Köpenick Dr. Langerhans hat der Stadtverordnetenversammlung folgende Darlegung des Falles gegeben:

„Am 16. d. M. betrat ein Mann in Offiziersuniform, gefolgt von zwei Gardegrenadieren, mein Arbeitszimmer, erklärte nach Feststellung der Persönlichkeit, dass ich in höherem Auftrage verhaftet sei, und ließ den Ausgang meines Zimmers von Soldaten, die das Seitengewehr aufgepflanzt hatten, mit der Weisung, niemand herein- oder hinauszulassen, besetzen. Auf meine energischen wiederholten Fragen nach seinem Ausweise, nach dem Grund der Verhaftung, nach der Person, welche die Verhaftung angeordnet habe, auf meinen Hinweis, dass das Vorgehen ungesetzlich sei, auf mein dringendes Verlangen, den Haftbefehl sehen zu wollen, erklärte der Mann in Offiziersuniform, dass er mir keinerlei Auskunft geben dürfe, er habe lediglich den ihm erteilten höheren Auftrag auszuführen; alles Weitere würde ich auf der Neuen Wache erfahren. Wenn ich den geringsten Widerstand leistete, würde ich sofort in eine Arrestzelle abgeführt. Bei diesen Worten ließ er die Grenadiere unmittelbar in meine Nähe treten. Meine Versuche, mich mit meinem Vertreter, mit den Bureaus, dem Landratsamte und sonstigen, außerhalb meines Dienstzimmers befindlichen Personen in Verbindung zu setzen, wurden zum Teil mit physischer Gewalt verhindert. Als mich der Mann mit den beiden Posten allein in meinem Zimmer ließ und ich von diesen Aufklärung verlangte, begegnete ich lediglich einem Achselzucken. Zunächst war ich mir auch nicht einen Augenblick im Unklaren darüber, dass das Verfahren allen gesetzlichen Vorschriften Hohn sprach. Man hatte mir einen Vorwurf daraus gemacht, dass ich den Mann, und zwar an seinem unvorschriftsmäßigen Äußeren, nicht sofort als Gauner durchschaut habe. Ich konnte nur bemerken, dass er anstatt des Helmes eine Mütze, und zwar eine vorschriftsmäßige, trug, die übrigens, um auch diese Kleinigkeit zu erwähnen, mit den richtigen Kokarden[1] versehen war. Ist es bei uns wirklich schon so weit, dass auch in ernsten Fällen die Einzelheiten der Bekleidungsvorschrift ausschlaggebend sind? Ich sah die Soldaten und die Soldaten waren echt, ich sah, dass diese alle Anordnungen des Mannes, die er militärisch ruhig und bestimmt traf, unbedingt befolgten; ich ahnte, abgesperrt von meiner Umgebung, nicht, dass er der Stadtkasse einen Besuch abstatten wollte. Welche Anhaltspunkte für das Vorliegen eines Gaunerstreiches sollte ich denn finden? Ich habe mir reiflich überlegt, was ich zu tun hätte; zunächst machte ich einen, von dem Arm des einen der Grenadiere verhinderten nochmaligen Versuch, mich mit der Außenwelt in Verbindung zu setzen. Da dies missglückte, sagt ich mir, dass ich als Bürgermeister unter allen Umständen die Ruhe bewahren und die Aufklärung und Hilfe, die ich hier nicht finden konnte, so schnell wie möglich in Berlin suchen müsse. Der Gauner, der mit großem Glück und Geschick seinen Plan ersonnen und durchgeführt hat, ging, gestützt auf den unbedingten Gehorsam der Soldaten, mit zielbewusster Energie vor. Er hätte sicherlich – und das wird jeder, der ihn gesehen hat, bestätigen –, nachdem er einmal die Truppenmacht in seiner Hand hatte, etwaige Hindernisse mit dieser aus dem Wege geräumt und wäre auch vor dem Äußersten nicht zurückgeschreckt. Ein Mann, der alles auf eine Karte setzte, hätte unbedenklich im Bedarfsfalle die Macht, die er über die Bajonette[2] besaß, auch auszunutzen gewusst. Ich habe mir, immer in der Annahme, einen Geisteskranken vor mir zu haben, überlegt, ob ich körperlichen Widerstand leisten sollte. Ich bin mir nicht im Unklaren darüber, dass ich von den beiden Grenadieren, denen ich allein gegenüberstand, in irgendeiner Weise unschädlich gemacht worden wäre; sie haben es selbst bei ihrer am nächsten Tag erfolgten Vernehmung erklärt, dass sie allen Befehlen des vermeintlichen Hauptmanns unbedingt gehorcht haben würden. Ich glaube, jeder, der die außerordentliche Lage, in der ich mich befand, in vollem Umfang würdigen kann und will, wird bei ruhiger Überlegung zu dem Ergebnis kommen, dass körperlicher Widerstand Torheit gewesen wäre. – Man darf den Kernpunkt des ganzen Vorganges nicht verrücken lassen, der darin besteht, dass ein zu allem entschlossener Verbrecher sich zur Ausführung einer wohl noch nie da gewesenen Tat der unbedingten Hilfe von zehn Mitgliedern der regulären staatlichen Truppenmacht versichern konnte."

[1] Abzeichen an Uniformmützen
[2] auf das Gewehr aufsetzbare Hieb-, Stoß- und Stichwaffe für den Nahkampf

Nennt die Argumente des Bürgermeisters, mit denen er sich rechtfertigt. Stellt sein Verhalten in Beziehung zu seiner Zeit.

Zur Entstehung des „Hauptmann von Köpenick"

Zur Entstehung des Schauspiels „Der Hauptmann von Köpenick" schreibt Carl Zuckmayer in seinen Erinnerungen „Als wär's ein Stück von mir":

[...] Der „Eulenspiegel"[1], den ich als meinen dramatischen Hauptplan betrachtete, kam nicht vom Fleck. Er scheiterte, musste scheitern, an der Diskrepanz zwischen dem Vorwurf des alten Volksbuchs, an das ich mich zu halten versuchte, und der Zeitnähe, dem Gegenwartsgehalt, der lebendigen Wirklichkeit, die ich erstrebte. Ich war schon im Begriff, den ganzen Entwurf wegzuschmeißen und mich an eine Tragikomödie[2] des Vormärz[3], „Das Hambacher Fest"[4], zu machen, da wurde mir, mitten im Sommer, die Anregung zu einem Stoff zuteil, an den ich vorher nicht gedacht hatte: der „Hauptmann von Köpenick". Sie kam von Fritz Kortner, meinem alten Freund, der sich meine Bewunderung und Zuneigung durch nichts verscherzen kann.

Kortner dachte zunächst an einen Film, den er inszenieren wollte, mit dem in dieser Zeit von seinem Stammpublikum ebenso wie von Literaten und Künstlern verhimmelten Erich Carow, einem originellen Vorstadt-Komiker, der im Berliner Norden seine „Lachbühne" betrieb. Vom „Hauptmann von Köpenick" wusste ich nicht mehr als jeder – die Anekdote von seinem Geniestreich im Köpenicker Rathaus, und dass er dann, nach kurzer Gefängnishaft vom Kaiser begnadigt, durch die deutschen Städte reiste und signierte Postkarten mit seinem Bild in Uniform verkaufte: So hatte ich ihn selbst bei einer Mainzer Fastnacht im Jahr 1910 gesehen. Noch zögernd ließ ich mir von meinem Verlag die alten Zeitungsberichte und Prozessakten über den vorbestraften Schuster Wilhelm Voigt beschaffen – und plötzlich ging mir auf: Das war mein „Eulenspiegel", der arme Teufel, der – durch die Not helle geworden – einer Zeit und einem Volk die Wahrheit exemplifiziert[5].

Denn wenn auch die Geschichte mehr als zwanzig Jahre zurücklag, so war sie gerade in diesem Augenblick, im Jahre 1930, in dem die Nationalsozialisten als zweitstärkste Partei in den Reichstag einzogen und die Nation in einen neuen Uniform-Taumel versetzten, wieder ein Spiegelbild, ein Eulenspiegel-Bild des Unfugs und der Gefahren, die in Deutschland heranwuchsen – aber auch der Hoffnung, sie wie der umgetriebene Schuster durch Mutterwitz und menschliche Einsicht zu überwinden.

Entschlossen, das Stück zu schreiben, machte ich mich von jeder mir vorgeschlagenen Zusammenarbeit frei – Kollaboration und Kollektivwerk haben mir nie gelegen –, auch war mir klar, dass ich den Stoff nur auf meine Art bewältigen könne, nicht „die Geißel schwingend", sondern das Menschenbild beschwörend – und zog mich zur Arbeit ins ländliche Henndorf zurück. Von der ursprünglichen Eulenspiegel-Idee blieb der Märchengedanke. Eine Geschichte, auch im Komödienton, märchenhaft zu erzählen, schien mir der Weg, sie über den Anlass hinaus mit überzeitlichem Wahrsinn zu erfüllen. [...]

---

[1] Zuckmayer plante für die Heidelberger Festspiele 1929 eine Eulenspiegel-Komödie.
[2] Komödie mit tragischen, schicksalsschweren Elementen
[3] Zeit zwischen den Revolutionen von 1830 und (März) 1848
[4] Fest der Studenten („Burschenschaften") zur Verkündigung liberaler und republikanischer Ideen auf dem Schloss von Hambach (bei Neustadt/Pfalz) 1832
[5] vorgeführt

Nennt Zuckmayers Gründe, das Ereignis aus dem Jahre 1906 aufzugreifen, um im Jahre 1930 dem Volk die Wahrheit zu sagen. Informiert euch über die geschichtlichen Zusammenhänge. Macht euch Gedanken darüber, warum das Stück auch heute noch gespielt wird.

Zur Wirkung des „Hauptmann von Köpenick"

Das Schauspiel „Der Hauptmann von Köpenick" wurde am 5. März 1931 im Deutschen Theater in Berlin unter der Regie von Heinz Hilpert uraufgeführt.

Es gab keine Theaterskandale, doch wütende Beschimpfungen von Seiten der Nazipresse, vor allem in dem jetzt von Goebbels[1] redigierten[2] Berliner „Angriff", der mir, mit Hinblick auf eine Szene im Zuchthaus, verkündete, ich werde bald Gelegenheit haben, ein preußisches Zuchthaus von innen kennen
5 zu lernen. Auch wurde mir schon damals – für die kommende Machtergreifung – mit Ausbürgerung, Landesverweisung oder schlichtweg mit dem Henker gedroht. Schmähbriefe kamen – ich warf sie in den Papierkorb und hielt mich an die anderen, die zustimmenden und bestärkenden, die bis zum Schluss in der Überzahl waren. [...]
10 Es gab kaum ein Provinztheater, selbst wenn ein Teil des Opern- und Operettenpersonals für die vielen kleineren Chargen[3] aushelfen musste, in dem das Stück nicht gegeben wurde. Direktoren und Intendanten spielten mit Vorliebe den Hauptmann selbst – so Gustav Lindemann in Düsseldorf, Gatte der ehrwürdigen Theaterfürstin Luise Dumont. Diese Aufführungen lie-
15 fen in ganz Deutschland weiter, fast zwei Jahre lang, bis zum Ende des Januar 1933. Wenn man das Lachen und die Zustimmung des Publikums in den immer ausverkauften Häusern hörte, konnte man fast vergessen, was draußen auf der Straße vorging und was sich im Reich zusammenbraute. Dort gab es nichts mehr zu lachen. Wer durch Berlin fuhr, sah in jedem Bezirk, beson-
20 ders in den östlichen und nördlichen Stadtteilen, lange Schlangen von Männern anstehen, die elend aussahen, in abgerissener Kleidung, die Gesichter fahl und gedunsen, ungesund, unterernährt. Das waren die „Stempelbrüder", deren Schar mit der Zeit immer größer, deren Anblick immer erbärmlicher wurde. Sie warteten vor den „Arbeitsämtern", in denen ihnen der Schein für
25 die – von der Regierung durch erhöhte Steuern, Kürzung der Beamtengehälter und andere unpopuläre Maßnahmen zusammengekratzte – Erwerbslosenunterstützung abgestempelt wurde: ein Betrag, der das Existenzminimum eines Menschen oder gar einer Familie nie ganz erreichte. Dort standen sie im Sommer und Winter, in Regen und Kälte, die Kragen der al-
30 ten Joppen hochgeschlagen, die klammen Hände in den Taschen geballt.
Es waren trostlose Haufen, denen mit dem Brotbelag und den Kohlen der „Berliner Humor" längst ausgegangen war und die kaum mehr die Kraft zum Schimpfen oder zu einem Krawall aufbrachten, wenn so ein Amt wegen Überbelastung vorzeitig schloss oder wenn sich herumsprach, dass die
35 Kartoffelpreise wieder gestiegen waren, während sie auf ihren Hungersold warteten. Und wie in Berlin standen sie in ganz Deutschland, vor den

[1] Dr. Joseph Goebbels war seit 1926 „Gauleiter" der Nazis in Berlin, gründete 1927 die NS-Wochenzeitschrift „Angriff"; seit 1929 NS-Propagandaleiter

[2] Manuskripte bearbeiten

[3] Rollen

3. Akt, 21. Szene von „Der Hauptmann von Köpenick"

Arbeitsämtern, vor den Auszahlkassen, vor den Konsumvereinsläden, vor
den Fabriken, die nur noch eine Teilschicht beschäftigen konnten, vor
gesperrten Kohlenzechen, stillgelegten Gruben. Mehr als sechs Millionen
40 standen in den Jahren 1931–33 so in Deutschland herum, Arbeitslose, zum
Nichtstun und Warten verdammt, und allmählich zur Hoffnungslosigkeit,
unzufrieden mit allem, mit der Welt, in der sie lebten, mit dem Staat, der sie
mühselig und knapp am Leben hielt, mit sich selbst und ihrer Geduld. […]

*Welche unterschiedlichen Wirkungen löste der Text aus? Belegt jeweils am
Text.*
*Im zweiten Teil seines Textes schildert Zuckmayer die Situation arbeitsloser
Menschen und stellt damit zu der Hauptfigur seines Stückes eine Beziehung
her. Vergleicht einzelne Aussagen mit dem, was ihr über den Schuster
Wilhelm Voigt erfahren habt.*
*Erklärt in diesem Zusammenhang die Aussage in Zeile 18 f.: „Dort gab es
nichts mehr zu lachen."*
*Erklärt den Aufführungsstopp Ende 1933. Lest auch in der Biografie auf
Seite 150 nach.*

Carl Zuckmayer wurde am 27.12.1886 in Nackenheim am Rhein geboren. Nach einigen Semestern Studium in den verschiedensten Fächern ging er 1920 nach Berlin, wo er sich als Verfasser von Bühnenstücken versuchte; zunächst ohne Erfolg. Später gelangen ihm der Durchbruch und die Anerkennung.

1933 erhielt Zuckmayer von den Nationalsozialisten Aufführungsverbot. Er besaß in Henndorf bei Salzburg in Österreich ein Haus. Nach dessen Beschlagnahme emigrierte er 1938 in die Schweiz, von dort in die USA. Nach dem Ende des Zweiten Weltkrieges kehrte er nach Europa zurück. Er lebte seit 1958 in Saas Fee (Schweiz). 1977 starb er, ein gefeierter Dichter, der viele Preise und Auszeichnungen erhielt.

Carl Zuckmayer auf dem Weg in die Emigration

1938 musste Zuckmayer Österreich, das sich dem Deutschen Reich angeschlossen hatte, verlassen. An der Grenze wurde er von nationalsozialistischen Grenzposten kontrolliert.

[…] Während eben ein Mann mit klobigen Händen meinen ersten Koffer umschüttete, verlangte ein anderer, in schwarzem Hemd[1], meinen Pass. Ich reichte ihn harmlos hin und beobachtete die Reaktion unter den Lidern.

> [1] *also ein Angehöriger der berüchtigten SS*

Der Mann schaute lange auf meinen Namen, dann hob er plötzlich ruck-
5 artig den Kopf, als habe er Witterung genommen.

„Zuckmayer?", fragte er. Ich nickte.

„*Der* Zuckmayer?"

„Was meinen Sie damit?"

„Ich meine: der berüchtigte."

10 „Ob ich berüchtigt bin, weiß ich nicht. Aber es gibt wohl keinen anderen Schriftsteller meines Namens."

Seine Augen wurden spitz, wie wenn jemand Ziel nimmt und seines Treffers gewiss ist.

„Kommen Sie mit", sagte er.

15 „Ich muss bei meinem Gepäck bleiben", erwiderte ich.

„Das müssen Sie nicht", sagte er und lächelte spöttisch, als wolle er sagen: Du brauchst kein Gepäck mehr.

Ich wurde über den langen Perron[2] des Bahnhofs geführt, während mein

> [2] *schweizerisch: Bahnsteig*

150

Gepäck zurückblieb und der Gründlichkeit anheim fiel. Ganz am Ende des
Bahnhofs, wo es stockdunkel wurde, waren einige Baracken sichtbar. Es roch
knoblauchartig nach feuchtem Karbid[3] und der kreidige Schein einer Fahr-
radlampe schwankte über dem Barackeneingang.

In der Baracke saß ein blonder magerer Mensch in der Uniform der SS hinter einem Tisch, er trug eine Stahlbrille und sah überanstrengt und unterernährt aus. Vor dem Tisch stand ein Mann mit aufgeschlagenem Mantel-
kragen und gesenktem Kopf, der offenbar gerade verhört worden war.

„Ins Revier zum Abtransport", hörte ich die Stimme des Beamten, „wenn
überfüllt, ins Ortsgefängnis. Der nächste Herr bitte." Zwei SA-Leute führ-
ten den völlig gebrochenen Mann hinaus, er schien zu weinen.

Dann trat ich, der nächste Herr, vor meinen Richter. Mein Häscher hatte
mit ihm geflüstert, und nun schaute der andere auf.

„Carl Zuckmayer", sagte er. – „Aha."

Er starrte in den Pass, blätterte darin herum, sein Gesicht wurde nachdenklich. Immer wieder starrte er auf die erste Seite. Ich merkte, dass ihn die
fünfjährige Gültigkeit irritierte: Juden bekamen damals nur noch Pässe für
sechs Monate, wenn überhaupt. Meiner war früher im deutschen Konsulat
in Salzburg ausgestellt worden, wo man korrekt verfuhr und mir wohl wollte.

Dann ließ er sich eine gedruckte Liste reichen, wohl die der politisch Verfolgten, schlug den Buchstaben Z auf, fand mich nicht, starrte wieder in den
Pass. „Komisch", sagte er und schüttelte den Kopf, „ich habe doch mal irgendwas über Sie gehört, aber ich weiß nicht mehr genau. Sie sind also gar
kein Hebräer[4]."

Er lachte jovial[5], und ich grinste ein wenig. Dass meine Mutter eine gebo-
rene Goldschmidt war, brauchte ich ihm ja nicht anzuvertrauen.

[…]

„Sind Sie Parteigenosse? Haben Sie einen Parteiausweis mit?"

„Nein", sagte ich, „ich bin kein Parteigenosse."

Im selben Augenblick war alle Jovialität verschwunden, der Mann riss meinen Pass, nach dem ich schon die Hand ausgestreckt hatte, wieder an sich.

„So", sagte er scharf, „ein deutscher Schriftsteller und nicht Parteigenosse? Aber Sie sind doch Mitglied der Reichsschrifttumskammer[6]?"

„Nein", sagte ich, „auch das nicht." Denn zu lügen hätte keinen Sinn gehabt, da ich ja keine Ausweise dieser Art besaß, die sonst jeder bei sich trug.

„Und weshalb nicht?"

Sein Gesicht wurde starr und drohend.

Was ich jetzt antwortete, habe ich mir nicht für den Bruchteil einer Sekunde
überlegt. Ich tat es ganz automatisch, und ich wusste nicht, warum ich es tat
und was daraus folgen würde. Aber ich verstehe seitdem, dass Menschen an
die Einflüsterung von Schutzengeln oder guten Geistern glauben.

[3] eigentlich Kalziumkarbid, Kohlenstoffverbindung, wurde als Brennstoff für Lampen benutzt

[4] gemeint ist: Jude

[5] gönnerhaft, wohlwollend

[6] von den Nazis eingerichtete Organisation der Schriftsteller, die die Kontrolle und Durchsetzung des NS-Gedankenguts in der Literatur zum Ziel hatte

„Ich kann nicht Parteigenosse sein", antwortete ich prompt, „weil meine Werke in Deutschland verboten sind. Sie stimmten nicht mit der national-sozialistischen Weltanschauung überein. Deshalb arbeite ich ja in London, wo ich auch den ‚Rembrandt'-Film gemacht habe. Dass ich beliebig ins Aus-
65 land reisen kann, sehen Sie aus meinem Pass, sonst hätte ich ihn nicht. Das muss Ihnen doch genügen."

Ich streckte wieder die Hand nach meinem Pass aus.

Aber der Sturmführer starrte mich nun ganz sonderbar an. Sein Mund klaffte auf, seine Augen waren rund geworden. Plötzlich ergriff er meine aus-
70 gestreckte Hand und schüttelte sie.

„Fabelhaft!", rief er. „Diese offene Aussage! Diese Ehrlichkeit!"

„Glauben Sie denn", sagte ich, meinen Vorteil wahrnehmend, „jeder, der hier hereinkommt, ist ein Lügner?"

„Die meisten schon", rief er aus, „aber Sie – Sie sind halt ein deutscher
75 Mann! Das hätt ich nie geglaubt, dass am heutigen Tag einer offen zugibt, er ist kein PG, er ist verboten! Sie – aus Ihnen wird noch ein Parteigenosse, das garantier ich Ihnen!"

„Danke schön", sagte ich und nahm meinen Pass entgegen. „Kann ich jetzt zu meinem Gepäck?"

80 „Ich komme mit", rief er, „ich brauche auch mal eine Ablösung. Fabelhaft. Vor Ihnen hab ich Respekt. Ihr Gepäck ist ja einwandfrei, hoffe ich?"

Er zog die Brauen hoch und bekam wieder Falten ins Gesicht. Ich dachte an meine Manuskripte und der Gedanke an ein neues Katz-und-Maus-Spiel machte mir heiß. Außerdem sah ich draußen den Kerl stehen, der mich he-
85 reingebracht hatte, und bösartig zu mir herstarren.

Jetzt – dachte ich nun ganz bewusst und berechnend – ist es an der Zeit. Ich öffnete meinen Mantel, schlug ihn zurück, als suche ich in der Hose nach meinem Taschentuch, und zwar auf der linken Seite, wo die Kriegsorden steckten. Sofort hefteten sich seine Augen darauf wie gebannt.

90 „Sie waren an der Front?", fragte er.

„Natürlich", sagte ich lässig, „fast vier Jahre lang."

„Offizier gewesen?"

Ich nickte.

„Ist das nicht – das Eiserne Kreuz Erster Klasse?"

95 „Ja."

„Und das?"

„Die hessische Tapferkeitsmedaille. Ich stamme aus Mainz. Die bekam jeder, wenn er eine Zeit lang dabei war."

„Aber das hier – mit den Schwertern?"

100 Es war der „Zähringer Löwe mit Eichenlaub und Schwertern", eine Aus-zeichnung, die Offiziere bekommen konnten, wenn sie bei einer badischen

Formation gestanden und sich dort verdient und beliebt gemacht hatten. Ich erklärte es ihm.

„Dann sind Sie ja ein Held", sagte er und bekam Fischaugen.

105 „Das nicht", sagte ich barsch, „aber immerhin kann man sich die Dinger nicht für zehn Groschen auf der Straße kaufen." Diese Anspielung war schon ziemlich frech, aber sie tat ihre Wirkung.

„Prachtvoll", rief er und lachte übermäßig. – „Sie meinen die Mitläufer! Die Opportunisten! Das ist deutscher Humor. Großartig!"

110 Er nahm seine Mütze ab und wischte sich den Schweiß. Ich sah, dass er die Haare am Hinterkopf abrasiert hatte, vorne war sein Schopf „vorschriftsmäßig" zugestutzt.

„Wir von der jüngeren Generation", begann er, als wolle er eine Rede halten, „die nicht mehr das Glück hatten, am Krieg teilzunehmen, wissen trotz-
115 dem, was wir unseren Helden schuldig sind. Achtung!", schrie er plötzlich nach draußen. „SA und SS angetreten!"

Wir verließen die Baracke, und seine Leute spritzten heran. Und nun ließ er sie, inmitten der ganzen Zolluntersuchung und all der angstverstörten Flüchtlinge, vor mir antreten. „Wir ehren einen Helden des Welt-
120 kriegs 14–18", brüllte er. „Heil Hitler!"

Eine Reihe von Braun- und Schwarzhemden hatte sich vor mir aufgebaut wie vor einem kommandierenden General, klappte die Hacken zusammen, dass der Dreck spritzte, und schrie mir ihr „Heil Hitler!" ins Gesicht, als sei ich der Führer persönlich. Ich war plötzlich der große Mann der Grenz-
125 station und kam mir vor wie der „Hauptmann von Köpenick" in meinem eigenen Stück.

„Wo ist das Gepäck dieses Herrn?", kommandierte er. „Zuschließen. In den Schweizer Zug bringen!" Ich brauchte keine Hand mehr zu rühren. Der Koffer mit den Gedichten wurde gar nicht erst aufgemacht. [...]

Was musste Zuckmayer bei der Kontrolle an der Grenze eigentlich befürchten? Lest noch einmal auf den Seiten 150 bis 151 nach. Sucht die Gründe für das Verhalten des SS-Mannes. Erklärt die gekennzeichnete Textstelle.

Lesehinweis ⟩ *Vergleicht mit Texten in: „Sand im Getriebe der Welt".*

Schwerins „Hauptmann von Köpenick" war ein Russe
Hochstapler posierte als erster sowjetischer Kommandant

Berlin (AP). In Schwerin hat nach einem Bericht der DDR-Nachrichtenagentur ADN ein angeblicher sowjetischer Offizier dem Hauptmann von Köpenick alle Ehre gemacht. Ein russischer Hochstapler mit dem Namen Wladimir Ischin habe in der Rolle des ersten sowjetischen Kommandanten der Stadt posiert, die örtliche Jugend belehrt und teure Gastgeschenke eingesackt, hieß es in der vom Direktor des Stadtarchivs, Manfred Krieck, bereits 1987 enthüllten Geschichte. Seinerzeit sei ihm aber von der damaligen SED-Führung ein Maulkorb verpasst worden und noch im Oktober vergangenen Jahres sei der angebliche ehemalige Stadtkommandant in der alten mecklenburgischen Hauptstadt aufwendig empfangen worden.

(Westfalenblatt, 28. 3. 1989)

„Wenn der Amtsschimmel wiehert ..."

Valentin P. Katajew (1897–1986)
Kampf mit dem Bürokratismus

Der Vorsteher entfaltete die Zeitung und wurde blass.

„Der Sekretär soll sofort kommen", rief er in den Raum hinein.

„Sie haben mich bitte gerufen, Genosse Vorsteher?", fragte der Sekretär, sich leise in das Arbeitszimmer des Vorstehers schiebend.

5 „Ja! Setzen Sie sich. Haben Sie's gelesen?"

„Jawohl, Genosse Vorsteher!"

„Nun, und wie denken Sie darüber?"

„Ich meine, dass man dagegen kämpfen muss, Genosse Vorsteher!"

„Richtig! Kämpfen muss man, Genosse! So ein Skandal! Frisst sich da in
10 den Apparat der Sowjetverwaltung der muffige Bürokratismus des alten
Regimes hinein, und wir merken nichts! Das ist doch, entschuldigt schon,
eine Schweinerei! Sogar die Zeitungen schreiben darüber! Aber, hols der
Teufel, ausgerottet muss er werden! Mit Stumpf und Stiel! Habe ich richtig
gesprochen?"

15 „Richtig, Genosse Vorsteher, sehr richtig!"

„Das meine ich auch! Also, Genosse Sekretär, ergreifen Sie die nötigen
Maßregeln! Auf dem üblichen Wege. Akt anlegen: Kontra Bürokratismus!
Eiliger Sonderfall! Usw. usw. Sie verstehen?"

„Jawohl, Genosse Vorsteher!"

20 „Nun, dann los, los, mein Teurer! Setzen Sie unverzüglich ein Projekt
zur Ausrottung des Bürokratismus auf, bringen Sie es zur Unterschrift
meinem Vertreter, danach mir ... Vervielfältigen Sie es, hängen Sie es als
Anschlag aus ... mit einem Wort, schmeißen Sie die Sache!"

Nach einer Woche betrat der Sekretär mit einem dicken Aktenbündel das
25 Büro des Vorstehers.

„Haben Sie das Projekt entworfen?"

„Jawohl!"

„Und hat mein Vertreter schon unterschrieben?"

„Keineswegs!"

30 „Und warum nicht?"

„Weil Ihr Vertreter auf Urlaub ist!"

„Auf Urlaub? Hm. Und wer vertritt ihn?"

„Sie selbst, bitte, vertreten ihn, Genosse Vorsteher!"

„Ich?"

35 „Jawohl!"

„Hm … Dann geben Sie das Projekt her, ich werde es durchsehen und unterschreiben in der Eigenschaft als Vertreter meines Vertreters … und danach registrieren Sie es und legen mir das Projekt noch einmal vor, aber schon mir in der Eigenschaft als Vorsteher! Verstehen Sie?"

40 „Ich verstehe!"

Nach einigen Tagen rief der Vorsteher, gleich als er ins Amt kam, nach dem Sekretär.

„Sagen Sie, wie steht es mit dem Projekt gegen den Bürokratismus? Hat mein Vertreter unterschrieben?"

45 „Leider, Genosse Vorsteher. Ihr Vertreter hat noch immer nicht unterschrieben. Er hat das Projekt bei sich behalten. Versprach, es durchzusehen!"

„Aber was ist das für eine Schlamperei! – Ich werde gleich einen Bericht über die Unzulässigkeit widriger Verzögerungen in Sachen, die von Bedeutung für die Allgemeinheit sind, aufsetzen … Hier, empfangen Sie das Schrift-
50 stück … Leiten Sie es über die Registratur! Setzen Sie den Stempel darunter und bringen Sie es meinem Vertreter zur Unterschrift!"

„Das heißt Ihnen?"

„Nicht mir, sondern meinem Vertreter!"

„Ja, aber Sie vertreten doch zurzeit Ihren Vertreter, da er in Urlaub ist!"
55 Gegen Mittag, als die Besucher schon in langer Reihe vor dem Arbeitszimmer des Vorstehers warteten, hörten sie hinter der Tür die laute Stimme des Vorstehers.

„Was ist denn da los?", erkundigten sich endlich einige Ungeduldige beim Sekretär. „Ist der Vorsteher heute nicht zu sprechen?"

60 „Doch!", antwortete der Sekretär. „Aber augenblicklich hat er keine Zeit. Er kämpft mit dem Bürokratismus!"

Erläutert die Absicht des Verfassers. Sprecht über das Verhalten des Vorstehers und seines Sekretärs.
Erklärt, warum es sich hier um eine satirische Darstellung handelt.
Lest zur Satire nach auf S. 182.

C. Northcote Parkinson (*1909)
Eine Weihnachtsgeschichte

Der ehrenwerte Minister und Unterhausabgeordnete Gottfried St. Nikolaus sah aus einem Fenster seines Klubs und schaute nachdenklich durch den Park. Es schneite, ein eisiger Wind wehte und der Schein des Mondes fiel nur auf eine einzige Gestalt inmitten einer öden Landschaft. Es war die eines schä-
5 big gekleideten Mannes, der unter den Bäumen Holzstücke sammelte und in einen Sack steckte, sicher zum Heizen. „Gotti" – so nannten ihn seine Freun-de – wunderte sich, dass irgendjemand in einem Wohlfahrtsstaat derart arm sein konnte. Er hielt so etwas für höchst regelwidrig und zweifelte daran, ob dieses Sammeln von Brennholz überhaupt gesetzlich zulässig war. Das ein-
10 zige andere im Rauchzimmer anwesende Klubmitglied war sein eigener Par-lamentarischer Privatsekretär (PPS), ein ehemaliger Zögling des exklusiven Internats Harrow namens Page, und ihn rief jetzt der Minister zum Fenster hinüber.

„Sehen Sie den hungrig aussehenden Burschen da drüben? Ich möchte gern
15 wissen, wer er ist und wo er wohnt."

Der PPS sprach mit dem Portier und kam mit der von seinem Chef ge-wünschten Information zurück. „Man nennt ihn Holzsammler-Willy und er lässt sich hier oft blicken. Er wohnt etwa fünf Kilometer von hier entfernt in einer Hütte, die seit langem abgerissen werden soll. Sie liegt von hier aus ganz
20 kurz vor dem neuen Ministerium für Gesundheit und Arbeitsleistung – dem Hochhaus neben dem Büro der Wasserbehörde in der St. Agnes Road."

„Danke, Page", sagte der Minister. „Ich frage mich", fuhr er, laut vor sich hin denkend, fort, „ob es gute Publicity wäre, wenn man dafür sorgte, dass dieser arme Kerl ein besseres Weihnachtsfest feiern kann, als es jetzt den
25 Anschein hat." Er ließ sich am Mitteltisch nieder und kritzelte eine Liste von wesentlichen Artikeln zusammen, die mit einem Sack rauchfreier Kohle be-gann und mit einer Flasche Portwein minderer Qualität endete. „Die Masche dabei wäre, dass Sie und ich von der Kamera dabei überrascht würden, wie wir ihm durch den Schnee nach Hause folgen. Was meinen Sie, Page? Ist das
30 keine gute Idee?"

„Meine Schuhe sind ungeeignet, Sir."

„Sie brauchen ja nur in meine Fußstapfen zu treten, und ich habe Galo-schen an."

„Das schon, Herr Minister, aber ich möchte die Behauptung wagen, dass
35 die Idee im Prinzip falsch ist. Wenn die Wohlfahrtsbehörden in diesem Fall versagt haben, dann ist es unsere Pflicht, auf dem üblichen Wege vorzu-gehen."

„Sie meinen, wir sollten den zuständigen Parlamentsabgeordneten auffor-dern, sich mit der Fürsorge in Verbindung zu setzen?"

40 „Genau. Dann würde der Fall richtig untersucht werden."

„Das würde aber nicht mehr während der Feiertage sein."

„Frühestens Mitte Januar, würde ich sagen."

„Also würde es diesem Burschen Weihnachten nicht helfen …"

„Nein, Sir. *Dieses* Weihnachten nicht."

45 „Sie haben wahrscheinlich Recht. Schade ist es ja doch, vom Standpunkt der Publicrelations her."

„Die Publicity hätte ohnehin danebengehen können."

„Weil die Situation zu unecht wirkt?"

„Das ist eine Gefahr, die man im Auge haben sollte."

50 „Na schön, lassen wir die ganze Idee fallen. Ziehen Sie doch bitte die Vorhänge zu, Page. Ich möchte jetzt nicht wieder dort hinaussehen. Ich muss das Wohlfahrtsproblem in seiner Gesamtheit studieren und kann mich nicht durch irgendeinen Sonderfall ablenken lassen, auch wenn er noch so traurig ist. Wenn es in unserem System der sozialen Sicherheit Schlupflöcher gibt,
55 dann muss es ein administratives Mittel dagegen geben. Als Basis dafür brauchen wir die Fakten, die Statistiken – beispielsweise die über Unterernährung während der Wintermonate. Es wird Jahre dauern, eine solche Studie auszuarbeiten, aber die Arbeit muss getan werden. Ich werde eine Aktennotiz an den Parlamentarischen Staatssekretär schreiben."

Sprecht über die Motive des „ehrenwerten Ministers Gottfried St. Nikolaus", Holzsammler-Willy zu helfen, und über seinen Entschluss, ihm schließlich doch nicht zu helfen.
Was will der Verfasser kritisieren?
Vergleicht mit dem Text von V. P. Katajew. Sind euch selbst Beispiele von Bürokratismus bekannt? Sucht entsprechende Meldungen aus der Zeitung.

Versucht selbst eine Satire gegen übertriebene Vorschriften und Bürokratismus zu schreiben. Denkt dabei zum Beispiel an:
- *Vorschriften der Schule und Schulverwaltung,*
- *die Straßenverkehrsordnung,*
- *Verbotsschilder,*
- *Bestimmungen, die mit dem Berufsleben zusammenhängen.*

*Allerdurchlauchtigster
Großmächtigster Kaiser und König,
Allergnädigster Kaiser,
König und Herr!*

*Ich bin in tiefster Ehrfurcht geboren im Jahre 1856
und erscheine mit tiefer Huld vor Euerer
Majestät. Ich habe 6 Kinder, das älteste
ist 19 Jahre. Die anderen sind alle
jünger. Diese 6 Kinder habe ich, nachdem
ich meine Militärzeit abgebüßt habe, aufge-
zogen mit dem mir von seiner Majestät
allergnädigst verliehenen Stelafuß.
Gestützt auf das edle Herz Euer Majestät
wanke ich zum Thron und bitte, mein
Altertum angemessen zu versorgen.*

*Alleruntertänigst gehorsamster
Markus Üllacker*

Theodor Storm
Der Beamte

Er reibt sich die Hände: „Wir kriegen's jetzt!
Auch der frechste Bursche spüret
Schon bis hinab in die Fingerspitz,
Dass von oben er wird regieret.

Bei jeder Geburt ist künftig sofort
Der Antrag zu formulieren,
Dass die hohe Behörde dem lieben Kind
Gestatte zu existieren."

Aufklärung

Die Landherrschaft der Marschlande und die Feuer=
kassedeputation setzen auf die Ermittlung der mut=
maßlichen Brandstifter der im September und Okto=
ber d. J. in Allermöhe, Reitbrook und Billwärder
a. d. Bille stattgehabten Brände eine Belohnung von
2500 M. aus. Die Belohnung wird nach Ermessen
der Landherrenschaft ausgezahlt werden, wenn der
oder die Täter so zur Anzeige gebracht werden, dass
ein 20=jähriger Arbeiter mit einer gestohlenen Geige,
die er versetzen wollte, angetroffen und festgenommen;
mehreren eine Bestrafung derselben erfolgen kann.

(um 1900)

Erklärung!

Ich erkläre hiermit Herrn Kohlenhändler Fr.
Hammerschmidt so lange für einen unreellen Ge=
schäftsmann, bis er mir den Städt. Wagschein für die
gelieferten Kohlen beibringt, da er mir am 14. d. M.
von einer Fuhre von 30–35 Ctr. einstweilen 10 Ctr.
lieferte, welche nach einem Nachwiegen kaum 8 Ctr.
ergaben. Außerdem sind eine beträchtliche Menge
Steinkohlen unter die Russkohlen gemischt.
Heidelberg, den 16. Juli 1900

A. Hartnagel

Erklärung!

Auf die Erklärung des Herrn Hartnagel in dem
gestrigen Blatte habe ich zu erwidern, dass dessen
Behauptungen die Thatsachen völlig entstellen, und
dass es insbesondere nicht wahr ist, dass derselbe statt
10 Zentner nur 8 Zentner Kohlen erhalten hat. Hart=
nagel hat über die Kohlen noch keine Rechnung von
mir erhalten. Ich werde den Herrn Hartnagel sofort
gerichtlich belangen und die gerichtliche Entscheidung
öffentlich bekannt geben.
Heidelberg, den 17. Juli 1900

Fr. Hammerschmidt

Christian Morgenstern (1871–1914)
Die Behörde

Korf* erhält vom Polizeibüro
ein geharnischt Formular,
wer er sei und wie und wo.

Welchen Orts er bis anheute war,
welchen Stands und überhaupt,
wo geboren, Tag und Jahr.

Ob ihm überhaupt erlaubt
hier zu leben und zu welchem Zweck,
wie viel Geld er hat und was er glaubt.

Umgekehrten Falls man ihn vom Fleck
in Arrest verführen würde, und
drunter steht: Borowsky, Heck.

Korf erwidert darauf kurz und rund:
„Einer hohen Direktion
stellt sich, laut persönlichem Befund,

untig angefertigte Person
als nichtexistent im Eigen-Sinn
bürgerlicher Konvention

vor und aus und zeichnet, wennschonhin
mitbedauernd nebigen Betreff,
Korf. (An die Bezirksbehörde in –.)“

Staunend liests der anbetroffne Chef.

Korf ist eine Fantasiegestalt Morgensterns, die oft kauzige Ideen hat und auf unübliche Weise reagiert.

Untersucht Brief, Erklärungen, Cartoon und Gedichte unter folgenden Aufgabenstellungen:
- *Einstellung der Personen oder der Behörde,*
- *satirische Absicht/Wirkung,*
- *Textart und sprachliche Eigentümlichkeit,*
- *geschichtlicher Zusammenhang.*

Thaddäus Troll (1914–1980)
Rotkäppchen auf Amtsdeutsch

Im Kinderanfall unserer Stadtgemeinde ist eine hierorts wohnhafte, noch unbeschulte Minderjährige aktenkundig, welche durch ihre unübliche Kopfbekleidung gewohnheitsrechtlich Rotkäppchen genannt zu werden pflegt. Der Mutter besagter R. wurde seitens ihrer Mutter ein Schreiben zustellig
5 gemacht, in welchem dieselbe Mitteilung ihrer Krankheit und Pflegebedürftigkeit machte, worauf die Mutter der R. dieser die Auflage machte, der Großmutter eine Sendung von Nahrungs- und Genussmitteln zu Genesungszwecken zuzustellen.

Vor ihrer Inmarschsetzung wurde die R. seitens ihrer Mutter über das
10 Verbot betreffs Verlassens der Waldwege auf Kreisebene belehrt. Dieselbe machte sich infolge Nichtbeachtung dieser Vorschrift straffällig und begegnete beim Übertreten des amtlichen Blumenpflückverbotes einem polizeilich nicht gemeldeten Wolf ohne festen Wohnsitz. Dieser verlangte in gesetzwidriger Amtsanmaßung Einsichtnahme in das zu Transportzwecken von
15 Konsumgütern dienende Korbbehältnis und traf in Tötungsabsicht die Feststellung, dass die R. zu ihrer verschwägerten und verwandten, im Baumbestand angemieteten Großmutter eilend war.

Da wolfseits Verknappungen auf dem Ernährungssektor vorherrschend waren, fasste er den Entschluss, bei der Großmutter der R. unter Vorlage
20 falscher Papiere vorsprachig zu werden. Weil dieselbe wegen Augenleidens krankgeschrieben war, gelang dem in Fressvorbereitung befindlichen Untier die diesfallsige Täuschungsabsicht, worauf es unter Verschlingung der Bettlägerigen einen strafbaren Mundraub zur Durchführung brachte.

Ferner täuschte das Tier bei der später eintreffenden R. seine Identität mit
25 der Großmutter vor, stellte Ersterer nach und in der Folge durch Zweitverschlingung der R. seinen Tötungsvorsatz erneut unter Beweis.

Der sich auf einem Dienstgang befindliche und im Forstwesen zuständige Waldbeamte B. vernahm Schnarchgeräusche und stellte deren Urheberschaft seitens des Tiermaules fest. Er reichte bei seiner vorgesetzten Dienststelle ein
30 Tötungsgesuch ein, das dortseits zuschlägig beschieden und pro Schuss bezuschusst wurde. Nach Beschaffung einer Pulverschießvorrichtung zu Jagdzwecken gab er in wahrgenommener Einflussnahme auf das Raubwesen einen Schuss ab. Dieses wurde in Fortführung der Raubtiervernichtungsaktion auf Kreisebene nach Empfangnahme des Geschosses ablebig. Die
35 gespreizte Beinhaltung des Totgutes weckte in dem Schussgeber die Vermutung, dass der Leichnam Menschenmaterial beinhalte. Zwecks diesbezüglicher Feststellung öffnete er unter Zuhilfenahme eines Messers den Kadaver zur Totvermarktung und stieß hierbei auf die noch lebhafte R. nebst beigehefteter Großmutter. Durch die unverhoffte Wiederbelebung bemächtigte

40 sich beider Personen ein gesteigertes, amtlich nicht zulässiges Lebensgefühl, dem sie durch groben Unfug, öffentliches Ärgernis erregenden Lärm und Nichtbeachtung anderer Polizeiverordnungen Ausdruck verliehen, was ihre Haftpflichtigmachung zur Folge hatte. Der Vorfall wurde von den kulturschaffenden Gebrüdern Grimm zu Protokoll genommen und stark bekin-

45 derten Familien in Märchenform zustellig gemacht.

Wenn die Beteiligten nicht durch Hinschied abgegangen und in Fortfall gekommen sind, sind dieselben derzeitig noch lebhaft.

Der Verfasser Thaddäus Troll hat ein bekanntes Märchen umgeformt.
Er will mit diesem Text einen bestimmten Bereich des gesellschaftlichen
Lebens kritisieren; nennt Beispiele für die sprachliche Machart. Erklärt,
wie die Sprache dieses Textes die Amtssprache „auf die Schippe nimmt".
Sucht dazu die Wörter heraus, die auch im Märchen genauso vorkommen.
Was haltet ihr von der Kritik des Verfassers? Diskutiert darüber. Unter-
sucht Texte (Vorschriften, Verordnungen, Briefe …) von Behörden heute.

Kennt ihr andere Märchenvariationen?

Lesehinweis⟩ *S. 177–181*

Landesminister um Amtsdeutsch besorgt

Chef des Düsseldorfer Innenressorts mahnt zu verständlicher Ausdrucksweise

Düsseldorf (AP). Nordrhein-Westfalens Innenminister macht sich Sorgen um das Amtsdeutsch. Per Erlass hat er den ihm unterstellten Behörden eine verständliche Sprache angeraten: Statt „der am 20. März 1983 eingegangene Antrag auf Einleitung eines Verfahrens zur Erteilung der Erlaubnis zum Führen eines Kraftfahrzeuges auf öffentlichen Straßen" könne auch einfach und verständlich formuliert werden: „der am 20. März 1983 eingegangene Führerscheinantrag ...", schlägt der Minister seinen Beamten vor.

Nicht nur behördliche Imagepflege hat den Minister bewogen, seine Mitarbeiter zur Pflege der amtlichen Sprache anzuhalten. Mit den Wörten: „Immer wieder wird von denen, die schriftliche Mitteilungen von Verwaltungsstellen erhalten, darüber geklagt, dass diese Schreiben oder Bescheide schwer verständlich seien", versucht der Minister seinen Beamten klarzumachen, warum sie verständlicher schreiben sollen. Sein Erlass ist mit einem Merkblatt der Bundesstelle für Büroorganisation und Bürotechnik versehen, in dem mit Beispielen den Behörden-Mitarbeitern deutlich gemacht wird, wie sie Amtssprache pflegen können. „Sachlich, aber nicht zu trocken", ist eine der Empfehlungen. Statt „Im Verhinderungsfalle wird der Widerspruchsführer gebeten, dies der unterfertigten Dienststelle mitzuteilen", empfiehlt das Merkblatt: „Sollten Sie an der Besprechung nicht teilnehmen können, dann teilen Sie es mir bitte mit." Entbehrliche Fremdwörter, so eine weitere Empfehlung, sollten die Beamten und Angestellten ganz meiden. Die Frage: „Gibt es eine manifeste Symptomatik für verdichtungsorientierte Migrationsprozesse?" könne besser so gestellt werden: „Gibt es offenkundige Anzeichen für eine Zuwanderung in Verdichtungsräume?"

Die Bundesstelle hat noch anderen „Verständniserschwerern" in der Amtssprache nachgespürt. So sollten Verhältniswörter nicht unnötig verfremdet werden. „Unter Zuhilfenahme von" lese sich als einfaches „mit" viel leichter. „Im Hinblick auf" könne auch ganz einfach „wegen" oder „über" heißen. Eine Fülle solcher Empfehlungen ist in dem 38 Seiten starken Merkblatt für eine verständliche Sprche, die dennoch rechtlich einwandfrei sein könne, zusammentragen.

In seinem Erlass „Schriftverkehr mit dem Bürger" forderte der Minister seine Behördenleiter auf, auch ihre Bediensteten zu verständlicher Sprache anzuregen.

„Wichtig ist insbesondere, dass der Verfasser eines amtlichen Schreibens sich immer wieder zu vergegenwärtigen versucht, was beim Empfänger der Mitteilung zu Verständnisschwierigkeiten führen könnte; er sollte sich darum bemühen, sich in die Lage des Bürgers, dem er schreibt, hineinzuversetzen." Er schließt seinen Erlass mit der Mahnung: „Wenn wir uns stets der Bedeutung der Sprache für das Verhältnis der öffentlichen Verwaltung zu den Bürgern des Landes bewusst sind und uns bemühen, amtliche Mitteilungen für den Bürger in möglichst leicht verständlicher Sprache abzufassen, leisten wir einen wichtigen Beitrag zur Verbesserung des Verhältnisses zwischen Bürger und Staat."

(Süddeutsche Zeitung Nr. 247, Okt. 1986)

Erklärt die Überschrift dieses Zeitungsartikels.

Welche Empfehlungen gibt der Minister seinen Mitarbeitern?

Nennt Beispiele für schlechte und gute Amtssprache.

Belegt mit dem Text. Die Unterstreichungen im ersten Abschnitt geben ein Beispiel.

Warum ist es wichtig, dass sich die Beamten immer wieder klarmachen, für wen sie ihre Schreiben verfassen?

Sammelt aus Zeitungen, Vorschriften, amtlichen Verlautbarungen Beispiele für verständliches Deutsch und für schlechtes Amtsdeutsch.

Versucht selbst eine Satire zu einem Zeitungsbericht oder einen Behördenbrief zu verfassen. Nutzt dabei vor allem das Mittel der Übertreibung von Amtsdeutsch. Verschiedene Texte dieser Textreihe bieten euch dazu Hilfen.

Reinhard Mey
Einen Antrag auf Erteilung

1. Mein Verhältnis zu Behörden war nicht immer ungetrübt,
   was allein nur daran lag, dass man nicht kann, was man nicht übt.
   Heute geh ich weltmännisch auf allen Ämtern ein und aus,
   schließlich bin ich auf den Dienstwegen schon so gut wie zu Haus.
   Seit dem Tag, an dem die Aktenhauptverwertungsstelle Nord
   mich per Einschreiben aufforderte: Schicken Sie uns sofort
   einen Antrag auf Erteilung eines Antragsformulars,
   zur Bestätigung der Nichtigkeit des Durchschriftexemplars,
   dessen Gültigkeitsvermerk von der Bezugsbehörde stammt
   zum Behuf der Vorlage beim zuständigen Erteilungsamt.

2. Bis zu jenem Tag wusst ich nicht einmal, dass es so was gab,
   doch wer gibt das schon gern von sich zu, so kramt ich, was ich hab
   an Papier'n und Dokumenten aus dem alten Schuhkarton.
   Röntgenbild, Freischwimmerzeugnis, Parkausweis und Wäschebon.
   Damit ging ich auf ein Amt, aus all den Türen sucht ich mir
   die sympatischste heraus und klopfte an: „Tag, gibt's hier
   einen Antrag auf …"

3. „Tja", sagte der Herr am Schreibtisch, „alles, was Sie wollen, nur
   ich bin hier Vertretung, der Sachbearbeiter ist zur Kur.
   Allenfalls könnte ich Ihnen, wenn Ihnen das etwas nützt,
   die Broschüre überlassen ‚Wie man sich vor Karies schützt'.
   Aber fragen Sie mal den Pförtner, man sagt, der kennt sich hier aus."
   Und das tat ich dann, „ach, bitte, wo bekommt man hier im Haus
   eine Antragsformulierung, die die Nichtigkeit erklärt?
   Für die Vorlage der Gültigkeit, nee halt! Das war verkehrt.
   Dessen Gültigkeitsbehörde im Erteilungszustand liegt …
   Na ja, Sie wissen schon, so'n Zettel, wissen sie, wo man den kriegt?"

4. „Da sind Sie hier ganz und gar verkehrt, am besten ist, Sie gehn
   zum Verlegungsdienst für den Bezirksbereich 10.
   In die Abwertungsabteilung für den Formularausschuss.
   Bloß, beeil'n Se sich ein bisschen, denn um zwei Uhr ist da Schluss.
   Dort bestell'n Se dann dem Pförtner einen schönen Gruß von mir
   und dann kriegen Sie im zweiten Stock, rechts, Zimmer 104
   einen Antrag auf …

5. In der Parkstraße 10 sagte mir der Pförtner: „Ach, zu dumm,
   die auf 104 stell'n seit 2 Wochen auf Computer um,
   und die Nebendienststelle, die sonst Härtefälle betreut,
   ist seit elf Uhr zu, die feiern da ein Jubiläum heut.
   Frau Schlibrowski ist auf Urlaub, tja, da bleibt Ihnen wohl nur,
   es im Neubau zu probier'n, vielleicht hat da die Registratur
   einen Antrag auf …"

6. Ich klopfte, trat ein, und spürte rote Punkte im Gesicht.
   Eine Frau kochte grad Kaffee, sie beachtete mich nicht.
   Dann trank sie genüsslich schlürfend, ich stand dumm lächelnd im Raum,
   schließlich putzte sie ausgiebig einen fetten Gummibaum.
   Ich räusperte mich noch einmal, doch dann schrie ich plötzlich schrill,
   warf mich trommelnd auf den Boden, und ich röchelte: „Ich will
   meinen Antrag auf Erteilung eines Antragsformulars
   zur Bestätigung der Nichtigkeit des Durchschriftexemplars,
   dessen Gültigkeit, ach, wissen Sie, sie rost'ge Gabel, Sie,
   nageln Sie sich Ihr Scheißformular gefälligst selbst vor's Knie."

7. Schluchzend robbt' ich aus der Tür, blieb zuckend liegen, freundlich hob
   mich der Aktenbote auf seinen Aktenkarren und schob
   mich behutsam durch die Flure, spendete mir Trost und Mut.
   „Wir zwei roll'n jetzt zum Betriebsarzt, dann wird alles wieder gut.
   Ich geb nur schnell 'nen Karton Vordrucke bei der Hauspost auf,
   würden Sie mal kurz aufstehen, Sie sitzen nämlich grade drauf. –
   Is'n Posten alter Formulare, die gehn ans Oberverwaltungsamt zurück,
   da soll'n die jetzt eingestampft werden, das sind diese völlig
   überflüssigen Anträge auf Erteilung eines Antragsformulars,
   zur Bestätigung der Nichtigkeit des Durchschriftexemplars,
   dessen Gültigkeitsvermerk von der Bezugsbehörde stammt,
   zum Behuf der Vorlage beim zuständ'gen Erteilungsamt."

STATT

Mit Texten experimentieren

Horst Bienek (1930–1990)
Wörter

  Wörter
 meine Fallschirme
  mit euch
   springe
    ich
    ab

Ich fürchte nicht die Tiefe
  wer euch richtig
    öffnet

  schwebt

Erich Fried (1921–1988)
Anpassung

Gestern fing ich an
sprechen zu lernen
Heute lerne ich schweigen
Morgen höre ich
zu lernen auf

Fasst die Aussage der beiden Gedichte kurz zusammen. Was fällt euch an der Form auf?
Vergleicht mit traditionellen Gedichten, z. B. auf den Seiten 11 und 256.

Schreibt den folgenden Text in ein Gedicht mit freien Versen um.
Macht euch Gedanken darüber, wie ihr die Kernaussage oder für euch wichtige Ausdrücke oder Wörter hervorheben könnt. Formuliert auch eine passende Überschrift.

```
Ich soll mich dreinfügen und nicht fragen,
warum ich das soll, und ich soll nicht
fragen, warum ich nicht fragen soll.
```

Auch dies sind Möglichkeiten, eine Textaussage zu verdeutlichen.
Versucht Erklärungen. Wie stellen die Verfasser „Bedeutung" her?
Mit welchen Mitteln arbeiten sie?

Eugen Gomringer (* 1921)
schweigen

Christian Wagenknecht
Variationen über ein Thema
von Gomringer

schweigen schweigen schweigen
schweigen schweigen schweigen
schweigen   schweigen
schweigen schweigen schweigen
schweigen schweigen schweigen

0 schweigen schweigen schweigen
schweigen schweigen schweigen
schweigen   schweigen
schweigen schweigen schweigen
schweigen schweigen schweigen

1 silencio silencio silencio
silencio silencio silencio
silencio   silencio
silencio silencio silencio
silencio silencio silencio

2 silence silence silence
silence silence silence
silence   silence
silence silence silence
silence silence silence

3 schweigen schweigen schweigen
schweigen schweigen schweigen
schweigen schweigen schweigen
schweigen schweigen schweigen
schweigen schweigen

4 schweigen schweigen schweigen
schweigen   schweigen
schweigen schweigen schweigen

5 schweigen schweigen
schweigen schweigen
schweigen

6 schweigen schweigen
schweigen schweigen
schw

7 se taire   se taire
se taire   se taire
se t

8 leer leer leer
leer   leer
leer leer leer

9 weiß weiß weiß
weiß   weiß
weiß weiß weiß

10 schwarz schwarz schwarz
schwarz schwarz schwarz
schwarz schwarz schwarz

11

12 schwarz schwarz schwarz
schwarz   schwarz
schwarz schwarz schwarz

S T A T T

Konrad Balder Schäuffelen (*1929)

da kannten die soldaten kein pardon mehr!
einer Stadt sitzt die Angst im Nacken

1. die einwohner trauen sich nicht auf die **STRASSE**

2. die einwohner z ^{i} t $_t$ $_e$ ^{r} n

3. die rockers schlagen jeden zusammen

4. die soldaten gehen nur **gru**
ppe
nwe
ise
aus

```
                    G        H  E  I  L
                    E
                    I           I
5. die einwohner greifen zur  S  E  L  B  S  T
                                 F           O
                    H  A  U  E              T
```

6. kampf bis aufs **Messssssss** (mit e oben, r unten)

7. runter mit den langen **H**
aaaaa
aaaa
rr r r
e e e e
n n n n

8. die zeitung he**TZ**t auf

9. das lange haar muss **dr a n**
g
l
a
u
b
e
n

Versucht selbst Variationen zu dem folgenden Text.

Die Wand

Worte
Worte
Worte
Worte
Worte
Worte
Worte
Worte
Worte
Worte
Worte
Worte
Worte
Worte
Worte
Worte
Worte
Worte
Worte
Worte
Worte
Worte
Worte
Worte
Worte
Worte
Worte
ICH   Worte   DU

Vielleicht möchtet ihr die Ich-du-Beziehung auf eine völlig andere Weise darstellen.

STATT

Für das Schreiben von freien Versen gibt es unterschiedliche Möglichkeiten:
- *Großschreibung der Zeilenanfänge*
- *Veränderung der Rechtschreibung (Klein- oder Großschreibung, ohne Satzzeichen)*
- *Verse einrücken*
- *Strophen oder Abschnitte bilden*
- *an der Mittelachse anordnen*
- *Wechsel von kurzen und langen Verszeilen*
- *Wörter oder Wortgruppen in einem Vers oder in einer Strophe anordnen*

Sucht im Lesebuch Beispiele für solche Gestaltungen.

Versucht den folgenden Text anhand freier Verse in die Form eines Gedichtes zu bringen. Begründet eure Entscheidungen. Formuliert Überschriften.

Die Überlebenden planieren die Erde. Sie sorgen für eine schönere Vergangenheit.

Dies sind Möglichkeiten, eine Aussage in eine konzentrierte Form zu fassen:
- *Wiederholung von Wörtern*
- *Wörter oder Wortgruppen oder Satzanfänge wiederholen*
- *ein Leitmotiv durchziehen (z. B. gerecht/rechtzeitig/Rechtsanwalt/rechthaberisch)*
- *mehrdeutige Wörter und Ausdrücke nutzen*
- *die Bedeutung durch die Anordnung von Wörtern ausdrücken*
Der folgende Text stammt von einer Schülerin. Welche der oben genannten Mittel und Möglichkeiten erkennt ihr wieder? Versucht die fehlenden Teile ([…]) zu ergänzen.

```
Keine Zeit

Du hast keine Zeit für deine Hobbys
                - nur noch für ihn
[...]
    Was machst du mit deiner Zeit,
    wenn er keine Zeit mehr für dich hat?
```

Versucht den folgenden Text durch freie Verse in eine konzentriertere Form zu bringen. Gebt eurem Gedicht eine Überschrift.
Wenn es euch sinnvoll erscheint, könnt ihr auch von folgenden Möglichkeiten Gebrauch machen:
• Hervorhebung durch Großschreibung,
• Hervorhebung durch den Drucktyp,
• grafische Gestaltung.

Ich bin mir sicher: Ich mag dich sehr. Vielleicht magst auch du mich ein wenig.

Ihr könnt den Text auch verändern oder zu dem Thema einen neuen Text formulieren und gestalten.

Versucht „coole Sprüche", moderne Redensarten oder kurze Teile aus Erzähltexten, Reden, Kommentaren o. Ä., die euch inhaltlich besonders gehaltvoll erscheinen, in die Form eines Gedichtes zu bringen.

Versucht die folgenden Kürzestgeschichten und Aphorismen mit Hilfe freier Verse in eine andere Form zu bringen. Ihr dürft (vor allem) die (längeren) Texte kürzen und verändern, falls es euch notwendig erscheint. Stellt die jeweilige Kernaussage heraus. Nutzt die oben angegebenen Möglichkeiten.

Liebe hat viele Formen, und die starke schreckt es nicht, dass sie eines Tages vielleicht mit leeren Händen dastehen könnte. (Otto Flake)

Wir können nicht glücklich sein, wenn wir nicht gelernt haben, über uns selber zu lachen. (Dorthy Dix)

Alle Geschöpfe suchen nach dem Glück, lass deshalb dein Mitleid alle umfassen. (Aus dem Spruchbuch der Weltreligionen/Buddhismus)

Geliebt wirst du einzig, wo du schwach dich zeigen darfst, ohne Stärke zu provozieren. (Th. W. Adorno)

S T A T T

Wolf Wondratschek (* 1943)
Der Hundertmarkschein

Eine Frau verkauft auf der Straße einen Hundertmarkschein für fünfundneunzig Mark. Der Geldschein ist echt. Die Passanten machen einen Bogen um die Frau. 15 Minuten später muss sie im Präsidium sehr schwierige Fragen beantworten.

Wolfdietrich Schnurre (1920–1989)
Mutter lässt grüßen

Ausnehmend netten Menschen kennen gelernt. Leider nur im Schweizer Fernsehen kürzlich: den Mann, der die Atombombe über Hiroshima ausgeklinkt hat. Drahtiger Vertreter-Typ; unangefochtenes Baseballspieler-Gesicht. Als Offizier geradlinig die vorgezeichnete Laufbahn beendet. Geht ihm blendend. Skrupel? Nicht doch. Er habe mit jenem Abwurf sein Vaterland verteidigt, meinte er, in Geografie offenbar nicht ganz so wie im Bombenausklinken bewandert. Auf die Bombe hatte er den Namen seiner Mutter geschrieben. Diese hatte man allerdings zu interviewen vergessen.

Franz Kafka (1883–1924)
Kleine Fabel

„Ach", sagte die Maus, „die Welt wird enger mit jedem Tag. Zuerst war sie so breit, dass ich Angst hatte, ich lief weiter und war glücklich, dass ich endlich rechts und links in der Ferne Mauern sah, aber diese langen Mauern eilen so schnell aufeinander zu, dass ich schon im letzten Zimmer bin, und dort im Winkel steht die Falle, in die ich laufe." – „Du musst nur die Laufrichtung ändern", sagte die Katze und fraß sie.

Kritisch betrachtet!

Kurtmartin Magiera
Käme ER heute

Käme ER heute und machte es wie damals –
sähe es so aus?

In den Slums von East-Harlem –
Maria eine Neger-Mammie.
In den Gassen Palermos –
Josef heißt Salvatore.
Im Zelt der Besitzlosen jenseits des Jordan –
Gott, Bruder der Armen.

Elf Quadratmeter für jesusmariaundjosef
im siebenstöckigen Hochhaus
von Wong Tai Sin –
siebentausend Nachbarn sind Hirten unterm
gleichen Dach.

Mietpartei irgendwo im Revier:
Ach so, nur ein Zimmermann!
In einer Vorstadtbaracke, im Gleisdreieck,
in der Kolonie Rote Erde.

Längst ist vergessen:
Auch in Bethlehem gab's Wohnzimmer,
reich gedeckte Tische und Marmor.

Käme ER heute und machte es wie damals –
wie sähe es aus?

*Was ist an diesem Gedicht anders als bei anderen euch bekannten
Weihnachtsgedichten?*
Um welche Absicht geht es dem Verfasser?
Der Verfasser arbeitet mit auffallenden Mitteln.
Schaut euch dazu besonders die Überschrift und die vierte Strophe an.

Versucht selbst einen kritischen Text zum Weihnachtsfest zu verfassen.
Überlegt zuerst, was ihr für kritikwürdig haltet, zum Beispiel:
Heuchelei und falsche Feierlichkeit, Konsum- und Geschenkerummel,
Gegensatz zwischen Reichtum und Armut, fehlendes Verständnis für
die Situation anderer Menschen …

S T A T T

Diese Ansätze und Möglichkeiten stammen von Schülerinnen und Schülern.
Versucht im gleichen Stil weiterzuschreiben, indem ihr ausfüllt oder ergänzt.

Weihnachtsgeschenke

für die kleine Schwester eine Puppe mit langen Haaren
    eine schale reis
für die kleine Schwester ein Fahrrad
    eine schale reis
für den Bruder einen Plattenspieler
[...]
    schalen mit reis

Weihnachten

Fest der Geburt Jesu	– Heuchelei in der Kirche
Fest der Liebe	– Gleichgültigkeit gegen- über Mitmenschen
Fest des Friedens	– Krieg in Krisengebieten
Fest der Familie	– Wer kümmert sich um Alleinstehende?
Fest der Besinnung	– Und vorher: Kaufrausch, Hektik, Stress!
Fest der Geschenke	– Was bekommen die Hun- gernden und Armen?

Und doch [...]

Wann ist Weihnachten?

Wenn die Rüstungsindustrie eine Umsatzsteigerung
von 30 % aufweisen kann?
Wenn es in den Elendsvierteln eine Armenspeisung
gibt?
Wenn die Telefonseelsorge einen weiteren Mitarbeiter einstellt?
Wenn ich dir das wertvolle Geschenk überreiche?

W E R K

Hier parodiert Kästner ein bekanntes Weihnachtslied.
Bezieht die folgende Information auf die beiden Texte.

Bei einer Parodie wird auf komisch-kritische Weise ein ernsthafter Stoff oder Inhalt ins Lächerliche gezogen, wobei durch den neuen Inhaltsbezug auch etwas kritisiert werden soll.

Kästners Text hat noch mehrere Strophen. Wovon könnten sie handeln? Macht euch den zeitlichen Zusammenhang klar, in dem Kästners Gedicht entstanden ist.
Versucht eine Fortsetzung der erstenbeiden Strophen im gleichen Stil.

Morgen, Kinder, wird's was geben!

Morgen, Kinder, wird's was geben,
morgen werden wir uns freu'n;
welch ein Jubel, welch ein Leben
wird in unserm Hause sein!
Einmal werden wir noch wach,
heissa, dann ist Weihnachtstag.

Wie wird dann die Stube glänzen
von der hellen Lichter Zahl,
schöner als bei frohen Tänzen
ein geputzter Kronensaal!
Wisst ihr noch vom vor'gen Jahr.
wie's am heil'gen Abend war?

Welch ein schöner Tag ist morgen!
Neue Freude hoffen wir.
Unsre guten Eltern sorgen
lange, lange schon dafür.
O, gewiss, wer sie nicht ehrt,
ist der ganzen Lust nicht wert!

Erich Kästner (1899–1974) Weihnachtslied, chemisch gereinigt

(Nach der Melodie:
„ Morgen, Kinder, wird's was geben!")

Morgen, Kinder, wird's nichts geben!
Nur wer hat, kriegt noch geschenkt.
Mutter schenkte euch das Leben.
Das genügt, wenn man's bedenkt.
Einmal kommt auch eure Zeit.
Morgen ist's noch nicht so weit.

Lauft ein bisschen durch die Straßen!
Dort gibt's Weihnachtsfest genug.
Christentum, vom Turm geblasen,
macht die kleinsten Kinder klug.
Kopf gut schütteln vor Gebrauch!
Ohne Christbaum geht es auch.

[...]

STATT

Märchenparodien im Stile von …

Schaut euch die Märchenparodie auf Seite 161 an. (Rotkäppchen auf Amtsdeutsch)
Was wird verändert? Was wird kritisiert?
Hier ist der Anfang einer anderen Variation.
Macht euch klar, mit welchen Sprachmitteln die Verfasser jeweils die Vorlage parodieren.
Versucht in dem gleichen Stil weiterzuschreiben.

Thaddäus Troll (1914–1980)

Es war einmal ein Kind, das hieß Rotkäppchen, weil es kein Käppchenmuffel war, sondern stets ein hautverträgliches Hütchen trug, das war röter als das röteste Rot unseres Lebens, dazu kochecht, absolut waschmaschinenfest, mit doppeltem Mittelstück und patentiertem Verschluss. Zu dem sprach die Mutter, eine nicht alltägliche Frau, die Kenner schätzen, da Skunksin ihr einen reinen Atem verleiht: „Mach mal Pause, pack den Tiger in den Tank und geh meilenweit zur rieselfreudigen Großmutter, denn sie ist krank, weil sie nicht bei der Mesallina Sach und Leben versichert ist." […]

Stefan Heym (* 1913)

Rotkäppchen wurde sehr bald zum bekanntesten Rotkäppchen im Lande und von überall her kamen die Leute angereist und wollten es sehen, sogar aus der Hauptstadt, und sie wollten hören, wie das Rotkäppchen die Geschichte erzählte, und viele stellten Fragen, die das Rotkäppchen alle geduldig beantwortete; zum Beispiel wollten sie wissen, wie es denn gewesen wäre in dem Bauch vom Wolf.

„Eng und dunkel", sagte das Rotkäppchen, „und auch ein bisschen glitschig." – Ja, wollten die Leute wissen, ob es denn gar keine Angst gehabt
habe? […]

Lesehinweis › *Lest auch in der Sequenz „Absichten erkennen – kritisch lesen".*

Friedrich Karl Waechter (* 1937)

Es war einmal ein Wolf, der hatte schwarze Füße, einen schwarzen Leib, einen schwarzen Schwanz und einen schwarzen Kopf. Nur hinter den Ohren war er ein wenig rot, und deshalb nannten ihn alle Rotkäppchen.

Eines Tages rief ihn seine Tochter: „He, Rotkäppchen, hier hab ich ein Stücklein Wein und eine Flasche voll Kuchen, geh und bring das dem Großpapa, der ist kerngesund und ärgert sich bestimmt darüber. Aber lauf schön durch den Wald und komm nicht auf den Weg, auf dem das kleine, dicke Mädchen spazieren geht, du wirst dir sonst den Magen an ihm verderben." […]

Versucht auch andere Märchen der Brüder Grimm umzuschreiben und zu verändern.
Es gibt unterschiedliche Möglichkeiten:
* *eine andere Vorgeschichte erfinden,*
* *Personen verändern und Parteien vertauschen,*
* *die Perspektive (Sichtweise) verändern,*
* *einen neuen Schluss oder eine Fortsetzung schreiben,*
* *Textart verändern,*
* *die Schreibabsicht verändern,*
* *Märchenmotive und -figuren vermischen,*
* *besondere „Sprachen" benutzen.*

Iring Fetscher (* 1922)
Die Geiß und die sieben jungen Wölflein

Es war einmal eine glückliche und zufriedene Wolfsfamilie. Vater Wolf, Mutter Wolf und sieben kleine Wolfskinder, die als Siebenlinge zur Welt gekommen waren und noch nicht allein in den Wald gehen durften.

Eines Tages, als Vater Wolf schon auf Arbeit gegangen war, sagte Mutter Wolf zu ihren Kindern: „Kinder, ich muss heute zum Bettenhaus ,Moos und Flechte' gehen, um für euch neue Betten zu kaufen, denn die alten sind ganz durchgelegen und nicht mehr bequem, von anderen Mängeln ganz zu schweigen. Seid schön brav, und geht nicht aus der Höhle, während ich weg bin, man weiß nie, wer durch den Wald kommt: Jäger, Polizisten, Soldaten oder andere bewaffnete Leute, die es mit jungen Wölfen nicht gut meinen. Gegen Mittag werde ich wiederkommen und allen, die brav gewesen sind, etwas Schönes mitbringen." […]

STATT

Heinz Erhardt (1909–1979)
Das Eingemachte der Witwe Lehmann

(Nach einer Story der Grimm Brothers)

   Es war einmal ein armer Bauer. Er besaß nichts als vier Tiere: einen Esel, der immer beleidigt war, wenn man ihn so nannte, einen Hund, der es übel nahm, wenn man ihm etwas vorwarf – außer Knochen natürlich –, einen Kater, der fast blind war, weil er seine Brille verloren hatte und der Bauer ihm keine neue kaufen konnte, und einen Hahn, der – und das war das Schlimmste! – demnächst in den Kochtopf sollte nach dem Motto: Da kocht der alte Suppenhahn, den wir noch gestern huppen sahn …

Heinz Erhardt (1909–1979)
Der alte Wolf

Auch'n Märchen

Der Wolf, verkalkt und schon fast blind,
traf eine junge Dame:
„Bist du nicht *Rotkäppchen,* mein Kind?"
Da sprach die Dame: „Herr, Sie sind – – –!
Schneewittchen ist mein Name!"

„*Schneewittchen?* Ach, dann bist du die
mit diesen *7 Raben?*"
Sie antwortete: „Lassen Sie
sich lieber gleich begraben!
Mit *7 Zwergen* hatt ich mal
zu tun – das waren nette …!"
„Ach ja! Du durftest nicht zum Ball,
und *Erbsen* waren nicht dein Fall,
besonders nicht im Bette …!"

179

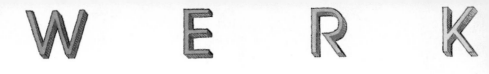

Elke Kahlert/Friedrich Kohlsaat

Jetzt rede ich. Endlich die Wahrheit über den Wolf und die sieben Geißlein

(Unser fliegender Reporter Ronald Eichelhäher sprach mit Herrn Wolf)

Reporter: Herr Wolf, wir freuen uns, dass Sie sich bereit erklärt haben zu reden. Die Geschichte hat ja damals viel Staub aufgewirbelt. Nun endlich sollen unsere Leser die volle Wahrheit über Sie und die sieben Geißlein erfahren. Also, Herr Wolf, wie war es wirklich?

Wolf: An der dummen Geschichte ist ja eigentlich überhaupt nichts dran. Es gab damals zwei Reporter, die mich schwer verleumdet ha-

ben. Sie wissen es vielleicht, es handelte sich um zwei Brüder, Grimm hießen sie. Den Namen werde ich mein Lebtag nicht vergessen, denn die haben mir die ganze Sache eingebrockt. Es war alles reine Sensationsmache, denn dass ich versucht haben soll, sieben Geißlein zu ermorden, also, ich bitte Sie, Herr Eichelhäher, sehe ich wie ein Mörder aus?

Reporter: Nein, nein, Herr Wolf, aber bitte sprechen Sie weiter.

Wolf: Das war so. [...]

Gericht sprach den bösen Märchen-Wolf frei

Prozess in Venedig bürdete Rotkäppchen die Schuld am ganzen Unglück auf

Venedig (dpa/AP). Ein „Gericht" in Venedig hat mit der Legende des „bösen Wolfs" im Märchen vom Rotkäppchen gebrochen. Acht Schöffen sprachen den „Angeklagten" am Wochenende frei, da die ihm angelasteten Taten keinen Straftatbestand erfüllten.

Namhafte Juristen der Lagunenstadt hatten den „Prozess" mit echten Staatsanwälten, Rich-

tern und Verteidigern organisiert, um das weltberühmte Märchen einer kriminalistischen Untersuchung zu unterziehen. Die „Anklage" hatte eine lebenslange Freiheitsstrafe für den Wolf, unter anderem wegen Freiheitsberaubung, Vergewaltigung und Mordes in mehreren Fällen beantragt. [...]

Ordnet die Anfänge den oben auf S. 178 angegebenen Möglichkeiten zu. Sucht euch einen Anfang aus und schreibt ihn weiter: Achtet darauf, dass der Text stimmig bleibt (z. B. Sprechstil, Textart).

Ihr könnt auch noch andere Varianten versuchen, zum Beispiel:
- *Sensationsbericht in einer Boulevardzeitung*
- *Kitsch-Geschichte*
- *Politthriller*
- *Krimi*
- *skurrile und komische Verdrehungen*

Heinz Langer, Der Wolf und die sieben Geißlein

Die Satire will Negatives zur Sprache bringen, kritisieren und angreifen. Es kann sich dabei um ein ganz unterschiedliches Fehlverhalten handeln: individuelle persönliche Fehler, Fehler einer Behörde, einer Gruppe, einer Gesellschaft.

Satiriker üben ihre Kritik nicht auf direkte, sondern eher auf indirekte Weise. Sie bedienen sich dabei verschiedener Mittel: Sie übertreiben, sie machen das lächerlich, was sie für kritikbedürftig halten und daher verändern möchten, sie stellen oft völlig anders und ungewohnt dar und setzen für ihre Absicht das Mittel der Ironie ein.

Auch das folgende Gedicht von Eugen Roth enthält Satirisches. Erläutert.

Eugen Roth (1895–1976)
Das Sprungbrett

Ein Mensch, den es nach Ruhm gelüstet,
Besteigt, mit großem Mut gerüstet,
Ein Sprungbrett – und man denkt, er liefe
Nun vor und spränge in die Tiefe,
Mit Doppelsalto und dergleichen
Der Menge Beifall zu erreichen.
Doch lässt er, angestaunt von vielen,
Zuerst einmal die Muskeln spielen,
Um dann erhaben vorzutreten,
Als gälts, die Sonne anzubeten.
Ergriffen schweigt das Publikum –
Doch er dreht sich gelassen um
Und steigt, fast möcht man sagen, heiter
Und voll befriedigt von der Leiter.
Denn, wenn auch scheinbar nur entschlossen,
Hat er doch sehr viel Ruhm genossen,
Genau genommen schon den meisten –
Was sollt er da erst noch was leisten?

Versucht das Gedicht in eine andere satirische Form umzuschreiben, zum Beispiel in eine Erzählung, einen Bericht, eine Sportreportage.

> Lesehinweis

Satiren findet ihr in verschiedenen Textreihen des Lesebuchs. Schaut im Textartenverzeichnis unter dem Stichwort „Satire" nach.

S T A T T

Für das Schreiben von Satiren bieten sich viele Bereiche an, die kritik-
bedürftig sind, zum Beispiel:
- religiöse Feste und Konsum,
- Umweltprobleme,
- Leben in der Stadt,
- Unterricht und Schule,
- Verhältnis zu Behörden,
- Erlasse und Verordnungen,
- Tourismus.

Satiren lassen sich in unterschiedlichen Formen verfassen, zum Beispiel
als Berichte, Erzählungen, Reportagen, Witze, Tiergeschichten, Fabeln,
Märchen, Dialoge ...

Hier hat sich eine Schülerin versucht:

Grundregeln für den selbstbewussten Konsumenten

1. Zigaretten grundsätzlich nach dem Rauchen fallen lassen!
In Mülleimern bieten sie einen weniger ästhetischen Anblick
als am Wegesrand. Und: Ausgedrückte Zigaretten könnte man
leicht übersehen, weil der Leuchteffekt fehlt. Dies gibt
insbesondere in trockenen Zeiten im Wald.

2. Nach einem Picknick in der herrlichen Natur auf jeden
Fall alle Essens- und Verpackungsreste liegen lassen!
Wo kämen wir denn hin, wenn wir den Platz sauber verließen?
Niemand soll sich erdreisten, nach uns noch einmal
diesen Fleck der Natur zu genießen.

3. Waschen ...
4. Autofahren ...
5. Im Garten ...

Petra

Versucht die Punkte 3–5 auszuführen. Der Text lässt sich auch noch durch
zusätzliche Punkte erweitern.
Schreibt selbst eine Satire zu einem Bereich, den ihr aus eurer Erfahrung
heraus als besonders kritikbedürftig anseht.
Überlegt euch:
- was ihr auszusetzen habt und angreifen möchtet,
- wie ihr dies auf eine indirekte Weise tun könntet.

Wann ist denn endlich Frieden?

John Keane, Mickey Mouse at the Front, 1991

Friedrich von Logau (1604–1655)
Des Krieges Buchstaben

K ummer, der das Mark verzehret,
R aub, der Hab und Gut verheeret,
J ammer, der den Sinn verkehret,
E lend, das den Leib beschweret,
G rausamkeit, die Unrecht lehret –
   sind die Frucht, die Krieg gewähret.

Friedrich von Logau hat in seinem Leben die Schrecken des Dreißigjährigen Krieges (1618–1648) kennen gelernt.
Überlegt, ob die Aussage dieses Gedichtes auch heute noch gilt.

Wie gestaltet der Autor seinen Text? Beachtet dazu auch Überschrift und Signalwörter. Welche Wirkung übt er dadurch auf den Leser aus?

Ihr könntet den Text neu gestalten, zum Beispiel ihn als Plakat oder Aufruf gegen den Krieg auffassen und bestimmte Wörter durch Farbe, Schriftart, Schriftgröße hervorheben.

Versucht ein ähnliches Gedicht zum Stichwort F R I E D E N .

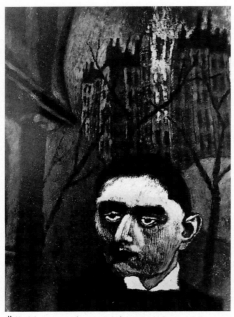
Ölbild von Helmut Diekmann, Georg Heym

Georg Heym wurde 1887 in Schlesien geboren. Der aus einer Beamten- und Pastorenfamilie stammende Schriftsteller studierte Rechtswissenschaft. Er ertrank 1912 beim Eislaufen in der Havel. Heym versuchte wiederholt aus dem normalen bürgerlichen Leben auszubrechen.

Georg Heym (1887–1912)
Der Krieg

Aufgestanden ist er, welcher lange schlief,
Aufgestanden unten aus Gewölben tief.
In der Dämmerung steht er, groß und unbekannt,
Und den Mond zerdrückt er in der schwarzen Hand.

In den Abendlärm der Städte fällt es weit,
Frost und Schatten einer fremden Dunkelheit.
Und der Märkte runder Wirbel stockt zu Eis.
Es wird still. Sie sehn sich um. Und keiner weiß.

In den Gassen fasst es ihre Schultern leicht.
Eine Frage. Keine Antwort. Ein Gesicht erbleicht.
In der Ferne zittert ein Geläute dünn,
Und die Bärte zittern um ihr spitzes Kinn.

Auf den Bergen hebt er schon zu tanzen an,
Und er schreit: „Ihr Krieger alle, auf und an!"
Und es schallet, wenn das schwarze Haupt er schwenkt,
Drum von tausend Schädeln laute Kette hängt.

Einem Turm gleich tritt er aus die letzte Glut,
Wo der Tag flieht, sind die Ströme schon voll Blut.
Zahllos sind die Leichen schon im Schilf gestreckt,
Von des Todes starken Vögeln weiß bedeckt.

In die Nacht er jagt das Feuer querfeldein,
Einen roten Hund mit wilder Mäuler Schrein,
Aus dem Dunkel springt der Nächte schwarze Welt,
Von Vulkanen furchtbar ist ihr Rand erhellt.

Und mit tausend hohen Zipfelmützen weit
Sind die finstren Ebnen flackernd überstreut,
Und was unten auf den Straßen wimmelnd flieht,
Stößt er in die Feuerwälder, wo die Flamme brausend zieht.

Und die Flammen fressen brennend Wald um Wald,
Gelbe Fledermäuse, zackig in das Laub gekrallt,
Seine Stange haut er wie ein Köhlerknecht
In die Bäume, dass das Feuer brause recht.

Eine große Stadt versank in gelbem Rauch,
Warf sich lautlos in des Abgrunds Bauch.
Aber riesig über glühnden Trümmern steht,
Der in wilde Himmel dreimal seine Fackel dreht.

Über sturmzerfetzter Wolken Widerschein,
In des toten Dunkels kalten Wüstenein,
Dass er mit dem Brande weit die Nacht verdorr,
Pech und Feuer träufelt unten auf Gomorrh.

Arbeitet heraus,
- *wie der Krieg dargestellt wird,*
- *was er „macht",*
- *welche sprachlichen Mittel der Autor zur Charakterisierung verwendet.*

Beachtet vor allem die Verben. Sprecht auch über die Bedeutung der bildhaften Ausdrücke.
Wie sieht Heym das Verhältnis der Menschen zum Krieg?
Belegt eure Aussagen.
Beschreibt und deutet zusammenfassend den Text.

Detlev von Liliencron (1844–1909)
Wer weiß wo?

Auf Blut und Leichen, Schutt und Qualm,
Auf rosszerstampften Sommerhalm
Die Sonne schien.
Es sank die Nacht. Die Schlacht ist aus,
Und mancher kehrte nicht nach Haus
Einst von Kolin.

Ein Junker auch, ein Knabe noch,
Der heut das erste Pulver roch,
Er musste dahin.
Wie hoch er auch die Fahne schwang,
Der Tod in seinen Arm ihn zwang,
Er musste dahin.

Ihm nahe lag ein frommes Buch,
Das stets der Junker bei sich trug,
Am Degenknauf.
Ein Grenadier von Bevern fand
Den kleinen erdbeschmutzten Band
Und hob ihn auf.

Und brachte heim mit schnellem Fuß
Dem Vater diesen letzten Gruß,
Der klang nicht froh.
Dann schrieb hinein die Zitterhand:
„Kolin. Mein Sohn verscharrt im Sand.
Wer weiß wo."

Und der gesungen dieses Lied
Und der es liest, im Leben zieht
Noch frisch und froh.
Doch einst bin ich und bist auch du
Verscharrt im Sand zur ewgen Ruh,
Wer weiß wo.

Walter Höllerer (*1922)
Der lag besonders mühelos am Rand

Der lag besonders mühelos am Rand
Des Weges. Seine Wimpern hingen
Schwer und zufrieden in die Augenschatten.
Man hätte meinen können, dass er schliefe.

Aber sein Rücken war (wir trugen ihn,
Den Schweren, etwas abseits, denn er störte sehr
Kolonnen, die sich drängten), dieser Rücken
War nur ein roter Lappen, weiter nichts.

Und seine Hand (wir konnten dann den Witz
Nicht oft erzählen, beide haben wir
Ihn schnell vergessen) hatte, wie ein Schwert,
Den hart gefrorenen Pferdemist gefasst,

Den Apfel, gelb und starr,
Als wär es Erd oder auch ein Arm
Oder ein Kreuz, ein Gott: Ich weiß nicht was.
Wir trugen ihn da weg und in den Schnee.

Vergleicht die beiden Texte unter inhaltlichen Gesichtspunkten.
Wie werden der Tod, das Sterben eines Soldaten jeweils dargestellt?
Beachtet die Lebensdaten der Autoren: Detlev von Liliencron lebte von
1844 bis 1909. Walter Höllerer ist 1922 geboren, seine Dichtung ist deutlich
durch seine Erfahrungen im Zweiten Weltkrieg geprägt. Stellt bei eurem
Vergleich auch die Form der beiden Texte gegenüber (zum Beispiel:
Aufbau, Reim, Bilder …).

August Stramm (1874–1915)
Patrouille

Die Steine feinden
Fenster grinst Verrat
Äste würgen
Berge Sträucher blättern raschlig
Gellen
Tod.

Beschreibt, was an diesem Text auffällig und anders ist.
Welche Absichten und Wirkungen werden deutlich?
Macht euch die Aussageabsicht klar. Bedenkt dabei, dass der Autor dieses
Gedicht als Soldat im Ersten Weltkrieg geschrieben hat; er ist bereits im
Jahre 1915 gefallen.

Rainer Brambach (1917–1983)
Paul

Neunzehnhundertundsiebzehn
an einem Tag unter Null geboren

rannte er wild über den Kinderspielplatz
fiel, und rannte weiter

den Ball wegwerfend über den Schulhof,
fiel, und rannte weiter

Das Gewehr im Arm über das Übungsgelände,

fiel, und rannte weiter

an einem Tag unter Null in ein russisches Sperrfeuer

und fiel.   Ⓡ

Findet die Stationen auf Pauls Lebensweg heraus.
Benennt die sprachlichen Mittel, die Brambach hier verwendet.
Erläutert auch die Ausdrücke „an einem Tag unter Null" und „fiel".
Stellt einen Zusammenhang zwischen den sprachlichen Mitteln und der
Aussageabsicht des Autors her.

190

Wolfgang Borchert (1921–1947)
An diesem Dienstag

Die Woche hat einen Dienstag.
Das Jahr ein halbes Hundert.
Der Krieg hat viele Dienstage.

An diesem Dienstag
übten sie in der Schule die großen Buchstaben. Die Lehrerin hatte eine Brille mit dicken Gläsern. Die hatten keinen Rand. Sie waren so dick, dass die Augen ganz leise aussahen.
Zweiundvierzig Mädchen saßen vor der schwarzen Tafel und schrieben mit großen Buchstaben:
DER ALTE FRITZ HATTE EINEN TRINKBECHER AUS BLECH. DIE DICKE BERTA SCHOSS BIS PARIS. IM KRIEGE SIND ALLE VÄTER SOLDAT.
Ulla kam mit der Zungenspitze bis an die Nase. Da stieß die Lehrerin sie an. Du hast Krieg mit ch geschrieben, Ulla. Krieg wird mit g geschrieben. G wie Grube. Wie oft habe ich das schon gesagt. Die Lehrerin nahm ein Buch und machte einen Haken hinter Ullas Namen. Zu morgen schreibst du den Satz zehnmal ab, schön sauber, verstehst du? Ja, sagte Ulla und dachte: Die mit ihrer Brille.
Auf dem Schulhof fraßen die Nebelkrähen das weggeworfene Brot.

An diesem Dienstag
wurde Leutnant Ehlers zum Bataillonskommandeur befohlen.
Sie müssen den roten Schal abnehmen, Herr Ehlers.
Herr Major?
Doch, Ehlers. In der Zweiten ist so was nicht beliebt.
Ich komme in die zweite Kompanie?
Ja, und die lieben so was nicht. Da kommen Sie nicht mit durch. Die Zweite ist an das Korrekte gewöhnt. Mit dem roten Schal lässt die Kompanie Sie glatt stehen. Hauptmann Hesse trug so was nicht.
Ist Hesse verwundet?
Nee, er hat sich krankgemeldet. Fühlte sich nicht gut, sagte er. Seit er Hauptmann ist, ist er ein bisschen flau geworden, der Hesse. Versteh ich nicht. War sonst immer so korrekt. Na ja, Ehlers, sehen Sie zu, dass Sie mit der Kompanie fertig werden. Hesse hat die Leute gut erzogen. Und den Schal nehmen Sie ab, klar?
Türlich, Herr Major.
Und passen Sie auf, dass die Leute mit den Zigaretten vorsichtig sind. Da muss ja jedem anständigen Scharfschützen der Zeigefinger jucken, wenn er

diese Glühwürmchen herumschwirren sieht. Vorige Woche hatten wir fünf Kopfschüsse. Also passen Sie ein bisschen auf, ja?

Jawohl, Herr Major.

Auf dem Wege zur zweiten Kompanie nahm Leutnant Ehlers den roten Schal ab. Er steckte eine Zigarette an. Kompanieführer Ehlers, sagte er laut.

Da schoss es.

An diesem Dienstag

sagte Herr Hansen zu Fräulein Severin:

Wir müssen dem Hesse auch mal wieder was schicken, Severinchen. Was zu rauchen, was zu knabbern. Ein bisschen Literatur. Ein paar Handschuhe oder so was. Die Jungens haben einen verdammt schlechten Winter draußen. Ich kenne das. Vielen Dank. Hölderlin vielleicht, Herr Hansen?

Unsinn, Severinchen, Unsinn. Nein, ruhig ein bisschen freundlicher. Wilhelm Busch oder so. Hesse war doch mehr für das Leichte. Lacht doch gern, das wissen Sie doch. Mein Gott, Severinchen, was kann dieser Hesse lachen!

Ja, das kann er, sagte Fräulein Severin.

An diesem Dienstag

trugen sie Hauptmann Hesse auf einer Bahre in die Entlausungsanstalt. An der Tür war ein Schild:

OB GENERAL, OB GRENADIER:
DIE HAARE BLEIBEN HIER.

Er wurde geschoren. Der Sanitäter hatte lange dünne Finger. Wie Spinnenbeine. An den Knöcheln waren sie etwas gerötet. Sie rieben ihn mit etwas ab, das roch nach Apotheke. Dann fühlten die Spinnenbeine nach seinem Puls und schrieben in ein dickes Buch: Temperatur 41,6, Puls 116. Ohne Besinnung. Fleckfieberverdacht. Der Sanitäter machte das dicke Buch zu. Seuchenlazarett Smolensk stand da drauf. Und darunter: Vierzehnhundert Betten.

Die Träger nahmen die Bahre hoch. Auf der Treppen pendelte sein Kopf aus den Decken heraus und immer hin und her bei jeder Stufe. Und kurz geschoren. Und dabei hatte er immer über die Russen gelacht. Der eine Träger hatte Schnupfen.

An einem Dienstag

klingelte Frau Hesse bei ihrer Nachbarin. Als die Tür aufging, wedelte sie mit dem Brief. Er ist Hauptmann geworden. Hauptmann und Kompaniechef, schreibt er. Und sie haben über 40 Grad Kälte. Neun Tage hat der Brief gedauert. An Frau Hauptmann Hesse hat er oben drauf geschrieben.

Sie hielt den Brief hoch. Aber die Nachbarin sah nicht hin. 40 Grad Kälte, sagte sie, die armen Jungs. 40 Grad Kälte.

An einem Dienstag
fragte der Oberfeldarzt den Chefarzt des Seuchenlazarettes Smolensk: Wie
viel sind es jeden Tag?
Ein halbes Dutzend.
Scheußlich, sagte der Oberfeldarzt.
Ja, scheußlich, sagte der Chefarzt.
Dabei sahen sie sich nicht an.

An diesem Dienstag
schrieb Schwester Elisabeth an ihre Eltern: Ohne Gott hält man das gar nicht
durch. Aber als der Unterarzt kam, stand sie auf. Er ging so krumm, als
trüge er ganz Russland durch den Saal.
Soll ich ihm noch was geben?, fragte die Schwester.
Nein, sagte der Unterarzt. Er sagte das so leise, als ob er sich schämte.
Dann trugen sie Hauptmann Hesse hinaus. Draußen polterte es. Die
bumsen immer so. Warum können sie die Toten nicht langsam hinlegen.
Jedes Mal lassen sie sie so auf die Erde bumsen. Das sagte einer. Und sein
Nachbar sang leise:

> Zicke zacke juppheidi
> Schneidig ist die Infanterie.

Der Unterarzt ging von Bett zu Bett. Jeden Tag. Tag und Nacht. Tagelang.
Nächte durch. Krumm ging er. Er trug ganz Russland durch den Saal.
Draußen stolperten zwei Krankenträger mit einer leeren Bahre davon.
Nummer 4, sagte der eine. Er hatte Schnupfen.

An diesem Dienstag
saß Ulla abends und malte in ihr Schreibheft mit großen Buchstaben:
IM KRIEG SIND ALLE VÄTER SOLDAT.
IM KRIEG SIND ALLE VÄTER SOLDAT.
Zehnmal schrieb sie das. Mit großen Buchstaben. Und Krieg mit G. Wie
Grube.

*Charakterisiert die Einstellung der einzelnen Menschen (Ulla, Lehrerin,
Nachbarin, Oberarzt ...) zum Krieg. Weist diese an Einzelheiten des Textes
nach.*
*Sprecht auch über den Aufbau des Textes, die Überschrift, die Textart
(Kurzgeschichte).*

*In diesem Lesebuch stehen noch weitere Texte von Wolfgang Borchert.
Informiert euch im Autoren- und Quellenverzeichnis.*

*Informiert euch darüber hinaus über das Leben Wolfgang Borcherts und
seine Erfahrungen im Krieg.
Achtet bei einer schriftlichen Beschreibung und Deutung auf Kriterien wie
Inhalt, Personen, Aufbau, Überschrift, Satzbau, Wiederholung, Sprachgebrauch, sprachliche Machart, Textart …*

Marie Luise Kaschnitz (1901–1974)
Hiroshima

Der den Tod auf Hiroshima warf
Ging ins Kloster, läutet dort die Glocken.
Der den Tod auf Hiroshima warf
Sprang vom Stuhl in die Schlinge, erwürgte sich.
Der den Tod auf Hiroshima warf
Fiel in Wahnsinn, wehrt Gespenster ab
Hunderttausend, die ihn angehen nächtlich
Auferstandene aus Staub für ihn.

Nichts von alledem ist wahr.
Erst vor kurzem sah ich ihn
Im Garten seines Hauses vor der Stadt.
Die Hecken waren noch jung und die Rosenbüsche zierlich.
Das wächst nicht so schnell, daß sich einer verbergen könnte
Im Wald des Vergessens. Gut zu sehen war
Das nackte Vorstadthaus, die junge Frau
Die neben ihm stand im Blumenkleid
Das kleine Mädchen an ihrer Hand
Der Knabe, der auf seinem Rücken saß
Und über seinem Kopf die Peitsche schwang.
Sehr gut erkennbar war er selbst
Vierbeinig auf dem Grasplatz, das Gesicht
Verzerrt von Lachen, weil der Photograph
Hinter der Hecke stand, das Auge der Welt. ®

*Erklärt die Überschrift. Informiert euch, wenn nötig, im Lexikon. Wie wird
der Mann dargestellt, der „den Tod auf Hiroshima warf"? Erklärt, was mit
dem bildhaften Ausdruck „Im Wald des Vergessens" gemeint sein könnte.
Diskutiert das mögliche Anliegen der Autorin.*

Günter Kunert (* 1929)
Der Schatten

In Hiroshima zeigt man einen Brückenbogen,
Daran der Schatten eines Menschen ist.
Der diesen Schatten warf, der fehlt, und wisst:
Seitdem die Überbombe kam geflogen.

Sie barst. Und einer Sonne Hitzewogen
Verdampften jenen schnell und ohne Frist
Für Abschiedsworte, die die Welt vergisst,
Und von ihm blieb, was in den Stein gezogen.

Doch wer der Unbekannte einmal war,
Weiß keiner, denn in seiner Todesstunde
Starb ebenfalls die Stadt mit Haut und Haar.

Dass nicht gleich ihm wir gehen so zugrunde,
Spricht uns sein stummer Schatten von Gefahr:
Wir sind das Fleisch. Er ist die offene Wunde.

Ich bedaure absolut nichts

Gespräch mit Paul W. Tibbets, dem Atombomber-Piloten von Hiroshima

Der Atombomber-Pilot von Hiroshima, Paul W. Tibbets, hat sich nach dem
Krieg einige Male zu seinem Einsatz am 6. August 1945 geäußert. Zeichen
von Reue, Scham oder Mitgefühl mit den vielen Opfern ließ Tibbets nicht erkennen. Dafür ließ er sich mit Überlebenden fotografieren, als Beleg einer ma-
5 kabren „Versöhnung". Das folgende Interview entstand am 26. August 1981.
   Frage: Wie denken Sie heute über die Bombardierung von Hiroshima und
über Ihren Auftrag – bedauern Sie es?
   Tibbets: Ich bedaure absolut nichts. Zum Zeitpunkt des Bombenabwurfs war
ich von seiner Notwendigkeit überzeugt und daran hat sich bis heute nichts
10 geändert.
   Frage: Warum wurden nicht militärische Ziele gewählt, warum wurde die
Bombe auf eine Großstadtbevölkerung geworfen?
   Tibbets: Wenn Sie sich die Mühe machen würden, einmal zurückzublättern
in die Kriegsgeschichte, dann würden Sie sehen, dass Hiroshima und Naga-
15 saki in Wirklichkeit militärische Ziele waren. Genau dort hatten die Japaner

ihre Truppen und ihren Nachschub konzentriert, um sich gegen eine Invasion zu schützen.

Frage: Vielleicht gab es auch militärische Ziele – Tatsache ist aber, dass fast eine Viertelmillion Menschen sterben mussten.

20 *Tibbets:* Ich glaube nicht, dass so viele getötet wurden. Vielleicht darf ich Ihnen mal erzählen, was der *US Strategic Bombing Survey* dazu sagt. Nämlich, dass in Tokio und Yokohama durch Brandbomen viel mehr Menschen ums Leben gekommen sind. Aber mit dem Unterschied, dass in diesen beiden Städte die Menschen im Verlauf mehrerer Monate starben. In Hiroshima
25 und Nagasaki geschah alles in einem einzigen Augenblick.

Frage: War der Abwurf der Atombombe für die Amerikaner nicht nur ein demonstrativer Akt – das Kriegsende war doch abzusehen und die Japaner waren doch sowieso am Ende.

Tibbets: Na ja, 36 Jahre später ist es leicht, Alternativen anzubieten. Ich
30 kann nur sagen, ich hatte keine Entscheidungsgewalt. Das heißt, es war nicht an mir, die Entscheidung zu treffen. Das geschah in Washington.

Frage: Hätten Sie nicht „nein" sagen können?

Tibbets: Das hat man mich schon oft gefragt. Aber nun frage ich Sie: Was wäre wohl geschehen, wenn jemand in der deutschen Wehrmacht zu Hitler
35 „nein" gesagt hätte? Ich bin als Soldat aufgewachsen, bin dazu erzogen worden, Befehle von kompetenter Autorität zu befolgen. Und damals bekam ich meine Instruktionen von allerhöchster Stelle.

Frage: Selbst wenn in Tokio und Yokohama so viele Menschen sterben mussten, kann man das sicherlich nicht mit Hiroshima vergleichen. Durch die
40 Atombombe, durch radioaktive Strahlung zu Hunderttausenden zu sterben ist etwas anderes.

Tibbets: Ich weiß, aber lassen Sie mich dies sagen: Nehmen Sie den Ersten Weltkrieg. Sehen Sie sich an, was Senfgas bewirkt hat. Ich kann mich noch gut erinnern, wie in meiner Jugend all die Männer starben. Und ich ha-
45 be sie gesehen, wie sie Stück für Stück starben, weil das Senfgas ihre Lungen auffraß. Wo ist da der Unterschied?

Frage: In der Zahl der Opfer zum Beispiel …

Tibbets: Das glaube ich nicht. Zahlen sind für mich nichts als eine mathematische Figur. Im Krieg zählt nur, den Krieg zu gewinnen.
50 *Frage:* Das heißt, eine Waffe ist so grausam wie die andere?

Tibbets: Grausam ist das falsche Wort. Der Krieg ist immer grausam. Egal, ob er mit Pfeil oder Bogen oder mit dem Knüppel ausgefochten wird. Darüber moralisieren die Leute dann gern. 36 Jahre später ist es natürlich leicht, solche Fragen zu stellen, wie Sie es tun. Aber zu dem Zeitpunkt, wo die Ent-
55 scheidung fallen musste, hat man nicht den Vorteil der Rückschau.

Frage: Aber jetzt sind Sie dazu in der Lage. Denken Sie nicht doch anders als vor 36 Jahren?

196

Tibbets: Nein. Ich kann alles nur auf die Zeit damals beziehen.

Frage: Hatte Amerika das Recht, die Atombombe zu werfen?

60 *Tibbets:* Ja. Meine Antwort ist: Ja. Ich denke so, weil man die ganze Sache noch umdrehen kann. Zum Beispiel, wenn die Japaner zur Zeit von Pearl Harbor die Atombombe gehabt hätten – glauben Sie, die hätten gezögert, sie zu benutzen? Oder als die Deutschen in Polen einzogen – im Besitz der Atombombe –, hätten die denn gezögert? Ich will keine bestimmte Nation diskre-

65 ditieren. Ich will nur versuchen zu sagen, dass, aus welchem Grund auch immer, die Entscheidung für einen Angriff oder zu einem Krieg getroffen wird, dass die Männer, die dafür verantwortlich sind, alle Mittel benutzen werden, deren sie habhaft werden, alles tun werden, was in ihrer Macht steht. Gucken Sie sich doch an, was die Stukabomber damals anrichteten. Niemand konn-

70 te sich zu der Zeit gegen die Stukas verteidigen.

Frage: Seit Jahren wird am 6. August auf der ganzen Welt der Hiroshima-Opfer gedacht. Haben Sie nie ein schlechtes Gewissen an diesem Tag?

Tibbets: Nein. Damit halte ich mich nicht auf. Darüber denke ich nicht nach. All das ist Vergangenheit. Hiroshima ist Geschichte. Es war eine Lektion, ge-

75 wisse Dinge konnte man daraus lernen. Aber es gibt zu viele neue und interessante Dinge in meinem Leben. Jeden Tag muss ich eher darüber nachdenken als über so etwas wie Hiroshima. Ich lebe nicht in der Vergangenheit.

Erklärt Tibbets Einstellung. Belegt mit Textstellen.
Wie beurteilt ihr seine Auffassung?
Setzt diesen Text in Beziehung zu den Texten von Kaschnitz und Kunert.
Vergleicht dabei vor allem Inhalt, Absicht und Textart.
Ist „Hiroshima" ein einmaliges Ereignis gewesen oder hat sich Vergleichbares vorher und/oder nachher auch abgespielt?
Diskutiert darüber.

Lesehinweis $\rangle$ *Roger Willemsen (Im Auge der Bombe, S. 124)*

Günter Kunert (*1929)
Über einige Davongekommene

Als der Mensch
Unter den Trümmern
Seines
Bombardierten Hauses
Hervorgezogen wurde,
Schüttelte er sich
Und sagte:
Nie wieder.

Jedenfalls nicht gleich.

Erklärt den inhaltlichen Widerspruch
im Verhalten des Menschen.

Käthe Kollwitz:
Nie wieder Krieg (1924)

Martin Luther King

Frieden – was ist das?

Nicht-Krieg?
Sehnsucht nach Ruhe und Stille?
Unerfüllbarer Traum? – Eine Utopie?
Innere Zufriedenheit des Einzelnen trotz Not und Gewalt und
Krieg?
Erzwungenes Verhalten des Schwächeren?
Großmut der Stärkeren?
Entscheidung zur unbedingten Gewaltlosigkeit?

Friede – was bedeutet das?

Balance of power (terror)?
Erhaltung bestehender Verhältnisse oder Aktion für soziale
Gerechtigkeit in der Welt?
Betonung völkischer, rassischer oder religiöser Unterschiede
oder Abbau ungerechter Vorurteile?
Anpassung oder Wagnis?
Zustand oder ständige Aufgabe für die Zukunft?
Gefühlvolle Appelle oder zielbewusste Planung?

Wer ist für den Frieden verantwortlich?

Die UNO?
Die Politiker?
Die Militärs?
Die Parteien?
Die Kirchen?
Oder ......?

„Gewaltlosigkeit ist kein Verzicht auf Taten."

Martin Luther King war der bekannteste amerikanische Führer der Schwarzen. Er wollte ohne Gewalt die Rassenschranken zu Fall bringen. King erhielt
1964 den Friedensnobelpreis, im Jahre 1968 wurde er ermordet.

*Worin liegt die Besonderheit dieses Textes? Versuche zu den Fragen
Stellung zu nehmen.*

Frieden

„Wie das Jahr 2000 aussehen wird, ja, ob es dieses Jahr im Kalender überhaupt geben wird, das ist schließlich vordringliches Problem und vornehmste Aufgabe der Gegenwart."

Robert Jungk

„Die freigelassene Kraft des Atoms hat alles geändert, außer unsere Art zu denken. So treiben wir einer Katastrophe ohnegleichen zu. Wir müssen fundamental neue Denkweisen entwickeln, wenn die Menschheit überleben will."

Albert Einstein

„Ich sehe als Erstes die Verpflichtung, dem Frieden zu dienen. Nicht der Krieg ist der Ernstfall, in dem der Mann sich zu bewähren habe, wie meine Generation in der kaiserlichen Zeit auf den Schulbänken unterwiesen wurde, sondern heute ist der Frieden der Ernstfall, in dem wir alle uns zu bewähren haben. Hinter dem Frieden gibt es keine Existenz mehr."

Gustav Heinemann

Barbara M. Dobrick
10 Gebote für den Frieden

Wir müssen erkennen
was unser Sinn ist:
Leben

Wir müssen erarbeiten
was jeder braucht:
Nahrung

Wir müssen ermöglichen
was wir nicht entbehren können:
Liebe

Wir müssen ertragen
was wir unter Menschen finden:
Widersprüche

Wir müssen erreichen
was uns voranbringt:
Gemeinsamkeit

Wir müssen erstreiten
was nicht selbstverständlich ist:
Recht

Wir müssen erwecken
was uns lebendig macht:
Fantasie

Wir müssen erfragen
was wir nicht wissen:
Vergangenheit

Wir müssen erinnern
was wir nicht kennen:
Krieg

Wir müssen erkämpfen
was menschlich wäre:
Frieden im Frieden

Warum ist es notwendig, die Vergangenheit zu kennen und uns an Kriege zu erinnern?
Enthält das Schlussgebot nicht einen Widerspruch?
Warum verwendet die Autorin am Ende des Textes den Konjunktiv?
Erklärt, welche Aufgabe Machart und Aufbau des Textes für die Absicht der Autorin haben.
- *Wodurch unterscheiden sich diese Beschreibungen von Definitionen in Lexika?*
- *Formuliert selbst ähnliche „Statements", bringt darin eure Vorstellungen über „Frieden" zum Ausdruck.*

Wolf Biermann
Wann ist denn endlich Frieden

Wann ist denn endlich Frieden
In dieser irren Zeit
Das große Waffenschmieden
Bringt nichts als großes Leid

     ES blutet die Erde
     ES weinen die Völker
     ES hungern die Kinder
     ES droht großer Tod
     ES sind nicht die Ketten
     ES sind nicht die Bomben
     ES
         ist ja der Mensch
            der den Menschen bedroht

Die Welt ist so zerrissen
Und ist im Grund so klein
Wir werden sterben müssen
Dann kann wohl Friede sein

     ES blutet die Erde
     ES weinen die Völker
     ES hungern die Kinder
     ES droht großer Tod
     ES sind nicht die Ketten
     ES sind nicht die Bomben
     ES
         ist ja der Mensch
            der den Menschen bedroht

Listet auf, welche Feststellungen getroffen werden.
Sucht Beispiele aus der Geschichte und aus der Gegenwart, auf die man
diese Feststellungen beziehen kann.
Erklärt den Begriff „irre" im Zusammenhang.
Eine Feststellung wird mit besonderem Nachdruck ausgesprochen. Aus
dieser Feststellung ergeben sich Folgerungen. Erklärt auch, welche Aufgabe
Aufbau und sprachliche Mittel (wie z. B. Wiederholung) für die Aussage-
absicht des Textes haben.

Die Dritte Welt gratuliert zur deutschen Einheit!

Dürfen wir darauf hoffen, dass sich das vereinte Deutschland jetzt mehr denn je als der Anwalt einer vereinten Welt versteht? Dürfen wir es erleben, dass es bald auch keine Mauern mehr zwischen Nord und Süd, zwischen der Ersten und der Dritten Welt gibt? Danke für jedes kleine Stück Mauer, das eingerissen wird!
Die kirchlichen Hilfswerke.

MISEREOR
Postgiro Köln 556-505

Brot für die Welt
Postgiro Köln 500 500-500

Arno Surminski (* 1934)
Die Vergangenheit saß auf der Treppe

Gerhard Koslowski hatte mit allem gerechnet, zum Beispiel mit Ergriffenheit beim Anblick alter Häuser. Oder mit Ärger, wenn du siehst, wie das Unkraut die Blumen erstickt und die Brennnesseln höher wachsen als die Johannisbeersträucher. Mit Nachdenklichkeit beim Abwandern alter Wege.
5   Mit Trauer natürlich, aber auch mit ein bisschen Spaß, denn er fuhr in ein Land, in dem Trauer und Spaß von jeher Geschwister waren.

Er hatte an alles gedacht, nur Weinen war ihm nicht in den Sinn gekommen. Dafür lag das, worüber er hätte weinen können, zu weit zurück, war zugedeckt mit dem heilenden Schleier der Zeit. Wenn du fünfundvierzig
10   Jahre alt bist, weinst du kaum noch auf Beerdigungen. Die Augen geben nur Wasser ab, wenn du Zwiebeln schneidest oder ein scharfer Wind dir ins Gesicht bläst.

Mit solchen Gedanken fuhr er los, wohl vorbereitet und wohl geordnet. Der reiche Schatz der Erinnerungen war in den richtigen Schubladen, mit or-
15   dentlichen Etiketten versehen, gut verschlossen, aber jederzeit abrufbar, falls er gebraucht wurde. Eine durch und durch kontrollierte Reise. Jede Stunde genau geplant. Einen Tag für Frauenburg, zwölf Stunden für Heiligelinde, morgens Angerburg, mittags Lötzen, abends Wolfsschanze. Sein akkurater Fahrplan enthielt keine Rubrik für Sentimentalitäten und für Weinen schon
20   gar nicht. Nur nicht die Beherrschung verlieren! Es gab nichts, was Gerhard Koslowski aus der Fassung bringen konnte. Weder der Besuch der alten Schule, in der nach seiner Erinnerung mehr gesungen als gerechnet worden war, nicht der Anblick des verfallenden Elternhauses. Keine Träne wird er dem Pferdestall nachweinen, in dem er als Siebenjähriger geschlafen hatte,
25   um zu beweisen, dass er ein Mann sei. Für alle Fälle lagen ein paar heitere Erinnerungen bereit, die ihn aufmuntern sollten, wenn er gar zu trübsinnig wurde. Schneeballschlachten auf dem Schulhof, Einbrüche in viel zu dünnes Eis, Pferde in die Schwemme reiten. Wie war es damals eigentlich, als der Zirkus ins Dorf kam?
30   Anfangs lief alles gut. Na ja, nach fünfunddreißig Jahren war das kein Wunder. In dieser langen Zeit haben sich Halden aufgetürmt und das Vergangene verschüttet. Auch weißt du inzwischen, wie es in der Welt zugeht. Was dir als Kind so einmalig vorkam, ist längst zur Alltäglichkeit geworden. Es geschieht immer wieder, und die Welt gewöhnt sich langsam daran, dass es
35   geschieht. Sie wird nicht klüger.

Wie gesagt, es ging gut, bis der alte Borek, bei dem Gerhard Koslowski Quartier gefunden hatte, eines Nachmittags keinen Wodka mehr besaß. Das war so schlimm, wie wenn im kalten Winter der Ofen ausgeht.

„Mensch, Gerhard, kannst nicht mit mir in die Stadt fahren, um eine

204

40 Buddel zu holen? Es sind ja bloß sechs Kilometerchen, und wenn wir dein
Auto nehmen, sind wir in einer halben Stunde zurück."
   Er tat ihm den Gefallen, denn es waren wirklich nur sechs Kilometerchen.
Als sie auf dem Marktplatz der kleinen Stadt hielten, wollte der Schnapsladen
gerade schließen. Aber Borek bekam noch den Stiefel in die Tür, empfing die
45 Buddel und war zufrieden. Damit war auch das erledigt, wie es sein musste.
Aber von wegen, in einer halben Stunde werden wir wieder zu Hause sein!
Borek steuerte auf eine Bank zu, die auf dem Marktplatz stand. Dort öffnete
er den Verschluss und sagte, bevor er trank: „Dieses kleine Nest musst du
eigentlich auch kennen, Gerhard."
50   Er zeigte auf die Häuserreihen.
   „Drei Seiten des Marktplatzes sind im Krieg abgebrannt, aber die Ostseite
steht noch, und die müsstest du eigentlich kennen."
   Er wischte, nachdem er getrunken hatte, mit dem Handrücken die Lippen
ab, drehte den Schraubverschluss umständlich auf die Flasche.
55   Gerhard Koslowski besaß nur schwache Erinnerungen an die kleine Stadt,
obwohl er in ihrer Kirche getauft worden war. Aber zu damaliger Zeit fuhren die Leute selten in die Stadt, ein Kind schon gar nicht. Er hatte nicht
einmal ein Fahrrad besessen. Damals konntest du froh sein, wenn dich ein
Pferdefuhrwerk mitnahm, das Briketts oder Kunstdünger vom Kleinbahn-
60 hof holte oder Kartoffeln hinbrachte. Aber an eines erinnerte er sich recht
gut: An der Ecke, an der jetzt eine Steintreppe in den Schuhladen führte, gab
es damals für einen Dittchen[1] Waldmeistereis. Bestimmt wird es auch ande-   [1] ostpreußisch
re Dinge gegeben haben, Bier zum Beispiel und Schnaps oder Königsberger   für: Groschen
Klopse, aber Gerhard Koslowski erinnerte sich nur an giftgrünes Waldmeis-
65 tereis.
   Eine alte Frau saß auf der Steintreppe, saß da, wie alte Frauen nach getaner
Arbeit zu sitzen pflegen. Sie trug ein langes, graues Kleid, das bis zu den
Schlorren[2] reichte. Ein weißes Kopftuch hielt die weißen Haare zusammen.   [2] Hausschuhe
In einer schmutzigen Schürze lagen Kartoffeln, die die Frau schälte, während
70 sie dem Treiben auf dem Marktplatz zuschaute.
   „Willst du auch ein Schlubberchen[3]?", fragte Borek und hielt ihm die Fla-   [3] Schlückchen
sche hin.
   Gerhard Koslowski schüttelte den Kopf, weil er noch sechs Kilometerchen
Autofahrt vor sich hatte und weil er an das grüne Waldmeistereis denken
75 musste.
   Borek blickte nun auch zur Treppe.
   „Das ist die alte Frau Radke", brummte er.
   „Ist sie Deutsche?"
   „Na ja, was man so deutsch nennt. Bis 1945 war sie jedenfalls Deutsche.
80 Was sie jetzt ist, weiß ich nicht. Jedenfalls spricht sie noch einigermaßen
Deutsch."

Koslowski sah der Frau beim Kartoffelschälen zu. Das zerfurchte Gesicht kam ihm bekannt vor, erinnerte ihn an weit zurückliegende Begegnungen. Aber es gab da nichts Bestimmtes, nichts Greifbares, und der Name Radke sagte ihm auch nichts.

„Eigentlich müsstest du sie kennen", meinte Borek. „Die hat sich auch in dieser Gegend rumgetrieben, als der Krieg zu Ende ging. Genauso wie du."

„Aber sie ist hier geblieben, und ich bin in den Westen gekommen."

„Die Kinder der alten Radke sind auch im Westen. Sie haben immer geschrieben, sie sollte kommen, aber sie wollte nicht."

Borek nahm einen zweiten Schluck aus der Flasche, verstaute das kostbare Stück unter seiner Joppe und steuerte auf die alte Frau zu.

„Komm mit", forderte er Gerhard Koslowski auf.

Der alte Borek begrüßte die Frau und setzte sich neben sie auf die Steintreppe. Er winkte Koslowski zu, ebenfalls Platz zu nehmen, aber der blieb lieber stehen, weil ihm der Anzug zu schade war.

„Sieh mal, wen ich mitgebracht habe, Oma Radke! Das ist der Junge vom Schneider Koslowski, der Gerhard. Der ist auch hier gewesen, als die Russen kamen. Aber damals war er noch ein kleiner Hosenscheißer. Sieh dir mal an, was das für ein Kerl geworden ist, ein richtiges ausgewachsenes Mannsbild."

Die alte Frau wischte die Hände an der Schürze ab und legte das Kartoffelschälmesser neben sich auf die nackten Steine. Dann erst blickte sie auf, richtete ihre grauen Augen auf Gerhard Koslowski. Er sah es ihr an, welche Mühe es ihr machte, einen in der Vergangenheit verloren gegangenen Faden wieder zu finden. Borek wollte ihr helfen und fragte: „Wie alt warst du damals, Gerhard?"

„Als der Krieg zu Ende ging, war ich gerade zehn."

Ihr Gesicht hellte sich auf. Plötzlich schien sie zu begreifen.

„Ach, das ist der kleine Gerhard, der Junge vom Schneider Koslowski!"

Sie lächelte zufrieden, weil sie endlich einen Anknüpfungspunkt gefunden hatte.

„Ich weiß, ich weiß", sprach sie leise. „Das war das kleine Jungchen, das damals so geweint hat, als sie ihm die Eltern weggenommen haben."

Koslowski spürte, wie sich die Treppe verformte. Auf einmal konnte er nicht mehr stehen. Er klammerte sich an den Handlauf, musste Platz nehmen auf den ausgetretenen Steinen, auf denen sich die Vergangenheit breit gemacht hatte, sich vor ihm auftürmte wie ein erdrückender Fels.

„Nein, christlich war das wirklich nicht, was sie mit dem Jungen gemacht haben", fuhr die alte Frau fort. „An einem Tag holten sie den Vater und zwei Tage später die Mutter. Eine Woche lang hat das Kind geweint und nichts gegessen."

Koslowski kam sich vor wie ein Mensch, der am Fuße eines Staudamms
125 steht und plötzlich sieht, wie über ihm die Mauer nachgibt.

„Weißt du noch, dass in der Stube, in der sie deinen Vater verhörten, ein
altes Klavier stand? Vom Verhör haben wir draußen nichts verstanden, aber
manchmal haute einer der Soldaten mit der Faust auf die Klaviertasten. Das
schallte durchs ganze Haus."

130 Die Mauer des Staudamms barst endgültig. Eine mächtige Flutwelle wälz-
te sich auf Gerhard Koslowski zu. Ohnmächtig stand er vor dem tosenden
Berg, der aus Vergangenheit aufgetaucht war und auf ihn einstürmte.

„Ein Soldat hat sogar geschossen. Da dachen wir alle: Ach, nun ist der
Schneider Koslowski tot! Aber sie wollten ihm nur Angst einjagen."

135 „Ist gut, ist gut", mischte sich Borek ein.

Aber die Frau erzählte weiter. Man sah es ihr an, wie froh sie war, nun endlich den Faden gefunden zu haben.

„Die Mutter haben sie gar nicht verhört. Die haben sie so mitgenommen,
wie sie da stand, und das mitten im Schneegestöber. So hoch waren die Schan-
140 zen."

Die Frau hielt ihre Hand an die vierte Stufe der Steintreppe.

„Sie hätten wenigstens auf besseres Wetter warten können, als sie deine
Mutter holten."

Borek stand auf und packte Koslowskis Arm.

145 „Nun wein man nicht gleich, Gerhardchen", sagte er, holte die Wodka-
flasche aus der Joppe und hielt sie ihm unter die Nase.

„Mensch, das ist fünfunddreißig Jahre her, da braucht kein Mensch mehr
zu weinen."

Gerhard Koslowski verbarg sein Gesicht in den Händen. Was sind schon
150 fünfunddreißig Jahre, wenn die Vergangenheit vor dir auf der Treppe sitzt?

*Beschreibt die Veränderungen, die mit der Hauptperson Gerhard Koslows-
ki vor sich gehen. Erklärt die Überschrift. Vergleicht mit Texten der vor-
herigen Sequenz.*
*Ihr könnt diese Geschichte auch aus der Sicht einer der beteiligten Personen
erzählen.*

Gudrun Pausewang (* 1928)
Verzicht

Aus dem Haus, in dem ich geboren bin,
hat mich der Krieg vertreiben.
Da hab ich VERGELTUNG! und NIEMALS VERZICHT!
tief in mein Gedächtnis geschrieben.

Das liebe Haus meiner Kinderzeit
steht heute nicht leer und verlassen:
Die Fremden, die nun da zu Hause sind –
soll ich sie verfluchen und hassen?

Im Haus, in dem ich einst lachte und sang,
hör ich ihre Kinder jetzt lachen.
Nähm' ich mir's mit Gewalt zurück,
würd ich sie heimatlos machen.

Spielt weiter, ihr Kinder, ich seh euch gern.
Nichts soll euren Frieden stören.
Das Haus, in dem ich geboren bin,
das soll euch für immer gehören.

Arbeitet heraus, auf welche politischen Folgen des Krieges der Text Bezug nimmt.
Sucht Beispiele aus der heutigen Zeit, auf die dieses Gedicht passt.
Klärt die Haltung des Sprechers in dem Gedicht.
Welche Konsequenzen hat eine solche Einstellung für die Betroffenen?
Diskutiert darüber und vergleicht mit anderen euch bekannten Meinungen.

Erich Kästner (1899–1974)
Das Märchen von der Vernunft

Es war einmal ein netter alter Herr, der hatte die Unart, sich ab und zu vernünftige Dinge auszudenken. Das heißt: Zur Unart wurde seine Gewohnheit eigentlich erst dadurch, dass er das, was er sich jeweils ausgedacht hatte, nicht für sich behielt, sondern den Fachleuten vorzutragen pflegte. Da er reich und trotz seiner plausiblen Einfälle angesehen war, mussten sie ihm, wenn auch mit knirschenden Ohren, aufs Geduldigste zuhören. Und es gibt gewiss für Fachleute keine ärgere Qual als die, lächelnden Gesichts einem vernünftigen Vorschlag zu lauschen. Denn die Vernunft, das weiß jeder, vereinfacht das Schwierige in einer Weise, die den Männern vom Fach nicht geheuer und somit ungeheuerlich erscheinen muss. Sie empfinden dergleichen zu Recht als einen unerlaubten Eingriff in ihre mühsam erworbenen und verteidigten Befugnisse. Was, fragt man sich mit ihnen, sollten die Ärmsten wirklich tun, wenn nicht sie herrschten, sondern statt ihrer die Vernunft regierte! Nun also.

Eines Tages wurde der nette alte Herr während einer Sitzung gemeldet, an der die wichtigsten Staatsmänner der Erde teilnahmen, um, wie verlautete, die irdischen Zwiste und Nöte aus der Welt zu schaffen. „Allmächtiger!", dachten sie. „Wer weiß, was er heute mit uns und seiner dummen Vernunft wieder vorhat!" Und dann ließen sie ihn hereinbitten. Er kam, verbeugte sich ein wenig altmodisch und nahm Platz. Er lächelte. Sie lächelten. Schließlich ergriff er das Wort. „Meine Herren Staatshäupter und Staatsoberhäupter", sagte er, „ich habe, wie ich glaube, einen brauchbaren Gedanken gehabt; man hat ihn auf seine praktische Verwendbarkeit geprüft; ich möchte ihn in Ihrem Kreise vortragen. Hören Sie mir, bitte, zu. Sie sind es nicht mir, doch der Vernunft sind Sie's schuldig." Sie nickten, gequält lächelnd, mit ihren Staatshäuptern, und er fuhr fort: „Sie haben sich vorgenommen, Ihren Völkern Ruhe und Frieden zu sichern, und das kann zunächst und vernünftigerweise, so verschieden Ihre ökonomischen Ansichten auch sein mögen, nur bedeuten, dass Ihnen an der Zufriedenheit aller Erdbewohner gelegen ist. oder irre ich mich in diesem Punkte?"

„Bewahre!", riefen sie. „Keineswegs! Wo denken Sie hin, netter alter Herr!" – „Wie schön!", meinte er. „Dann ist Ihr Problem gelöst. Ich beglückwünsche Sie und Ihre Völker. Fahren Sie heim, und bewilligen Sie aus den Finanzen Ihrer Staaten, im Rahmen der jeweiligen Verfassung und geschlüsselt nach Vermögen, miteinander einen Betrag, den ich genauestens habe errechnen lassen und zum Schluss nennen werde! Mit dieser Summe wird Folgendes geschehen: Jede Familie in jedem Ihrer Länder erhält eine kleine, hübsche Villa mit sechs Zimmern, einem Garten und einer Garage sowie ein Auto zum Geschenk. Und da hintendrein der gedachte Betrag noch immer nicht aufgebraucht sein wird, können Sie, auch das ist kalkuliert, in jedem Ort der Erde, der mehr als fünftausend Einwohner zählt, eine neue Schule und ein modernes Krankenhaus bauen lassen. Ich beneide Sie. Denn obwohl ich nicht glaube, dass die materiellen Dinge die höchsten irdischen Güter verkörpern, bin ich vernünftig genug, um einzusehen, dass der Frieden zwischen den Völkern zuerst von der äußeren Zufriedenheit der Menschen abhängt. Wenn ich eben sagte, dass ich Sie beneide, habe ich gelogen. Ich bin glücklich." Der nette alte Herr griff in seine Brusttasche und zündete sich eine kleine Zigarre an.

Die übrigen Anwesenden lächelten verzerrt. Endlich gab sich das oberste der Staatsoberhäupter einen Ruck und fragte mit heiserer Stimme: „Wie hoch ist der für Ihre Zwecke vorgesehene Betrag?" – „Für *meine* Zwecke?", fragte der nette alte Herr zurück und man konnte aus seinem Ton ein leichtes Befremden heraushören. „Nun reden Sie schon!", rief das zweithöchste Staatsoberhaupt unwillig. „Wie viel Geld würde für den kleinen Scherz gebraucht?"

„Eine Billion Dollar", antwortete der nette alte Herr ruhig. „Eine Milliarde hat tausend Millionen, und eine Billion hat tausend Milliarden. Es handelt sich um eine Eins mit zwölf Nullen." Dann rauchte er wieder an seiner kleinen Zigarre herum.

„Sie sind wohl vollkommen blödsinnig!", schrie jemand. Auch ein Staatsoberhaupt.

Der nette alte Herr setzte sich gerade und blickte den Schreier verwundert an. „Wie kommen Sie denn darauf?", fragte er. „Es handelt sich natürlich um viel Geld. Aber der letzte Krieg hat, wie die Statistik ausweist, ganz genau so viel gekostet!"

Da brachen die Staatshäupter und Staatsoberhäupter in tobendes Gelächter aus. Man brüllte geradezu. Man schlug sich und einander auf die Schenkel, krähte wie am Spieß und wischte sich die Lachtränen aus den Augen.

Der nette alte Herr schaute ratlos von einem zum andern. „Ich begreife Ihre Heiterkeit nicht ganz", sagte er. „Wollen Sie mir gütigst erklären, was Ihnen solchen Spaß macht? Wenn ein langer Krieg eine Billion Dollar gekostet hat, warum sollte dann ein langer Frieden nicht dasselbe wert sein? Was, um alles in der Welt, ist denn daran komisch?"

Nun lachten sie alle noch lauter. Es war ein rechtes Höllengelächter. Einer konnte es im Sitzen nicht mehr aushalten. Er sprang auf, hielt sich die schmerzenden Seiten und rief mit der letzten ihm zu Gebote stehenden Kraft: „Sie alter Schafskopf! Ein Krieg – ein Krieg ist doch etwas ganz anderes!"

Die Staatsoberhäupter, der nette alte Herr und ihre lustige Unterhaltung sind völlig frei erfunden. Dass der Krieg eine Billion Dollar gekostet hat und was man sonst für denselben Betrag leisten könnte, soll, versichert eine in der „Frankfurter Neuen Presse" zitierte amerikanische Statistik, hingegen zutreffen.

Diskutiert über die Kernproblematik dieses Textes.
Die Überschrift des Textes gibt euch Aufschluss über
- *Machart,*
- *Absicht,*
- *Aufbau,*
- *Textsorte.*
Führt auch Belege aus dem Text an.

Versucht mit den gleichen Mitteln einen eigenen satirischen Text zu diesem Thema oder über eine andere Problematik zu schreiben.

Lesehinweis⟩ *Texte-Werkstatt (Märchen, Satire)*

Peter Schütt (* 1939)
Das Asylamt

Sage keiner,
er habe das Elend dieser Welt
nicht mit eigenen Augen gesehen,
er sei nicht in Bangladesh gewesen,
in Mexiko oder Südafrika!

In Hamburg,
gleich hinterm Hauptbahnhof,
Bieberhaus, Amt für Asylangelegenheiten,
steht das Elend dieser Welt
leibhaftig
und steht Schlange.

Die Schlange
reicht vom Bieberhaus
weit hinaus auf die Straße,
reicht hinein bis in die Vorstädte,
sie wird länger mit jedem Tag,
sie sprengt die Grenzen
und umschlingt den halben Erdball
von Seoul über Bombay bis Akkra,
bis Rio und bis Santiago.

Unterwegs

Ich nehme mir
Zeit

versuche
mich hineinzufühlen

in die Sehnsucht
der Flüchtlinge
nach Heimat   wo bin ich beheimatet?

in ihre Angst
die sie wegtrieb
                                     Angst kenne ich auch

in ihren Mut
der sie aufbrechen ließ
                                     er könnte auch
                                     mich erfüllen

in die Worte ihrer Dichter
und in die Bilder
aus denen sie Kraft schöpfen

sie
                                     und ich
                          wir
                          brauchen
                          den gleichen
                          Willen zu Widerstand und Solidarität
                          aus
                          Glauben
                          an eine menschlichere Zukunft

*Dieser Text ist ungewöhnlich angeordnet. Begründet seine äußere Form mit Hilfe
des Inhalts.*
Versucht auch andere Texte so darzustellen, z. B. das Gedicht auf Seite 114.

Edita Bermel-Rodominsky (* 1946)
Ich bin nach Deutschland gekommen …

Auf einem U-Bahnhof in Berlin-Kreuzberg.
„Der Türkenzug kommt."
Man weiß, was das bedeutet. Knoblauchgeruch, laute Kinder, schwangere
Türkinnen, überall Dreck und Lärm. So sehen es viele. So sagen es viele.
5 Auf den kahlen Wänden des Bahnhofgeländes:
„Ausländer raus!"
Man gewöhnt sich daran. Man sieht darüber weg. Es ist nicht so zu verstehen.
So sagt man mir.
Hakenkreuze, Juden raus.
10 Es ist nicht zu vergleichen. Hoffentlich nicht. Ich sehe es trotzdem nicht als
Spaß. Für mich ist es sehr ernst.
Ausländerkomplex. Ihr seid zu empfindlich.
Mag sein. Aber wie wird man so empfindlich?
Bei der Ausländerpolizei. Wer es nicht glaubt, soll selber vorbeischauen. Nur
15 so.
Bei der Wohnungssuche. Wohnung frei, nur für Deutsche. Deutsches Ehe-
paar gesucht. Wohnung frei, keine Ausländer.
Bürgerinitiativen, um in bestimmten Bezirken keine Ausländer anzusiedeln.
Eine Frau zu einem Fernsehreporter:
20 „Ich finde es sehr gut, dass man versucht, einige Bezirke sozusagen sauber
zu halten."
Man schüttelt den Kopf. Man sagt ‚schlimm'.
Ich bekomme einen Brief von der Deutschen Diskont Bank, deren Kunde
ich seit drei Jahren bin. Mit dem Hinweis, dass ich, wenn ich es möchte,
25 eine Eurochequekarte haben könnte. Ich gehe hin. Es geht nicht. Es ist ein
Fehler unterlaufen. Mein Name klingt so deutsch.
Ich bin Krankenschwester. Wenn man nach mir fragt:
„Die kleine Jugoslawin."
„Die ausländische Schwester."
30 „Ich war mal in Ihrem Land. Ein schönes Land."
Aber:
„Ich lasse mir das nicht gefallen, nicht von einer Ausländerin!" Aus dem glei-
chen Mund, weil ich mir erlaubt habe, etwas zu bemängeln. Meine Kollegin
hört zu und sagt nichts. Einige Tage später die gleiche Kollegin bei einer Dis-
35 kussion:
„Die Ausländer werden von keinem hier diskriminiert. Du darfst nicht so
empfindlich sein."
Ausländerkomplex.

Ich höre öfter:

40 „Seit wir so viele Ausländer haben, sind die Städte dreckiger geworden."
„Seit die Ausländer mit in der Produktion sind, ist die Qualität der deutschen Produkte schlechter geworden."
„Man sollte alle Ausländer nach Hause schicken, und wir werden keinen Arbeitslosen mehr haben."
45 Wer macht dann die dreckige Arbeit?
„Ausländer raus!"
Deutschland den Deutschen.
Eine Bombe explodiert in einem Ausländerwohnheim. Einzelfall.
Noch.
50 Ich habe Angst, wenn ich die freundlichen Nachbarn sehe oder meine Arbeitskollegen oder Bekannten. Ich träume, dass sie alle vor mir stehen mit einem Gewehr in der Hand. Und ich vergeblich nach dem freundlichen Ausdruck ihrer Gesichter suche.
Ich träume, dass es vierzig Jahre früher ist. Ich träume, dass alle Wände der
55 Stadt mit den gleichen Worten beschmiert sind.
Im Traum versuche ich mit der Hand ein Zeichen zu geben und sage laut:
„Aber wir kennen uns doch. Wir haben zusammen gearbeitet, zusammen gefeiert, gefrühstückt, Witze erzählt, gelacht."
Meine Worte verschlingt das Geschrei und der Wind. Ich wache auf, es war
60 nur ein Traum.
Doch die Wände bleiben.
„Ausländer raus!"
Und immer wieder höre ich:
„Es ist nur eine kleine Prozentzahl."
65 Ich hoffe, dass es auch dabei bleibt. Trotzdem habe ich Angst, ein bisschen. Vor meinen Träumen. Und immer wieder sage ich mir selbst, es kann nicht sein. Immer wenn ich die freundlichen Menschen sehe, die mich begrüßen, mit denen ich lache, mit denen ich fröhlich sein kann.
Und immer wieder sehe ich die imaginären Gewehre auf mich gerichtet.
70 Ist es wirklich nur ein Ausländerkomplex?

Stellt die im Text beschriebenen Situationen zusammen, in denen die Autorin Ausländerfeindlichkeit empfindet.
Beurteilt die Situation in der Bank.
Versucht die Frage am Ende des Textes zu beantworten. Diskutiert unterschiedliche Meinungen.
Überlegt, bei welchen Gruppierungen in unserer Gesellschaft die gleichen Empfindungen und Ängste vorhanden sein könnten.

214

Wer hilft mit, Zeinab anzuzünden?

Alle, die schweigen. Alle, die dabeistehen. Alle, die wegschauen. Alle, die heimlich Beifall klatschen.

Helfen Sie mit, dass Ausländer sich nicht fühlen müssen wie Menschen zweiter Klasse, sondern dass sie eine faire Chance bekommen und angstfrei leben können. Sagen Sie jedem, dass Sie Ausländerfeindlichkeit barbarisch finden. Überall, wo sie Ihnen begegnet. Am Arbeitsplatz. Im Sportverein. Am Stammtisch. Zeigen Sie, dass die schweigende Mehrheit eine laute Stimme hat. **HASS°**

Katrin Thier (13 Jahre)
Sara

Was da eigentlich genau passiert ist, weiß ich nicht mehr. Mutter sagt, das machte nichts, ich sei ja so lange bewusstlos gewesen.

Aber an einige Sachen kann ich mich trotzdem gut erinnern. Da ist das hilflose, flehende Gesicht von Sara, mit dem eigentlich alles begann. Sara stand
5 an der Ecke des Hauses, umlagert von Jungen, die lachten und sie mit Steinen und Beeren bewarfen. Dabei kann Sara nichts dafür, dass sie Ausländerin ist und nur einen Arm hat.

Sie ist doch Spitze! Und nun war sie zurückgedrängt worden und wurde von den Jungen geärgert. Als ich das sah, bekam ich eine Wut. Ich rannte zwi-
10 schen die Übeltäter, vergaß, dass sie in der Überzahl waren, und schlug zu.

Einfach so, nach links und nach rechts. Mein einziges Ziel war, Sara zu schützen, die sich nicht wehren konnte, weil sie im Vietnamkrieg einen Arm verloren hatte.

Plötzlich fasst mich jemand hart im Genick und schleudert mich zu Boden.
15 Die drei anderen Jungen fangen an, auf mich einzuschlagen. Das macht mich erst recht wütend, und ich kratze wie eine Katze. Währenddessen hat Sara

versucht, sich davonzumachen. Erfolglos. Ich habe nun jedoch einen Gegner
weniger. Ich schlage wie eine Wilde um mich und kann mich immer wieder
entwinden. Was dann passiert, weiß ich kaum noch. Irgendwie verliere ich
20 jedenfalls das Gleichgewicht und falle rückwärts auf die Straße.

Quietschen, Schreie, Schmerz, aus! …

Gestern bin ich aufgewacht, alles tat mir weh. Zwei Tage war ich bewusstlos gewesen. Wegen Sara! Warum ärgern die Jungen sie eigentlich so oft?

Immer wieder sehe ich, wie Menschen ausgestoßen werden, nur weil sie
25 anders sind – anders aussehen, anders sprechen.

Ich verstehe das nicht. Alle reden sie von Frieden und von Toleranz.
Warum tun sie das, wenn sie nicht einmal ihre Mitmenschen akzeptieren –
die Gastarbeiter, die Behinderten?!?!

Vergleicht den letzten Absatz mit dem Titel
und anderen Texten dieser Sequenz.

Roland Tombekai Dempster (Liberia)

```
Ich bin nicht du –
doch du willst mir
nicht meine Chance geben,
willst mich nicht ich sein lassen.

„Wenn ich du wäre" –
jedoch du weißt:
Ich bin nicht du,
und doch willst du
nicht, dass ich ich bin.
```

Ordnet dem „ich" und dem „du" dieses Textes Personengruppen unserer
Gesellschaft zu. Wer spricht? Wer wird angesprochen?

216

Mutig zeigte sich nur eine 15-jährige Türkin

Dass sie an diesem Abend im Düsseldorfer Innenministerium so im Mittelpunkt des Interesses stand, machte sie ein bisschen verlegen. Und dass sie gar von Innenminister Herbert Schnoor mit dem „Goldenen und ausländerfreundlichen Hammer" für ihren Mut ausgezeichnet werden sollte, empfand Mutherem Imer ein bisschen übertrieben. Denn so mutig, wunderte sich die 15-jährige Türkin aus Mülheim, sei sie doch gar nicht gewesen. Das sei doch ganz selbstverständlich gewesen, was sie gemacht habe …

Die „Arbeitsgruppe Ausländerfreundliche Maßnahmen", eine Initiative von Jugendlichen und Mitarbeitern aus Häusern der offenen Tür und aus evangelischen Jugendgruppen in Nordrhein-Westfalen, hatte da ganz andere Erfahrungen gemacht. Für ihre Kampagne „Dem Hass keine Chance" hatte die Initiative ein deutlich als ausländisch zu identifizierendes Mädchen gesucht, das auf einem Plakat der evangelischen Jugend für das Motto „Keine Stimme für Ausländerfeinde" werben sollte. Das Echo war niederschmetternd: Die angesprochenen ausländischen Jugendlichen wagten es aus Angst vor Publizität und damit möglicherweise verbundenen Pöbeleien oder gar Gewalttätigkeiten von Rechtsextremisten nicht, für solch ein Poster zu posieren. Bis die Plakatmacher dann auf Mutherem Imer stießen. Ihr Bild prangt nun auf Hunderten von Plakaten und wirbt für Toleranz und gegen Ausländerfeindlichkeit. Bei der Preisverleihung an die junge Türkin, die, damals sechs Monate alt, vor 15 Jahren in die Bundesrepublik gekommen war, mochte Innenminister Herbert Schnoor seine „Betroffenheit" nicht verhehlen, dass es heutzutage hierzulande der Furchtlosigkeit bedarf, um auf einen Andersdenkenden zuzugehen, ihm – wie Mutherem Imer es auf dem Plakat tut – eine Blume anzubieten. Schnoor bei der Preisverleihung: „Man muss innehalten: Ein junges Mädchen erhält einen Preis, nicht als Schönheitspreis, weil sie auf einem Poster abgebildet wird, nein, für ihr mutiges Auftreten. Wer so wie Mutherem für den Abbau von Hass und Fremdenfeindlichkeit wirbt, wird mehr als fast alle Politikerreden bewirken."

REINHARD VOSS (Düsseldorf)
(Frankfurter Rundschau, 23. 3. 1990)

Vergleicht diesen Zeitungsbericht mit anderen Texten dieser Sequenz. Stellt Gemeinsamkeiten und Unterschiede im Handeln und in der Einstellung der beteiligten Personen heraus.

Volker Erhard
friedenspflicht

wir
müssen unseren kindern
den frieden erklären

damit sie
nie anderen
den krieg erklären

Erich Fried (1921–1988)
Humorlos

Die Jungen
werfen
zum Spaß
mit Steinen
nach Fröschen
Die Frösche
sterben
im Ernst

217

Monika Seck-Agthe (*1954)
Mein Bruder hat grüne Haare

Gestern hat sich mein Bruder Johannes eine Haarsträhne grün färben lassen. Die restlichen Haare hat er mit Baby-Öl eingeschmiert, dann hat er sich ganz schwarz angezogen und sich so an den Kaffeetisch gesetzt. Mein Bruder ist fünfzehn und ich bin dreizehn. Er sagt, er sei jetzt *ein Punk.* Wenn ich ihn
5 frage, was das ist, weiß er das selber nicht so genau.

Jedenfalls gab's einen ziemlichen Krach, als er so vor der versammelten Familie erschienen ist. Meine Eltern haben sich noch nicht mal so aufgeregt, aber dann war da noch meine Tante Vera. Und die ist fast vom Stuhl gefallen, als der Johannes in dem Aufzug reingekommen ist.

10 „Bist du eigentlich übergeschnappt? Ihr seid ja wohl heute alle total verrückt geworden!", hat sie sich aufgeregt. Der Johannes ist ganz ruhig geblieben, hat einfach nichts gesagt und angefangen, Kuchen zu essen. Das hat meine Tante natürlich nur noch wütender gemacht. Sie fing richtig an zu kreischen: „Kannst du nicht wenigstens deinen Schnabel aufmachen, wenn
15 man dich was fragt? Ich versteh euch aber auch nicht!" Sie funkelte meine Eltern an. „Lasst ihr die Kinder denn alles machen, was ihnen in den Kopf kommt?" Mein Vater sagte bloß: „Der Junge ist doch alt genug! Der muss schon wissen, was er tut." – „Alt genug? Fünfzehn Jahre ist der alt! Ein ganz grünes Bürschchen!" Als Tante Vera das Wort *grün* sagte, mussten wir alle
20 auf die grüne Haarsträhne gucken und lachen. Nur eben Tante Vera, die musste nicht lachen. Sie hat auch gar nicht kapiert, dass wir über die Haare gelacht haben, sondern dachte natürlich, wir lachen über sie, und ärgerte sich schrecklich. „Die wissen doch vor lauter Wohlstand nicht mehr, was sie noch machen sollen! Wisst ihr eigentlich, was wir mit fünfzehn gemacht haben?
25 Mitten im Krieg! Wir sind bei Bauern betteln gegangen! Um ein paar Rüben! Weil wir gehungert haben!"

„Lass das doch, Vera! Die Kinder leben doch heute in einer ganz anderen Welt als wir damals." Meine Mutter stand auf und räumte die Kaffeetassen weg.

30 Aber Tante Vera war in Fahrt. „Im Luftschutzkeller haben wir gesessen! Und wussten nicht, ob wir da je wieder lebendig rauskommen! Und ihr färbt euch die Haare grün! Und schmiert euch Öl auf den Kopf! Guckt mal lieber in eure Schulbücher!"

„Hör doch bloß auf mit deinen blöden Kriegsgeschichten. Die hängen mir
35 absolut zum Halse heraus, Mensch!" Johannes tat so, als müsste er auf seinen Teller kotzen. Dann sagte er noch: „Versuch doch einfach mal einigermaßen cool zu bleiben, Vera."

Das war zu viel für meine Tante. „Seit wann nennst du mich Vera? Bin ich irgendein Pipimädchen, das neben dir die Schulbank drückt? Das ist doch

40 unerhört! Blöde Kriegsgeschichten, hat er gesagt! Euch geht's doch einfach
zu gut! Euch ist das doch gar nicht bewusst, was das heißt, im Frieden zu
leben! Begreift ihr überhaupt, was das ist?"

Johannes tat weiter ganz cool. Aber ich hab gesehn, dass seine Hände ganz
schön zitterten. Dann ist er aufgestanden und hat gesagt: „Vom Frieden hast
45 du wohl selbst nicht allzu viel kapiert. Sonst würdest du hier nämlich nicht
so einen Tanz machen." Dann ging er einfach raus.

Tante Vera kriegte einen knallroten Kopf und fing an zu heulen. Mein
holte die Kognakflasche aus dem Schrank. Meine Mutter sagte zu mir: „Du,
geh mal für 'n Moment in dein Zimmer, ja?" Mir war alles plötzlich richtig
50 peinlich. Im Flur habe ich Tante Vera noch weiter heulen gehört. Die konnte kaum noch reden. „Wie wir damals gelitten haben! Was wir durchgemacht
haben! Und da sagt dieser Rotzlümmel ‚blöde Kriegsgeschichten'!"

Ich bin raufgegangen. Aus Johannes' Zimmer dröhnte knalllaute Musik.
Mit einem Mal hab ich eine Riesenwut gekriegt auf den, bin in sein Zimmer
55 gerannt und hab gebrüllt: „Setz dir wenigstens deine Kopfhörer auf, wenn
du schon so 'ne Scheißmusik hörst!"

Johannes hat mich groß angeguckt und gesagt: „Jetzt fängst du auch noch
an auszurasten! Was ist hier überhaupt los? Der totale Krieg, oder was?"

Mir war's zu blöd, ich hab die Tür zugepfeffert und mich in mein Zimmer
60 verzogen.

Abends im Bett musste ich noch mal über alles nachdenken. Auch über das,
was Tante Vera gesagt hatte. Über die Luftschutzkeller und dass sie Angst
gehabt hat und so. Und dass sie meint, wir würden nicht begreifen, was das
ist: Frieden. So richtig im Frieden leben wir, glaub ich, auch gar nicht. Aber
65 natürlich auch nicht richtig im Krieg. Wir können schon eine Menge machen,
was die damals nicht konnten. Und vieles, was die machen und aushalten
mussten, das passiert uns eben nicht, dass wir zum Beispiel hungern müssen
oder Angst haben, ob wir den nächsten Tag noch erleben. Da bin ich eigentlich auch unheimlich froh darüber. Aber trotzdem: Bloß weil kein Krieg ist,
70 ist noch lange kein richtiger Frieden. Dazu gehört, glaub ich, noch eine ganze
Menge mehr.

Klärt die Einstellungen aller hier Beteiligten zu dem „Problem".
*Ihr könnt diese Geschichte auch aus der Sicht einer der anderen Personen
erzählen.*
*Diskutiert über die Aussage des vorletzten Satzes „Bloß …" und nennt
Beispiele.*
*Sucht Beispiele für ähnliche Probleme in eurem Alltag und eurer Umge-
bung.*
Versucht darüber eigene „Friedenstexte" zu schreiben.

Rose Ausländer (1901–1988)
Hoffnung II

Wer hofft
ist jung

Wer könnte atmen
ohne Hoffnung
dass auch in Zukunft
Rosen sich öffnen

ein Liebeswort
die Angst überlebt

*Stellt zusammen, welche Begriffe hier im Zusammenhang mit Frieden eine
Rolle spielen.*

Angelika Rohwetter
Frieden?

ein wenig Hoffnung
auf
das ist schon viel
ein wenig Mut
zu
ist harte Arbeit

Untersucht, unter welchen Gesichtspunkten „Frieden" in dieser Sequenz angesprochen wird.
Vervollständigt möglichst vielfältig diesen Satz: „Frieden ist, wenn ..."
Zum Thema „Frieden" könnt ihr ein Buch erstellen, eine Ausstellung vorbereiten, einen Aufruf verfassen ... Auch in diesem Buch findet ihr in anderen Textreihen noch viele Anregungen dazu.

Sand im Getriebe der Welt

Wolf Biermann (* 1936)

Hilde Domin (* 1909)

Mascha Kaléko (1907–1975)

Alexander Solschenizyn (* 1918)

Rose Ausländer (1901–1988)

Reiner Kunze (* 1933)

Bertolt Brecht (1898–1956)

Boris Pasternak (1890–1960)

Václav Havel (*1936) und seine Frau Olga

Christa Wolf (*1929)

Paul Celan (1920–1970)

Heinrich Böll (1917–1985)

Gertrud Kolmar (1894–1943)

Heinrich Heine (1797–1856)

Unter dem Hakenkreuz

Bertolt Brecht (1898–1956)
Über die Bezeichnung Emigranten

Immer fand ich den Namen falsch, den man uns gab:
    Emigranten.
Das heißt doch Auswanderer. Aber wir
Wanderten doch nicht aus, nach freiem Entschluß
Wählend ein anderes Land. Wanderten wir doch auch nicht
Ein in ein Land, dort zu bleiben, womöglich für immer.
Sondern wir flohen. Vertriebene sind wir, Verbannte.
Und kein Heim, ein Exil soll das Land sein, das uns da
    aufnahm.
Unruhig sitzen wir so, möglichst nahe den Grenzen
Wartend des Tages der Rückkehr, jede kleinste
    Veränderung
Jenseits der Grenze beobachtend jeden Ankömmling
Eifrig befragend, nicht vergessend und nichts aufgebend
Und auch verzeihend nichts, was geschah, nichts verzeihend.
Ach, die Stille der Stunde täuscht uns nicht! Wir hören die
    Schreie
Aus ihren Lagern bis hierher. Sind wir doch selber
Fast wie Gerüchte von Untaten, die da entkamen
Über die Grenzen. Jeder von uns.
Der mit zerrissenen Schuhn durch die Menge geht
Zeugt von der Schande, die jetzt unser Land befleckt.
Aber keiner von uns
Wird hier bleiben. Das letzte Wort
Ist noch nicht gesprochen.   Ⓡ

*Was sagt Brecht über die Bezeichnung Emigranten,
was sagt er über sein eigenes Schicksal und das der
anderen Emigranten?
Wie beurteilt Brecht die Geschehnisse in Deutschland?
Sprecht über die letzten drei Zeilen des Gedichts.
Lest zur Beantwortung dieser Fragen auch die kurzen
Erläuterungen zu Bertolt Brecht.*

Nach der Machtübernahme Hitlers am 30. Januar 1933 mussten viele deutsche Schriftsteller ihre Heimat verlassen. Zu ihnen gehörte auch Bertolt Brecht (1898 bis 1956). Über die Tschechoslowakei, Österreich, die Schweiz, Frankreich floh er nach Dänemark, wo das Gedicht „Über die Bezeichnung Emigranten" entstand. Als die deutschen Truppen 1940 Dänemark einnahmen, floh Brecht in die USA. Erst 1947 kehrte er nach Deutschland zurück.

Hilde Domin (* 1909)
Exil

Der sterbende Mund
müht sich
um das richtig gesprochene
Wort
einer fremden
Sprache.

Hilde Domin wurde 1912 als Tochter eines jüdischen Rechtsanwalts in Köln geboren.
1932 emigrierte sie nach Italien, ab 1940 lebte sie mit ihrem Mann, einem Kunstwissen-
schaftler, in der Dominikanischen Republik. 1954 kehrte sie nach Deutschland zurück.

Mascha Kaléko (1912–1975)
Im Exil

Ich hatte einst ein schönes Vaterland –
so sang schon der Flüchtling Heine.
Das seine stand am Rheine,
das meine auf märkischem Sand.

Wir alle hatten einst eine (siehe oben!).
Das fraß die Pest, das ist im Sturz zerstoben.
O Röslein auf der Heide,
dich brach die Kraftdurchfreude*.

Die Nachtigallen wurden stumm,
sahn sich nach sicherm Wohnsitz um,
und nur die Geier schreien
hoch über Gräberreihen.

Das wird nie wieder, wie es war,
wenn es auch anders wird.
Auch, wenn das liebe Glöcklein tönt,
auch wenn kein Schwert mehr klirrt.

Mir ist zuweilen so, als ob
das Herz in mir zerbrach.
Ich habe manchmal Heimweh.
Ich weiß nur nicht, wonach.

Mascha Kaléko (geb. 1912) entstammt einer jüdischen Familie. Sie wurde in Schidlow
(Polen) geboren. Bis zur Machtübernahme der Nationalsozialisten war Mascha Kaléko in
Deutschland eine bekannte Schriftstellerin. 1933 erhielt sie Schreibverbot; 1938 emigrierte
sie gerade noch rechtzeitig in die USA.

* *Volksbewegung im Nationalsozialismus. Durch Sport und Gymnastik sollte der „neue, schöne Mensch"
geformt werden. Gleichzeitig war natürlich beabsichtigt, die Kriegstauglichkeit zu erhöhen.*

Rose Ausländer (1901–1988)
Ein Tag im Exil

Ein Tag im Exil
Haus ohne Türen und Fenster

Auf weißer Tafel
mit Kohle verzeichnet
die Zeit

Im Kasten
die sterblichen Masken
Adam
Abraham
Ahasver*
Wer kennt alle Namen

Ein Tag im Exil
wo die Stunden sich bücken
um aus dem Keller
ins Zimmer zu kommen

Schatten versammelt
ums Öllicht im ewigen Lämpchen
erzählen ihre Geschichten
mit zehn finstern Fingern
die Wände entlang

* Ahasver bezeichnet eine im Mittelalter erfundene Gestalt. Er wanderte angeblich rastlos durch die Welt, weil er Christus seine Hilfe verweigert habe. Antisemiten in aller Welt benutzen seitdem diese Sagengestalt dafür, die Juden nirgendwo sesshaft werden zu lassen.

Vergleicht die Gedichte von Hilde Domin, Rose Ausländer und Mascha Kaléko. Was ist ihnen gemeinsam, was ist unterschiedlich?
Geht bei eurem Vergleich ein auf
- *den Inhalt,*
- *die Aussage,*
- *die sprachlichen Mittel.*

Bezieht bei eurem Vergleich auch die Lebensumstände der drei Dichterinnen mit ein.

Rose Ausländer (1901–1988) wurde in Czernowitz geboren.

Von 1921 bis 1931 lebte sie in den USA und kehrte dann in ihre Heimatstadt zurück. Die Naziherrschaft überlebte sie mit ihrer schwer kranken Mutter in einem Kellerversteck.

Im Jahre 1946 emigrierte sie erneut in die USA, 1965 ließ sie sich endgültig in Düsseldorf nieder, wo sie 1988 gestorben ist.

Schriftsteller berichten über ihre Erfahrungen in der Fremde

Klaus Mann (1906–1949)

Die Emigration war nicht gut, aber man gewöhnt sich an alles, an die Unbequemlichkeiten, die Erniedrigungen, auch an die Gefahren. Einige Exilanten waren von den Nazis entführt oder ermordet worden. […] Dergleichen konnte jedem von uns geschehen. Es empfahl sich, auf der Hut zu sein.

Das Gebäude, in dem sich ein deutsches Reisebüro oder gar ein deutsches Konsulat befand, betrat man nicht gern. Es gab dort vielleicht geheime Falltüren, die sich plötzlich vor einem auftaten – und man war gefangen. Um diesen Mercedes mit der deutschen Nummer machte man lieber einen scheuen Bogen. Wagte man sich zu nah heran, so öffnete sich wohl der Wagenschlag, ein Arm kam zum Vorschein, eine klammernde Faust, schon hatte man die Äthermaske vorm Gesicht, und wenn man wieder zu sich kam, war man in Deutschland: in der Hölle also.

Deutschland war die Hölle, das unbetretbare Gebiet, die verfluchte Zone. Manchmal träumte man, dass man in Deutschland sei, es war grauenhaft. […]

(1942)

Lion Feuchtwanger (1884–1958)

Es gab unter den deutschen Exilanten zahlreiche, die um ihrer politischen Gesinnung willen hatten fliehen müssen, und es gab die große Masse derjenigen, die, nur weil sie selber oder ihre Eltern in den standesamtlichen Registern als Juden geführt wurden, sich zur Auswanderung gezwungen gesehen hatten. Es gab viele Juden und Nichtjuden, die freiwillig gegangen waren, weil sie die Luft des Dritten Reichs einfach nicht mehr hatten atmen können, und andere, die für ihr Leben gern in Deutschland geblieben wären, hätte man sie dort nur auf irgendeine Art ihren Lebensunterhalt verdienen lassen. […]

Viele der deutschen Emigranten waren eingekerkert gewesen, misshandelt, gedemütigt, schikaniert, viele hatten Freunde und Verwandte, die in Deutschland umgekommen waren, viele arbeiteten außerhalb der Reichsgrenzen am Sturz des verhassten Regimes. Aber es gab auch solche, die mit der neuen Herrschaft einverstanden waren und die, nachdem sie sich plötzlich infolge irgendeiner standesamtlichen Eintragung als Juden und somit minderwertig abgestempelt sahen, nur sehr gegen ihren Willen aus ihrer vielhundertjährigen Heimat vertrieben worden waren. Es gab also unter diesen Exilanten Menschen jeder Art, solche, die ihre Gesinnung, und solche, die einfach ihre Geburtsurkunde oder irgendein anderer Zufall aus Deutschland getrieben hatte; es gab Freiwillige und es gab Muss-Emigranten.

Auch gab es unter den hundertfünfzigtausend aus Deutschland Verjagten nicht nur Menschen jeder politischen Gesinnung, sondern auch jeder sozialen Stellung und jeden Charakters. [...]

Für die meisten bedeutete die freiwillige oder erzwungene Flucht aus Deutschland Preisgabe ihrer Stellung und ihres Vermögens. Denn die Stellung musste aufgegeben, das Geld zurückgelassen werden. (1938)

Stellt den Inhalt der beiden Berichte stichwortartig gegenüber. So könnt ihr anfangen:

Klaus Mann
- *Emigration: Unbequemlichkeit, Erniedrigung*
- *Thema „Deutschland": beängstigend und unheimlich ...*

Lion Feuchtwanger
- *Gründe für das Exil: politische Gesinnung, fühlte sich als Jude nicht mehr sicher*
- *...*

Vergleicht jetzt die beiden Berichte. Welcher gibt eine sehr persönliche Einschätzung, welcher ist eher sachlich gehalten? Begründet mit Einzelheiten.

Oskar Maria Graf (1894–1967)
Verbrennt mich!

Offener Brief zur Bücherverbrennung in Deutschland 1933

Während meiner zufälligen Abwesenheit aus München erschien die Polizei in meiner dortigen Wohnung, um mich zu verhaften. Sie beschlagnahmte einen großten Teil unwiederbringlicher Manuskripte, mühsam zusammengetragenes Quellenstudienmaterial, meine sämtlichen Geschäftspapiere und einen großen Teil meiner Bücher.

Laut „Berliner Börsencourier" stehe ich auf der „weißen Autorenliste" des neuen Deutschlands, und alle meine Bücher, mit Ausnhme meines Hauptwerkes „Wir sind Gefangene", werden empfohlen: Ich bin also dazu berufen, einer der Exponenten des „neuen" deutschen Geistes zu sein! Vergebens frage ich mich: Womit habe ich diese Schmach verdient?

Vertreter dieses barbarischen Nationalismus, der mit Deutschsein nichts, aber auch rein gar nichts zu tun hat, unterstehen sich, mich als einen ihrer „Geistigen" zu beanspruchen, mich auf ihre so genannte „weiße Liste" zu setzen, die vor dem Weltgewissen nur eine *schwarze* Liste sein kann!

Diese Unehre habe ich nicht verdient! Nach meinem ganzen Leben und nach meinem ganzen Schreiben habe ich das Recht, zu verlangen, dass meine Bücher der reinen Flamme des Scheiterhaufens überantwortet werden und nicht in die blutigen Hände und die verdorbenen Hirne der braunen Mordbanden gelangen. Verbrennt die Werke des deutschen Geistes! Er selber wird unauslöschlich sein wie eure Schmach! (1933)

Oskar Maria Graf

(Nachschrift 1960): Der Inhalt dieses Protestes, der nach dem 10. Mai 1933 in der Presse der ganzen Welt erschien, berichtet über die Fakten, die dazu Anlass gaben. Die Folge davon war, dass die Münchener Studenten im Beisein der Professorenschaft meine Bücher in der Aula der Münchener Universität verbrannten. Im Juni des gleichen Jahres wurde ich von der Hitlerregierung „aus dem Deutschen Reiche ausgebürgert" und lebte 25 Jahre lang als passloser Emigrant und Staatenloser in den Ländern meines Exils. Erst im März 1958 erhielt ich die USA-Bürgerschaft.

Bertolt Brecht (1898–1956)
Die Bücherverbrennung

Als das Regime befahl, Bücher mit schädlichem Wissen
Öffentlich zu verbrennen, und allenthalben
Ochsen gezwungen wurden, Karren mit Büchern
Zu den Scheiterhaufen zu ziehen, entdeckte
Ein verjagter Dichter, einer der besten, die Liste der
verbrannten studierend, entsetzt, daß seine
Bücher vergessen waren. Er eilte zum Schreibtisch
Zornbeflügelt, und schrieb einen Brief an die Machthaber.
Verbrennt mich! schrieb er mit fliegender Feder, verbrennt mich!
Tut mir das nicht an! Laßt mich nicht übrig! Habe ich nicht
Immer die Wahrheit berichtet in meinen Büchern? Und jetzt
Werd ich von euch wie ein Lügner behandelt! Ich befehle euch:
        Verbrennt mich!   R

Lest die beiden Texte von Bertolt Brecht und Oskar M. Graf im Zusammenhang.
Erklärt, was diese beiden Texte miteinander zu tun haben.
Vergleicht im Einzelnen
• die Textart und die sprachliche Gestaltung,
• die jweilige Absicht.
Lest auch die Hinweise zu Bertolt Brecht (Seite 224) und die Nachschrift von Oskar M. Graf aus dem Jahre 1960. Was verdeutlichen diese Informationen?

Öffentliche Bücherverbrennung in Berlin (und anderen großen Städten) am 10. Mai 1933

Berichte über die Bücherverbrennung

Der Opernplatz war in weitem Umfang abgesperrt und von einer dichten Kette von Zuschauern umsäumt. Um 11 Uhr trafen die Ersten des Zuges im Braunhemd und Couleur, an deren Spitze der neue Ordinarius für politische Pädagogik in Berlin, Professor Dr. Alfred Bäumler, marschierte, auf dem Opernplatz ein. Sie marschierten auf dem weiten Platz auf und warfen ihre Fackeln in den in der Mitte errichteten Scheiterhaufen, auf dem die Flammen in wabernder Lohe[1] emporschlugen. Von der Seite der Behrenstraße her beleuchteten riesige Scheinwerfer den ganzen Platz. Von den Wagen, die das undeutsche Schriftmaterial bis zum Opernplatz in die Nähe des Scheiterhaufens gebracht hatten, bildete sich eine lange Kette von Studenten, und von Hand zu Hand gingen die Bücher, die dann dem Feuer überantwortet wurden. Unter dem Jubel der Menge wurden um 11.20 Uhr die ersten Bücher der mehr als zwanzigtausend, die heute auf diesem Scheiterhaufen als symbolischer Akt verbrannt werden, in die Flammen geworfen.

(„Neuköllner Tageblatt", Berlin, vom 12. 5. 1933)

Während die Menge das Horst-Wessel-Lied[2] anstimmte, stand unten auf dem Markt mitten in dem Fahnenwald der Korporationen, die übrigens eine schwarz-weiß-rote Flagge mit der Aufschrift „Deutsch die Saar" in ihre Mitte genommen hatten, der Scheiterhaufen in hohen Flammen. Bücher und Zeitungen, Zeitschriften und Broschüren flogen in die prasselnde Glut, dass die Funken weit über die dunkle Menschenmenge dahinstoben. Dann krachte der Scheiterhaufen zusammen. Die Holzscheite, leuchtend und glühend, fielen auseinander, die Asche der Bücher hob sich in dunkler Wolke empor, schwebte durch den milchigen Lichtkegel der Scheinwerfer und zerstob in der Nacht.

(Generalanzeiger für Bonn und Umgebung, 11. 5. 1933)

Die beiden Zeitungsberichte stellen das Geschehen aus der Sicht der Nationalsozialisten dar. Weist dies im Einzelnen nach.
Was würde ein Zuschauer berichten, der gegenüber dem nationalsozialistischen Regime kritisch eingestellt ist?

[1] leuchtende Flamme
[2] neben dem Deutschlandlied die Nationalhymne des nationalsozialistischen Reiches

Liste

des schädlichen und unerwünschten Schrifttums

Stand vom 31. Dezember 1938

Adler, Alfred
Ausländer, Rose
Becher, Johannes R.
Benjamin, Walter
Bloch, Ernst
Brecht, Bertolt
Bredel, Willi
Döblin, Alfred
Domin, Hilde
Einstein, Albert
Feuchtwanger, Lion
Fleisser, Marie Luise
Graf, Oskar Maria
Heine, Heinrich
Hemingway, Ernest

Kästner, Erich
Kafka, Franz
Kaléko, Mascha
Keun, Irmgard
Lasker-Schüler, Else
London, Jack
Malraux, André
Mann, Heinrich
Mann, Klaus
Mann, Thomas
Marx, Karl
Mehring, Walter
Ottwalt, Ernst

Reger, Erik
Regler, Gustav
Remarque, Erich Maria
Ringelnatz, Joachim
Sachs, Nelly
Schnitzler, Arthur
Seghers, Anna
Silone, Ignazio
Tetzner, Lisa
Traven, Bruno
Tucholsky, Kurt
Wassermann, Jacob
Zuckmayer, Carl
Zweig, Arnold
Zweig, Stefan

Die Listen wurden ständig erweitert und an alle Bibliotheken und Buchhandlungen verschickt.

Informiert euch im Verzeichnis der Autoren, welche der im Nationalsozialismus verbotenen Schriftsteller in diesem Lesebuch mit einem Beitrag vertreten sind.
Verboten wurden von den Nationalsozialisten auch Werke von Malern und Bildhauern moderner Kunstrichtungen. Man nannte ihre Werke „entartete Kunst". Als „entartet" wurden die Werke weltberühmter Künstler bezeichnet; zu ihnen gehörten zum Beispiel: Pablo Picasso, Franz Marc, Max Beckmann, Paula Modersohn-Becker, Käthe Kollwitz, Otto Dix, Marc Chagall, Paul Klee.
Verschafft euch Informationen zu diesen Künstlern.

Paul Celan (1920–1970)

Espenbaum, dein Laub blickt weiß ins Dunkel.
Meiner Mutter Haar wird nimmer weiß.

Löwenzahn, so grün ist die Ukraine.
Meine blonde Mutter kam nicht heim.

Regenwolke, säumst du an den Brunnen?
Meine leise Mutter weint für alle.

Runder Stern, du schlingst die goldne Schleife.
Meiner Mutter Herz ward wund von Blei.

Eichne Tür, wer hob dich aus den Angeln?
Meine sanfte Mutter kann nicht kommen.

Das Gedicht ist im Jahre 1946 entstanden.
Erklärt die Aussage des Textes. Achtet dabei auch auf den Aufbau, den
Inhalt und die sprachlichen Bilder in den einzelnen Strophen. Beachtet
die Wiederholungen, die Gegenstände/Pflanzen. Was haben diese mit der
Mutter zu tun?

Paul Celan
Ansprache anlässlich der Entgegennahme des Literaturpreises der Freien Hansestadt Bremen

Denken und Danken sind in unserer Sprache Worte ein und desselben Ur-
sprungs. Wer ihrem Sinn folgt, begibt sich in den Bedeutungsbereich von:
„gedenken", „eingedenk sein", „Andenken", „Andacht". Erlauben Sie mir,
Ihnen von hier aus zu danken.

5   Die Landschaft, aus der ich – auf welchen Umwegen! Aber gibt es das denn:
Umwege? –, die Landschaft, aus der ich zu Ihnen komme, dürfte den meis-
ten von Ihnen unbekannt sein. […] Es war eine Gegend, in der Menschen und
Bücher lebten. Dort, in dieser nun der Geschichtslosigkeit anheim gefallenen
ehemaligen Provinz der Habsburger Monarchie, kam zum ersten Mal der
10 Name Rudolf Alexander Schröders auf mich zu: beim Lesen von Rudolf
Borchardts „Ode mit dem Granatapfel". Und dort gewann Bremen auch so
Umriss für mich: in der Gestalt der Veröffentlichungen der Bremer Presse.
Aber Bremen, näher gebracht durch Bücher und die Namen derer, die

Bücher schrieben und Bücher herausgaben, behielt den Klang des Uner-
15 reichbaren.

Das Erreichbare, fern genug, das zu Erreichende hieß Wien. Sie wissen, wie
es dann durch Jahre auch um diese Erreichbarkeit bestellt war.

Erreichbar, nah und unverloren blieb inmitten der Verluste dies eine:
die Sprache.

20 Sie, die Sprache, blieb unverloren, ja, trotz allem. Aber sie musste nun hindurchgehen durch ihre eigenen Antwortlosigkeiten, hindurchgehen durch
furchtbares Verstummen, hindurchgehen durch die tausend Finsternisse
todbringender Rede. Sie ging hindurch und gab keine Worte her für das, was
geschah; aber sie ging durch dieses Geschehen. Ging hindurch und durfte
25 wieder zutage treten, „angereichert" von all dem.

In dieser Sprache habe ich, in jenen Jahren und in den Jahren nachher,
Gedichte zu schreiben versucht: um zu sprechen, um mich zu orientieren,
um zu erkunden, wo ich mich befand und wohin es mit mir wollte, um mir
Wirklichkeit zu entwerfen. […]

30 […] Das Gedicht kann, da es ja eine Erscheinungsform der Sprache und
damit seinem Wesen nach dialogisch ist, eine Flaschenpost sein, aufgegeben
in dem – gewiss nicht immer hoffnungsstarken – Glauben, sie könnte irgendwo und irgendwann an Land gespült werden, an Herzland vielleicht.
Gedichte sind auch in dieser Weise unterwegs: Sie halten auf etwas zu.

35 Worauf? Auf etwas Offenstehendes, Besetzbares, auf ein ansprechbares Du
vielleicht, auf eine ansprechbare Wirklichkeit. […]   *1958*

*Vergleicht diesen Text mit dem Gedicht und der folgenden Lebensbeschrei-
bung.*
*Welche Erfahrungen verarbeitet Paul Celan? Versucht die unterschiedli-
chen sprachlichen Bilder der Texte einander zuzuordnen.*

Celan, Paul

C. entstammte einer deutsch-jüdischen Familie. Nach der Besetzung seiner
Heimatstadt Czernowitz (Bukowina) durch deutsche und rumänische Truppen
und der Deportation[1] seiner Eltern in ein Vernichtungslager (1942) flüchtete
er aus dem Ghetto[2], geriet aber in ein Arbeitslager in Rumänien. 1944, ein
Jahr nachdem die Bukowina sowjetisch geworden war, konnte er sein Studium wieder aufnehmen. Nach vorübergehender Tätigkeit als Übersetzer und
Verlagslektor verließ er 1947 Rumänien und übersiedelte 1948 nach ein-
jährigem Zwischenaufenthalt in Wien nach Paris. 1970 nahm er sich in Paris
das Leben.

*[1] Zwangsver-
schickung*
*[2] abgeschlosse-
ner Stadtbe-
zirk, in dem
Juden in vielen
Ländern Euro-
pas unter
Einhaltung
verschärfter
Verhaltens-
regeln leben
mussten. Im
Nationalsozia-
lismus war das
Ghetto nur
noch eine Zwi-
schenstation
auf dem Weg in
die Vernich-
tungslager.*

Gertrud Kolmar (1894–1943)
Ich werde sterben

Ich werde sterben, wie die vielen sterben;
Durch dieses Leben wird die Harke gehn
Und meinen Namen in die Scholle kerben.
Ich werde leicht und still und ohne Erben
Mit müden Augen kahle Wolken sehn.

Gertrud Kolmar (1894–1943) blieb nach der Machtübernahme Hitlers im Jahre 1933 in Deutschland, weil sie ihren alten Vater nicht verlassen wollte. Dieser wurde später, weil er Jude war, in ein Konzentrationslager verschleppt. Gertrud Kolmar wurde zur Arbeit in einer Fabrik gezwungen, 1943 wurde sie in einem Konzentrationslager ermordet. Ihr Gedicht entstand im Jahre 1942.

Im anderen Deutschland

Reiner Kunze (* 1933)
Die wunderbaren Jahre

Literaturunterricht

Sie war außer sich, der Lehrer hatte Pasternak und Solschenizyn als Gesindel bezeichnet. „Kannst du dir das vorstellen?", sagte sie. Und von neuem: „Das musst du dir mal vorstellen!" Was der Nobelpreis wert sei, könne man daran erkennen, dass Gesindel wie Pasternak und Solschenizyn ihn erhalte, hatte der Lehrer gesagt. Sie hatte Übelkeit vorgetäuscht und das Klassenzimmer verlassen. „Da kannst du doch nicht einfach ruhig sitzen bleiben", sagte sie.

Ich sagte: „Aber bei uns ist doch ein Buch von Pasternak erschienen."

„Welches?"

„Initialen der Leidenschaft."

„Wann?"

Ich nahm den Gedichtband vom Regal und schlug ihr das Impressum auf.

„Neunundsechzig? Bei uns? Bei uns erscheint Gesindel?!" Sie fasste sich mit beiden Händen an die Stirn. „Und ich hab das nicht gewusst!" Sie war zerknirscht.

Gefangen

Sie hatte den „Archipel GULAG" gelesen. Gegen meinen Rat. Aber nicht die Berichte von den physischen Foltern waren es, die sie verfolgten. „Hast du das gelesen, von der Ira Kalina?", sagte sie. Ich konnte mich nicht erinnern. – Im Bahnhof der Butyrka, eines Durchgangsgefängnisses, sagte ein Käufer, nachdem er die siebzehnjährige Ira Kalina entdeckt hat: Na, zeigen Sie mal her, Ihre Ware! Sie wird nackt zur Besichtigung vorgeführt.

„Wenn du dir vorstellst, dass es über Nacht wieder so werden kann", sagte sie, „es laufen doch genug herum von diesen Typen – wenn du dir das vorstellst, dann fragst du dich, warum du hier nicht doch abhaust. Lieber sich dabei abknallen lassen."

Der Dichter Reiner Kunze ist 1933 in Pelsnitz/Erzgebirge geboren. Er lebte seit 1962 als freier Schriftsteller in Greiz/Thüringen (DDR) und übersiedelte 1977 in die Bundesrepublik. Die folgenden Texte stammen aus dem 1966 in der Bundesrepublik veröffentlichen Buch mit dem bitter-ironischen Titel „Die wunderbaren Jahre". Die darin zusammengestellten Prosatexte fußen auf Gesprächserfahrungen mit Schülern, Lehrlingen, Arbeitern und Soldaten, vor allem aber mit seiner eigenen halbwüchsigen Tochter Marcela. Der Alltag der Jugendlichen und die wichtigen Entwicklungsjahre der Jugend sind in der DDR durchaus nicht so „wunderbar". Dies machen die knappen Prosatexte über Jugendliche zwischen 11 und 16 Jahren durch die Darstellung von kurzen Szenen, Ereignissen und Reaktionen aus ihrem Alltag deutlich. Nach der Veröffentlichung des Buches in der Bundesrepublik wurde Reiner Kunze aus dem Schriftstellerverband der DDR ausgeschlossen.

Der russische Schriftsteller Alexander Solschenizyn (geb. 1918) wurde wegen kritischer Äußerungen über das stalinistische System zu Zwangsarbeit verurteilt. Im Jahre 1970 erhielt er den Nobelpreis für Literatur. 1974 wurde er aus der Sowjetunion ausgewiesen.

In seinem Buch „Der Archipel Gulag" beschreibt er ein unheimliches Inselreich der Gewalt und des Terrors. Er verarbeitet in diesem Buch unter anderem seine eigenen Erfahrungen als Gefangener.

Boris Pasternak (1890–1960) wurde als Sohn eines bekannten Malers in Moskau geboren. Seine Dichtungen wurden von der kommunistischen Partei heftig angefeindet. Als sein Hauptwerk gilt der Roman „Doktor Schiwago". Das Buch durfte in der Sowjetunion nicht erscheinen; das Manuskript wurde auf Umwegen ins Ausland geschmuggelt. Die Veröffentlichung des Romans erregte weltweites Aufsehen. 1958 wurde Pasternak der Nobelpreis für Literatur verliehen. Pasternak wurde zur Ablehnung des Preises gezwungen und aus dem sowjetischen Schriftstellerverband ausgeschlossen.

Reiner Kunze (* 1933)
Flugblätter

„Angenommen", sagte sie, „du könntest jetzt ein Flugblatt machen. Was würdest du da schreiben?" Da meine Brauen auf Mitte rückten, setzte sie hinzu: „Ich habe keine Blödheiten vor. Einfach nur so. Ist doch interessant."

„Schreiben? Nichts", sagte ich. „Da gibt es anderes, was auf Flugblättern unter die Menschen gebracht werden müsste."

„Und das wäre?"

„Darüber müsste ich genau nachdenken."

„Denk doch mal nach", sagte sie.

Kurt Tucholsky (1890–1935)
Flugblatt

„Und wenn alles vorüber ist –; wenn sich das alles totgelaufen hat: ... die Wonne, in Massen aufzutreten ... Dann wird einer kommen, der wird eine geradezu donnernde Entdeckung machen: er wird den Einzelmenschen entdecken. Er wird sagen: Es gibt einen Organismus, Mensch geheißen, auf den kommt es an. Und ob der glücklich ist, das ist die Frage. Daß er frei ist, das ist das Ziel. Gruppen sind etwas Sekundäres ... der Staat ist etwas Sekundäres. Es kommt nicht darauf an, daß der Staat lebe – es kommt darauf an, daß der Mensch lebe!" ®

Albert Einstein (1879–1955)
Flugblatt

(besonders für junge Menschen, deren Ideal es ist, die Jugend unter dem Apfelbaum liegend zu verbringen)

„Jeden Tag denke ich daran, dass mein äußeres und inneres Leben auf der Arbeit der jetzt lebenden sowie schon verstorbenen Menschen beruht, dass ich mich anstrengen muss, um zu geben, im gleichen Ausmaß, wie ich empfangen habe und empfange."

Alexander Mitscherlich (1836–1918)
Flugblatt

(besonders für Verkünder von Überzeugungen)
„Wir müssten … uns … zu der Einsicht bequemen, wir könnten überall
dort einem Wahn verfallen sein, wo wir meinen, etwas sei ‚felsenfest‘ sicher.
Von der Bescheidenheit, solch kardinale Irrtümer als Möglichkeit in uns
anzuerkennen, hängt es ab, ob die Menschheit vom Leiden der Vorurteile be-
freit werden oder weiter an ihnen dahinsiechen wird. Die Heilungschancen
scheinen von der Geduld und von der Freundlichkeit abzuhängen, mit der
wir in Kindertagen auf das Leben unter unseresgleichen vorbereitet werden.“

*Wer ist in den Texten von Reiner Kunze „sie“? Informiert euch in dem
einführenden Text.*
*Erklärt ihre Reaktionen und ihre Einstellungen gegenüber dem Regime
und seinen Repräsentanten. Welche Verhaltensweisen und Einstellungen
empfiehlt der Autor Reiner Kunze ihr mit der Auswahl der Flugblätter?*

*Geht im Einzelnen auf diese Flugblätter ein. Zieht Erkundigungen ein über
die Verfasser. Wie könnten die Flugblätter auf unterschiedliche Leser in der
damaligen DDR gewirkt haben, z. B. auf Regimeanhänger oder Regime-
gegner?*

Lesehinweis⟩ *Reiner Kunze, S. 235*

Siegfried Heinrichs (* 1941)
Wenn du durch mein Land fährst
Für Andreas

Wenn du durch mein land fährst,
mein schmerzliches land,
von dem ich dir sprach,
dann wirst du blumen sehen,
    lachende kinder,
greise, alternd unter den resten
    der herbstsonne,
menschen, freundlich dich grüßend,
    gewiss.
nur eines vermisse ich:
deine frage nach dem ort
der zuchthäuser für
dichter, deren verse den zweifel
lehrten an der vollkommenheit
    dieses bildes.

Wenn du durch mein land fährst,
mein schmerzliches land,
dann grüß es von mir,
grüß die menschen, die kinder,
die zuchthäuser, die schweigenden
dichter.

*Warum nennt der Autor sein Land schmerzlich? In welchen Zeilen wird die
„Vollkommenheit des Bildes" dargestellt?
Warum gibt es „Zuchthäuser für Dichter"?*

Wolf Biermann (* 1936)
Ermutigung
Peter Huchel gewidmet

Du, lass dich nicht verhärten
In dieser harten Zeit
Die allzu hart sind, brechen
Die allzu spitz sind, stechen
Und brechen ab sogleich

Du, lass dich nicht verbittern
In dieser bittren Zeit
Die Herrschenden erzittern
– sitzt du erst hinter Gittern –
Doch nicht vor deinem Leid

Du, lass dich nicht erschrecken
In dieser Schreckenszeit
Das wolln sie doch bezwecken
Dass wir die Waffen strecken
Schon vor dem großen Streit

Du, lass dich nicht verbrauchen
Gebrauche deine Zeit
Du kannst nicht untertauchen
Du brauchst uns, und wir brauchen
Grad deine Heiterkeit

Wir wolln es nicht verschweigen
In dieser Schweigezeit
Das Grün bricht aus den Zweigen
Wir wolln das allen zeigen
Dann wissen sie Bescheid

Erklärt den Titel des Liedes.
Sprecht über Einzelheiten des Textes:
- *Empfehlungen für den Hörer/Leser,*
- *Wertungen und Einschätzungen,*
- *Aufbau und sprachliche Machart,*
- *Absicht.*
Überlegt, was Biermann wohl mit dem Satz meinen könnte: „Grün bricht
aus den Zweigen"?

240

Zu Biermanns literarischen Vorbildern gehören Heinrich Heine, Bertolt Brecht, Kurt Tucholsky. Informiert euch im Autorenverzeichnis, welche Beiträge dieser Vorbilder im Lesebuch stehen.

Wolf Biermann (geb. 1936 in Hamburg) ist der Sohn eines Werftarbeiters. 1943 wurde sein Vater, weil er jüdischer Herkunft und Kommunist war, im Konzentrationslager Auschwitz ermordet. 1953 übersiedelte Biermann nach Ost-Berlin. Als „Liedermacher" kritisierte er in seinen Texten den Widerspruch zwischen kommunistischer Theorie und Praxis. 1963 wurde er aus der Partei ausgeschlossen; es folgten Auftrittsverbote. 1976 erhielt Wolf Biermann die Erlaubnis zu einer Tournee in der Bundesrepublik. Nach einem Auftritt in Köln wurde er wegen „staatsfeindlicher Äußerungen" ausgebürgert. Gegen diesen Schritt legten namhafte Schriftsteller der DDR Protest ein.

Seit 1976 lebt Biermann in der Bundesrepublik Deutschland.

„Wolf Biermann war und ist ein unbequemer Dichter – das hat er mit vielen Dichtern der Vergangenheit gemein. Unser sozialistischer Staat, eingedenk des Wortes aus Marxens '18. Brumaire', demzufolge die proletarische Revolution sich unablässig selbst kritisiert, müsste im Gegensatz zu anachronistischen Gesellschaftsformen eine solche Unbequemlichkeit gelassen nachdenkend ertragen können. Wir identifizieren uns nicht mit jedem Wort und jeder Handlung Wolf Biermanns und distanzieren uns von den Versuchen, die Vorgänge um Biermann gegen die DDR zu missbrauchen. Biermann selbst hat nie, auch nicht in Köln, Zweifel darüber gelassen, für welchen der beiden deutschen Staaten er bei aller Kritik eintritt. Wir protestieren gegen seine Ausbürgerung und bitten darum, die beschlossenen Maßnahmen zu überdenken."

17. November 1976

Sarah Kirsch, Christa Wolf, Volker Braun, Franz Fühmann, Stephan Hermlin, Stefan Heym, Günter Kunert, Heiner Müller, Rolf Schneider, Gerhard Wolf, Jurek Becker, Erich Arendt.

Der Brief wird in der Bundesrepublik Deutschland veröffentlicht. Mit dem Protest erklären sich insgesamt über hundert Künstler aus der DDR solidarisch.

Matthias Biskupek
Fragebogen

Welchen Anschluss erreichen Sie während Ihrer Schulzeit?
Wann waren Sie bisher verwundert?
Wo schätzen Sie die Sinnlichkeit des Lebens?
Welche Unklarheiten bevorzugen Sie?
Welche Träume verbitten Sie sich?
Wo hört Ihre Freundschaft auf?
Wie tief ist Ihr Hochkommen?
Welche Verwünschungen haben Sie für die Zukunft?
Was für Fragen können Sie verantworten?

Überlegt, woran der Autor hier Kritik üben könnte.
Mit welchen Mitteln arbeitet er in diesem Text, um seine Aussage zu
verdeutlichen?

Kurt Bartsch (* 1937)
Der Redner   Mut

Als er ankündigte   „Wenn ich meine eigene
Er werde zur Sache reden   Meinung äußern darf",
Fragten sich viele: Begann er ungewohnt krass,
Weshalb nicht zu uns?   „So hat schon Karl Marx gesagt,
                                                    dass ..."

Welche Verhaltensweisen kritisiert Kurt Bartsch in seinen 1970 veröffent-
lichten Texten?
Die Texte sind Satiren. Informiert euch im Glossar.

Bernd Jentzsch (* 1940)
Das Verlangen

Sie verlangten von ihm, vergiss diesen Namen, und es war der Name seines Vaterlandes, sie säten Hass und verlangten, trage ihn in deinem Herzen, sie verlangten Gehorsam, Keuschheit und Demut, den Jubel bei Tagesanbruch, die Blindheit auf einem Auge, sie verlangten von ihm, sie langten nach ihm, und er hörte ihnen zu mit lang gezogenen Ohren, sie verlangten, sage nur das, was wir dir sagen, und er machte den Mund auf, endlich, und sprach nicht, wie ihm ihr Schnabel gewachsen war, sondern voller Begierde, aber sie hörten ihm nicht zu, sie verlangten von ihm, das verlangen wir, und da verdoppelte sich sein Verlangen um das Vierfache ihrer Wahrheit, unaufhörlich, unbezähmbar, wild.

Auch dieser Text ist eine Satire.
Erklärt, woran der Autor Kritik übt.
Mit welchem Wort „spielt" der Autor hier, um seine Aussage zu verdeutlichen? Weist die Wirkung am Text nach.

Christa Wolf (* 1929)
„Bleiben Sie bei uns!"

Liebe Mitbürgerinnen, liebe Mitbürger,

wir alle sind tief beunruhigt. Wir sehen die Tausende, die täglich unser Land verlassen. Wir wissen, daß eine verfehlte Politik bis in die letzten Tage hinein ihr Mißtrauen in die Erneuerung dieses Gemeinwesens bestärkt hat. Wir sind uns der Ohnmacht der Worte gegenüber Massenbewegungen bewußt, aber wir haben kein anderes Mittel als unsere Worte. Die jetzt noch weggehen, mindern unsere Hoffnung. Wir bitten Sie, bleiben Sie doch in Ihrer Heimat, bleiben Sie bei uns!
Was können wir Ihnen versprechen?
Kein leichtes, aber ein nützliches und interessantes Leben. Keinen schnellen Wohlstand, aber Mitwirkung an großen Veränderungen. Wir wollen einstehen für: Demokratisierung, freie Wahlen, Rechtssicherheit, Freizügigkeit. Unübersehbar ist: Jahrzehntealte Verkrustungen sind in Wochen aufgebrochen worden.
Wir stehen erst am Anfang des grundlegenden Wandels in unserem Land.

Helfen Sie uns, eine wahrhaft demokratische Gesellschaft zu gestalten, die auch die Vision eines demokratischen Sozialismus bewahrt. Kein Traum, wenn Sie mit uns verhindern, daß er wieder im Keim erstickt wird. Wir brauchen Sie.

Fassen Sie zu sich selbst und zu uns, die wir hier bleiben wollen, Vertrauen.

Christa Wolf

Ⓡ

Christa Wolf hielt diese Rede am 9. November 1989 im DDR-Fernsehen. Im Herbst 1989 hatte sich die Situation in der DDR auf dramatische Weise geändert. Nach der Massenflucht vieler DDR-Bürger gingen Hunderttausende auf die Straße und zwangen die Regierung zu Reformen.

Am 9. November 1989 wurden die Grenzen zur Bundesrepublik geöffnet. Der 3. Oktober 1990 wird als „Tag der Einheit" neuer deutscher Nationalfeiertag.

Christa Wolf (geb. 1929) studierte in Jena und Leipzig Germanistik, arbeitete zunächst als Redakteurin und Lektorin, seit 1962 als freie Schriftstellerin. Sie war Mitunterzeichnerin des Protestbriefes anlässlich der Zwangsausbürgerung von Wolf Biermann im Jahre 1976.

Macht euch den geschichtlichen Zusammenhang dieser Rede klar.
Lest dazu die Zusatzinformationen.
Klärt im Einzelnen:
* *Wer spricht?*
* *Wer wird angesprochen?*
* *Über welches Medium wird diese Rede verbreitet?*
* *Was will die Rednerin erreichen?*
* *Welche sprachlichen Mittel setzt sie ein?*
  (z. B. rhetorische Frage, Versprechen, Bitte …)
Weist eure Erkenntnisse am Text nach.
Verschafft euch Informationen darüber, wie die Entwicklung in der ehemaligen DDR, den fünf neuen Bundesländern, weitergegangen ist.
Was bewegt heute die Menschen?

Was vermag Literatur?

Alfred Andersch (1914–1980)

So wäre denn der öffentliche Auftrag an den Schriftsteller klar: er wird gebeten, am Frieden mitzuwirken. Selbstverständlich kann er schreiben, was er will, das Papier, auf dem er schreibt, wird sich ja auf alle Fälle rot färben, aber besser wäre es schon, wenn er sich von Anfang an entschlösse, mit seinen Wörtern den Frieden zu stiften. Denn ein neuer Krieg, das wissen wir, würde ja die Erinnerung an alle Bücher dieser Welt auslöschen.

(März 1977)
Ⓡ

Siegfried Lenz (* 1926)

Als Schriftsteller habe ich erfahren, wie wenig Literatur vermag, wie dürftig und unkalkulierbar ihre Wirkung war und immer noch ist. Niemals wurden kriegsentschlossene Mächtige zum Frieden hingeschrieben; kein Werk der Einbildungskraft reichte aus, um die Folter abzuschaffen, Kinder vor dem Hungertod zu bewahren, die Rechte Andersdenkender zu sichern.

Angesichts ihrer offenbaren Wirkungslosigkeit muss man sich allerdings fragen, wodurch sich Literatur zu jeder Zeit die besondere Aufmerksamkeit der Mächtigen verdiente. Man muss sich fragen, wodurch sie Argwohn und Verdacht auf sich zog und woran es wohl lag, dass ihre Geschichte – wenigstens zu einem beträchtlichen Teil – gleichbedeutend ist mit der Geschichte ihrer Verfolgung. Traute man ihr doch mehr zu, als man sich eingestehen wollte? Was besagen – bei unterstellter Wirkungslosigkeit – die unablässigen Bemühungen der Mächtigen, Schriftsteller auf sich zu verpflichten und aus ihnen schön sprechende Bauchredner zu machen, die nur den Refrain kennen: Es herrscht Friede im Land. Verwiesen auf die Reservate der Fantasie, zum Sachwalter des Scheins bestellt: So wollte man den Schriftsteller am liebsten. Ein Zierfisch, dessen Möglichkeiten an der Glaswand des Aquariums endeten: So ertrug man ihn. Es spricht für sich, dass sich Literatur fast immer dem Schicksal ausgesetzt fand, entweder verdächtigt oder verharmlost zu werden.

Václav Havel (* 1936)

Unter der erstickenden Decke von Tausenden von leeren Worten, unter der wir so lange leben müssen, hat sich in uns ein so starkes Misstrauen gegenüber der Welt der trügerischen Worte herausgebildet, dass wir heute fähig sind, besser als früher die menschliche Welt so zu sehen, wie sie wirklich ist: nämlich als die komplizierte Gemeinschaft Tausender und Millionen von unwiederholbaren menschlichen Einzelwesen, die neben Hunderten von schönen Eigenschaften auch Hunderte von Fehlern und schlechten Neigungen haben, die sich jedoch nie mit dem Bügeleisen hohler Phrasen und entwerteter Worte – wie zum Beispiel Klassen, Nationen oder politische Kräfte – zu einer einzigen homogenen Masse einebnen lassen und die so en bloc zu loben oder zu verurteilen sind, zu lieben oder zu hassen, zu verleumden oder zu feiern.

Das ist nur ein kleines Beispiel, wozu das Misstrauen gegenüber den Worten gut ist.

Wie ich schon gesagt habe, ist es heute nicht meine Absicht, Ihnen die Erfahrungen eines Menschen zu vermitteln, der erkannt hat, dass das Wort immer noch Gewicht hat, wenn man dafür auch mit dem Gefängnis bezahlen muss. Meine Absicht war, eine andere Erfahrung zu bekennen, die wir in diesem Teil der Welt mit dem Gewicht des Wortes gemacht haben und die – davon bin ich fest überzeugt – universelle Gültigkeit hat: nämlich die Erfahrung, dass es sich immer auszahlt, den Worten gegenüber misstrauisch zu sein und gut auf sie Acht zu geben, und dass die Vorsicht hier nicht groß genug sein kann.

Durch Misstrauen gegenüber den Worten kann entschieden weniger verdorben werden als durch übertriebenes Vertrauen in sie.

Václav Havel ist 1936 in Prag geboren. Der Dichter war Unterzeichner und Wortführer der Bürgerrechtsgruppe Charta 77. Diese forderte Menschenrechte und bürgerliche Freiheiten in der Tschechoslowakai. Havel wurde mehrfach verhaftet und inhaftiert. 1989 erhielt Václav Havel den Friedenspreis des deutschen Buchhandels. Nach dem Sturz der kommunistischen Regierung wurde Havel Staatspräsident der Tschechoslowakei.

Der Text ist ein Ausschnitt aus seiner Rede anlässlich der Verleihung des Friedenspreises.

Ein Preisregen für Autor Václav Havel

Prag. (dpa) Der tschechoslowakische Bürgerrechtler und Dramatiker Václav Havel hat erst jetzt in Prag den „Friedenspreis des deutschen Buchhandels" entgegennehmen können. Der mit 25 000 Mark dotierte Preis war ihm anlässlich der Frankfurter Buchmesse verliehen worden. Zur Übergabe war der frühere Vorsteher des Börsenvereins des Deutschen Buchhandels, Günther Christiansen, nach Prag gereist. In der vergangenen Woche hatte Havel in Prag auch den „Olof-Palme-Preis" entgegengenommen. Zu dieser Verleihung hatte er eine Ausreisebewilligung nach Stockholm erhalten, aber selbst angesichts der innenpolitischen Lager in der ČSSR auf eine Reise verzichtet.

(OVZ, 19. 11. 89)

Walter Jens (*1929)

Literatur soll zunächst einmal – wenn man ihr überhaupt etwas abverlangen darf – an das Uneingelöste, aber Versprochene erinnern. An die großen Parolen der Aufklärung: Gleichheit aller Menschen! Heute ist es nur Gleichheit vor dem Gesetz, nicht wirkliche Chancengleichheit. Daran soll sie erinnern: Wie viel wurde versprochen, wie wenig wurde gehalten. Sie soll weiterhin erinnern an das Abseitige, das Beiseitegelegte, an die Kehrseite.

Sie soll ganz und gar nicht eine Situation fördern, in der Poesie zur Dienerin der Politik, zur Magd der herrschenden Bürokratie, zur Angestellten der Macht wird. Literatur […] bewährt für mich ihren Rang dann, zeigt ihre Würde dann, wenn sie Gegenmacht bleibt. Und wehe dem Staat, der sich dessen nicht bewusst ist.

Stanislaw Jerzy Lec (1909–1966)

Lernt aus der Erfahrung der Ornithologen: Wenn Schriftsteller ihre Flügel entfalten sollen, müssen sie die Freiheit besitzen, sich ihrer Federn zu bedienen.

Man muss die Anzahl der Gedanken derart vervielfachen, dass die Anzahl der Wächter für sie nicht ausreicht.

Scheiterhaufen erleuchten nicht die Finsternis.

Vergleicht die Aussagen zu den Möglichkeiten und Aufgaben des Schriftstellers in der heutigen Gesellschaft.
Nennt jeweils die zentrale Aussage in jedem Beitrag mit euren eigenen Worten.
Welcher Auffassung stimmt ihr zu, welcher nicht? Diskutiert darüber.
Bezieht in eure Diskussion die farbig gekennzeichneten Textstellen mit ein.

Ein Buch – drei Übersetzungen

Jack London (1876–1916) (Übersetzer: Dr. Fritz Benke)
Wolfsblut

1. Kapitel
Die Fährte nach Fleisch

Finster drohend stand der Tannenwald zu beiden Seiten des eingefrorenen Wasserlaufs. Der Sturm hatte vor ein paar Tagen die weiße Schneedecke von den Bäumen gewischt, sodass man nun den Eindruck hatte, sie suchten im düsteren Tageslicht beinahe Schutz. Tiefe Stille lag über dem Land, das eine
5 Wildnis war, ohne Leben, ohne Bewegung, einsam und kalt und doch nicht traurig. Eher lag ein Lachen über ihm, das schrecklicher als alle Traurigkeit war, freudlos wie das Lächeln der Sphinx, kalt wie der Frost und fürchterlich wie die Not. Der unerforschliche Ratschluss des Ewigen lachte hier über die Sinnlosigkeit des Lebens und seiner Nöte. Es war die Wildnis: die
10 unendliche, ungezähmte, grausam-kalte Wildnis des Nordens.

Und doch gab es Leben in diesem Lande, trotziges Leben: Den eingefrorenen Wasserlauf entlang zog mühsam eine Reihe von wolfähnlichen Hunden; Atem gefror in der Luft, sowie er in dichten Dampfwolken aus ihrem Maul kam, und bildete fantastische Kristalle an ihrem Pelz. Sie waren mit
15 ledernen Riemen an einen Schlitten gespannt, der keine Kufen hatte, sondern, aus dicker Birkenrinde verfertigt, mit seinem ganzen Gewicht auf dem Boden ruhte. Das vordere Ende war aufgebogen, um den weichen Schnee, der wie Wellenschaum emporstäubte, beiseite zu schieben. Auf dem Schlitten stand ein langer, schmaler, viereckiger Kasten, und noch manches andere, wie
20 zum Beispiel Wolldecken, ein Beil, ein Kaffeetopf und eine Bratpfanne, war darauf festgeschnallt. Den weitaus größten Raum nahm jedoch der Kasten ein.

Vor den Hunden wanderte ein Mann auf breiten Schneeschuhen, hinter dem Schlitten ein zweiter. In dem Kasten auf dem Schlitten lag ein dritter,
25 für den alle Mühe und Plage vorüber war, ein Mensch, den die Kälte besiegt hatte. Er rührte sich nicht mehr. Und nichts hasst die Wildnis des Nordens mehr als Bewegung. Sie hasst das Leben, denn es ist Bewegung. Sie will alle Bewegung aufhören lassen. Sie lässt das Wasser gefrieren und hemmt seinen Lauf zum Meere. Sie treibt den Saft aus den Bäumen und tötet ihr Herz. Und
30 sie verfolgt mit unendlicher Grausamkeit den Menschen und zwingt ihn zur Unterwerfung, ihn, der das ruheloseste aller Wesen ist, ihn, der sich immer gegen ihr Diktat, dass alle Bewegung aufhören müsse, auflehnt.

M. Laue

Dunkler Tannenwald dräute finster zu beiden Seiten des gefrorenen Wasserlaufs. Der Wind hatte kürzlich die weiße Schneedecke von den Bäumen
gestreift, sodass sie aussahen, als drängten sie sich unheimlich düster in dem
schwindenden Tageslicht aneinander. Tiefes Schweigen lag über dem Lande,
5 das eine Wildnis war, ohne Leben, ohne Bewegung, so einsam, so kalt, dass
die Stimmung darin nicht einmal traurig zu sein schien. Vielmehr lag es wie
ein Lachen darüber, ein Lachen, schrecklicher als jede Traurigkeit, freudlos
wie das Lächeln der Sphinx, kalt wie der Frost und grimmig wie die Notwendigkeit. Die unerbittliche, unerforschliche Weisheit des Ewigen lachte da
10 über die Nutzlosigkeit des Lebens und seiner Anstrengungen. Es war die
echte Wildnis, die ungezähmte, kaltherzige Wildnis des Nordens.

Und doch war Leben in dem Lande, trotziges Leben noch dazu! Denn den
gefrorenen Wasserlauf hinunter zog mühsam eine Reihe wolfsähnlicher
Hunde. Ihr dichter Pelz war dick mit Reif bedeckt; ihr Atem fror in der Luft,
15 sowie er in dichten Dampfwolken aus ihrem Munde emporstieg, und häng-
te sich als Eiskristalle an die Haare ihres Pelzes. Sie gingen in ledernen Riemen an einen Schlitten gespannt, der hinten nachschleifte. Dieser Schlitten
hatte keine Kufen. Er war aus dicker Borkenrinde gefertigt und ruhte mit
dem ganzen Boden auf dem Schnee. Das vordere Ende war aufwärts gebo-
20 gen, um den weichen Schnee, der wie Wellenschaum emporstäubte, aus der
Bahn zu schieben.

Auf dem Schlitten stand ein langer, schmaler, rechteckiger Kasten, und
noch andere Dinge, wie wollene Decken, ein Beil, ein Kaffeetopf und eine
Bratpfanne, waren darauf festgeschnallt, doch den größten Raum nahm der
25 lange, schmale, rechteckige Kasten ein.

Vor den Hunden wanderte ein Mann auf breiten Schneeschuhen und
hinter dem Schlitten ein zweiter. Auf dem Schlitten lag in dem Kasten ein
dritter, dessen Mühe und Arbeit vorüber war, ein Mann, den die Kälte der
Wildnis niedergeworfen und besiegt hatte, sodass er sich nicht mehr rühren
30 noch regen konnte; denn Bewegung liebt sie nicht. Das Leben ist für sie
eine Beleidigung, denn das Leben ist Bewegung, sie aber strebt danach, alle
Bewegung aufhören zu machen. So lässt sie das Wasser gefrieren, um zu
verhindern, dass es ins Meer fließe, so treibt sie den Saft aus den Bäumen, bis
sie ins innerste Herz hinein erstarren; und am grausamsten und schrecklich-
35 sten verfolgt sie den Menschen und zwingt ihn zur Unterwerfung, ihn, das
ruheloseste aller Wesen, das in steter Empörung gegen den Spruch ist, dass
am Ende alle Bewegung aufhören soll.

Martin Anger

I.

Spur in der Wildnis

Dunkler Tannenwald stand zu beiden Seiten des gefrorenen Flusses. Kürzlich hatte der Wind die Schneedecke von den Bäumen gestreift. Im schwindenden Tageslicht schien es, als drängten sie sich eng zusammen, düster und drohend. Tiefes Schweigen lag über dem kalten, verlassenen Land. Und doch
5 war Leben in dieser grausamen, eiskalten Wildnis des Nordens.

Auf dem Eis des Flusses quälte sich ein Gespann von Wolfshunden voran. Ihr dichtes Fell war weiß von Reif, ihr Atem gefror in der Luft, kaum dass er das Maul verlassen hatte. Mit Lederriemen waren sie vor einen Schlitten gespannt, den sie hinter sich herschleppten. Der Schlitten hatte keine Kufen, er
10 bestand aus zäher Birkenrinde und glitt in seiner ganzen Länge und Breite auf dem Schnee. Das vordere Ende war gleich dem Fühler einer Schnecke hochgebogen, um den weichen Schnee niederzudrücken. Auf dem Schlitten stand, fest angebunden, ein langer, viereckiger Kasten. Auch noch andere Dinge lagen darauf, Decken, ein schweres Beil, ein Kaffeetopf, eine Brat-
15 pfanne; doch den größten Teil des Platzes nahm der lange, schmale, eckige Kasten ein.

Dem Hundegespann voran ging ein Mann auf Schneeschuhen, hinter dem Schlitten folgte ein zweiter. Auf dem Schlitten, in dem Kasten, lag ein dritter, dessen Leben mit aller Mühe und Last vorüber war, ein Mann, den die
20 Wildnis besiegt hatte, sodass er nicht mehr aufstand, sondern leblos liegen blieb, bewegungslos, wie die Wildnis es will, denn diese hasst alle Bewegung. Sie lässt das Wasser zu Eis erstarren, um zu verhindern, dass es ins Meer fließt, sie treibt den Saft aus den Bäumen, bis sie so steinhart gefroren sind wie das Land ringsum. Am leidenschaftlichsten aber verfolgt sie den Menschen,
25 das ruheloseste aller Wesen, denn er will sich dem Befehl der Wildnis nicht beugen, dass alle Bewegung aufzuhören habe.

Vergleicht die Übersetzungen des Romans „White fang" des amerikanischen Schriftstellers Jack London.
Achtet dabei:
- *auf einzelne Ausdrücke und ihre Bedeutung,*
- *Ausführlichkeit der Darstellung,*
- *vermutliche Lesergruppe (zum Beispiel jugendliche oder erwachsene Leser).*

Beurteilt die einzelnen Übersetzungen kritisch. Welche gefällt euch am besten? Begründet eure Meinung.

*Der folgende Textausschnitt ist dem Original in englischer Sprache ent-
nommen.*
*Vergleicht mit den drei Übersetzungen: Welche dieser Übersetzungen
hält sich am stärksten an die Vorlage?*

Jack London (* 1876–1916)

Chapter 1
The Trail of the Meat

Dark spruce forest frowned on either side the frozen waterway. The trees
had been stripped by an recent wind of their white covering of frost, and they
seemed to lean toward each other, black and ominous, in the fading light. A
vast silence reigned over the land. The land itself was a desolation, lifeless,
without movement, so lone and cold that the spirit of it was not even that of
sadness. There was a hint in it of laughter, but of a laughter more terrible than
any sadness – a laughter that was mirthless as the smile of the sphinx, a laughter cold as the frost and partaking of the grimness of infallibility. It was the
masterful and incommunicable wisdom of eternity laughing at the futility of
life and the effort of life. It was the Wild – the savage, frozen-hearted North-
land Wild.

Brüder Grimm
Die Sterntaler

Dieses Märchen findet sich in den „Kinder- und Hausmärchen" (1812) der Brüder Grimm. Die beiden Brüder haben in ihrem Buch viele bis dahin nur mündlich überlieferte Zeugnisse der Volkskunst (Märchen, Sagen) gesammelt und schriftlich festgehalten.

Es war einmal ein kleines Mädchen, dem waren Vater und Mutter gestorben, und es war so arm, dass es kein Kämmerchen mehr hatte, darin zu wohnen, und kein Bettchen mehr, darin zu schlafen, und endlich gar nichts mehr als die Kleider auf dem Leib und ein Stückchen Brot in der Hand, das ihm ein
5 mitleidiges Herz geschenkt hatte. Es war aber gut und fromm. Und weil es so von aller Welt verlassen war, ging es im Vertrauen auf den lieben Gott hinaus ins Feld. Da begegnete ihm ein armer Mann, der sprach: „Ach, gib mir etwas zu essen, ich bin so hungrig." Es reichte das ganze Stückchen Brot und sagte: „Gott segne dir's", und ging weiter. Da kam ein Kind, das jammerte
10 und sprach: „Es friert mich so an meinem Kopfe, schenk mir etwas, womit ich ihn bedecken kann." Da tat es seine Mütze ab und gab sie ihm. Und als es noch eine Weile gegangen war, kam wieder ein Kind und hatte kein Leibchen an und fror; da gab es ihm seins; und noch weiter, da bat eins um ein Röcklein, das gab es auch von sich hin. Endlich gelangte es an einen Wald,
15 und es war schon dunkel geworden; da kam noch eins und bat um ein Hemdlein, und das fromme Mädchen dachte: Es ist dunkle Nacht, da sieht dich niemand, du kannst wohl dein Hemd weggeben, und zog das Hemd ab und gab es auch noch hin. Und wie es so stand und gar nichts mehr hatte, fielen auf einmal die Sterne vom Himmel und waren lauter harte blanke Taler. Und ob
20 es gleich sein Hemdlein weggegeben, so hatte es ein neues an, und das war vom allerfeinsten Linnen. Da sammelte es sich die Taler hinein und war reich für sein Lebtag.

Georg Büchner (1813–1837)
Märchen

Georg Büchner wurde 1813 in Goddelau bei Darmstadt geboren. Er studierte Medizin und Naturwissenschaften in Straßburg.
Der Text stammt aus dem Schauspiel „Woyzeck", in dem Büchner darstellt, wie ein einfacher Mensch aufgrund sozialer Abhängigkeiten und trostloser Lebensumstände zum Mörder wird.
In einer der letzten Szenen des Schauspiels erzählt die Großmutter dieses Märchen.

Es war einmal ein arm Kind und hat kei Vater und kei Mutter, war alles tot und war niemand mehr auf der Welt. Alles tot, und es ist hingangen und hat gesucht Tag und Nacht. Und wie auf der Erd niemand mehr war, wollt's in Himmel gehn, und der Mond guckt es so freundlich an und wie's endlich zum Mond kam, war's ein Stück faul Holz und da ist es zur Sonn gangen und wie es zur Sonn kam, war's ein verwelkt Sonneblum und wie's zu den Sterne kam, warens klei golde Mück, die waren angesteckt, wie der Neuntöter* sie auf die Schlehen steckt, und wie's wieder auf die Erd wollt, war die Erd ein umgestürzter Hafen und war ganz allein und da hat sich's hingesetzt und geweint, und da sitzt es noch und ist ganz allein.

* *Vogelart*

Fritz Deppert (* 1932)
Sterntaler

Vater und Mutter waren umgebracht worden. Es besaß nichts als zerfetzte Kleider auf dem Leib und Brot in der Hand, das ihm die Soldaten schenkten, die Vater und Mutter töteten.

  Es hoffte auf den lieben Gott – als es noch eine Schule gab, hatte es dort von ihm gehört – und ging auf ein freies Feld. Dort begegnete ihm ein alter Mann und nahm ihm das Brot weg. Das Mädchen hatte in einem Märchenbuch Ähnliches gelesen. Es freute sich, hielt es für ein gutes Zeichen, blieb stehen und wartete auf die Kinder, denen es seine Kleider schenken musste. Sie kamen. Sie waren drei. Sie waren größer als das Mädchen, schlugen es, rissen ihm die Kleider vom Leib. Es freute sich, weil es auch das so ähnlich gelesen hatte.

  Als es nun auf dem freien Feld stand und sich freute und auf den lieben Gott hoffte, fielen Sterne aus dem Himmel. Als sie auf den Boden trafen, detonierten sie.

Sprecht zunächst über das Märchen der Brüder Grimm. Weist die typischen Merkmale eines Märchens nach, macht euch Inhalt, Aufbau und sprachliche Form dieses Märchens klar. Kennzeichnet die Einstellung und das Verhalten des Mädchens. Beurteilt die Lösung: Was ist daran märchenhaft, was realistisch? Vergleicht danach mit den Fassungen von Georg Büchner und Fritz Deppert. Achtet vor allem auf:

- Inhalt,
- sprachliche Form,
- Absicht und Aussage.

Beachtet auch die zusätzlichen Hinweise und die Entstehungszeit. Welche Auffassungen vom Menschen und seiner Hoffnung auf göttliche Hilfe lassen sich bei den Verfassern der Texte vermuten?
Welche Kritik an der Vorlage der Brüder Grimm lässt sich bei den Textfassungen von G. Büchner und F. Deppert erkennen?

Wie verändert der Zeichner Inhalt und Aussage der Fassung der Brüder Grimm?

Heinrich Heine (1797–1856)
Ich weiß nicht, was soll es bedeuten (geschrieben 1823)

Ich weiß nicht, was soll es bedeuten,
dass ich so traurig bin;
ein Märchen aus alten Zeiten,
das kommt mir nicht aus dem Sinn.

Die Luft ist kühl und es dunkelt,
und ruhig fließt der Rhein;
der Gipfel des Berges funkelt
im Abendsonnenschein.

Die schönste Jungfrau sitzet
dort oben wunderbar,
ihr goldnes Geschmeide blitzet,
sie kämmt ihr goldenes Haar.

Sie kämmt es mit goldenem Kamme
und singt ein Lied dabei;
das hat eine wundersame,
gewaltige Melodei.

Den Schiffer im kleinen Schiffe
ergreift es mit wildem Weh;
er schaut nicht die Felsenriffe,
er schaut nur hinauf in die Höh.

Ich glaube, die Wellen verschlingen
am Ende Schiffer und Kahn;
und das hat mit ihrem Singen
die Lorelei getan.

Jürgen Werner (∗ 1939)
Die Lorelei 1973

Ich weiß nicht, was soll es bedeuten,
dass ich so traurig bin;
ein Alptraum aus unseren Zeiten,
der geht mir nicht aus dem Sinn.

Die Luft ist schwül und verdunkelt
und dreckig fließt der Rhein;
kein Gipfel des Berges funkelt,
wo sollt' auch die Sonne sein?

Am Ufer des Rheines sitzt sie,
die deutsche Chemie-Industrie;
dort braut sie gefährliche Gifte,
die Luft macht erstickend sie.

Sie kümmert sich nicht um den Abfall,
der aus ihren Rohren fließt;
er kommt aus dem chemischen Saustall,
wo er in den Rhein sich ergießt.

Dem Schiffer im Tankerschiffe,
ihm macht das Atmen Müh';
er schaut nicht die Felsenriffe,
er schaut nur die dreckige Brüh'.

Ich weiß, die Wellen verschlingen
einst nicht nur Schiffer und Kahn;
und das hat mit ihren Giften
die Industrie getan.

Verfasser unbekannt
Die neue Lorelei (geschrieben 1942)

Ein oppositionelles Soldatenlied aus den letzten Kriegsjahren

Ich weiß nicht, was soll es bedeuten,
dass ich so traurig bin,
wir leben in großen Zeiten,
doch klein ist unser Gewinn.

Die Luft ist kühl im Osten
und wird wohl kühler noch,
die Eisernen Kreuze verrosten,
die hölzernen wachsen hoch!

Den Landser auf wunden Füßen
ergreift ein wilder Zorn,
bald wird er nach hinten schießen
und nimmer weiter nach vorn.

Vergleicht jeweils Vorlage und Parodie im Hinblick auf Textart, Thema,
Inhalt, Absicht und sprachliche Mittel.
Erläutert vor allem Aktualisierung und kritische Absicht der Verfasser der
Parodien. Informiert euch über den zeitlichen Entstehungszusammenhang.

Kennt ihr Parodien zu Volksliedern, Märchen, Weihnachtsliedern, Balla-
den, Sprichwörtern oder Kinderreimen? Wie erklärt ihr euch die Tatsache,
dass es zu derartigen Textarten besonders viele volkstümliche Parodien
gibt?

Bertolt Brecht (1898–1956)
Fragen eines lesenden Arbeiters

Wer baute das siebentorige Theben?
In den Büchern stehen die Namen von Königen.
Haben die Könige die Felsbrocken herbeigeschleppt?
Und das mehrmals zerstörte Babylon –
Wer baute es so viele Male auf? In welchen Häusern
Des goldstrahlenden Lima wohnten die Bauleute?
Wohin gingen an dem Abend, wo die Chinesische Mauer fertig war
Die Maurer? Das große Rom
Ist voll von Triumphbögen. Wer errichtete sie? Über wen
Triumphierten die Cäsaren? Hatte das vielbesungene Byzanz
Nur Paläste für seine Bewohner?
Selbst in dem sagenhaften Atlantis
Brüllten in der Nacht, wo das Meer es verschlang
Die Ersaufenden nach ihren Sklaven.

Der junge Alexander eroberte Indien.
Er allein?
Cäsar schlug die Gallier.
Hatte er nicht wenigstens einen Koch bei sich?
Philipp von Spanien weinte, als seine Flotte
Untergegangen war. Weinte sonst niemand?
Friedrich der Zweite siegte im Siebenjährigen Krieg. Wer
Siegte außer ihm?

Jede Seite ein Sieg.
Wer kochte den Siegesschmaus?

Alle zehn Jahre ein großer Mann.
Wer bezahlte die Spesen?

So viele Berichte.
So viele Fragen.   R

*Klärt die geografische Lage der erwähnten Orte/Länder und die histori-
schen Ereignisse, auf die hier Bezug genommen wird.*
Warum wählt Brecht hier die Sicht eines lesenden Arbeiters?
*Äußert euch zu der Auffassung: „Die Geschichte wird von großen Männern
gemacht."*
Stellt dazu die Aussagen und Fragen gegenüber.
*Bringt eure eigene Meinung zu der Fragestellung des Gedichts zum
Ausdruck. Diskutiert über die Frage: „Wer macht die Geschichte?"*

Bertolt Brecht äußerte sich bereits als Schüler kritisch gegenüber dem Krieg, was angesichts der damaligen gesellschaftlichen und politischen Umstände ungewöhnlich war. Im Jahre 1933, mit dem Anbruch der Hitlerherrschaft, musste Brecht aus Deutschland emigrieren. Stationen seines Exils waren u. a. Frankreich, Dänemark, Schweden und die USA. Erst 1947 kehrte er nach Europa zurück und lebte und wirkte bis zu seinem Tode in Ost-Berlin.

Zu seiner Biografie schrieb Brecht als Emigrant das folgende kleine Gedicht:

Verjagt mit gutem Grund

Ich bin aufgewachsen als Sohn
Wohlhabender Leute. Meine Eltern haben mir
Einen Kragen umgebunden und mich erzogen
In den Gewohnheiten des Bedientwerdens
Und unterrichtet in der Kunst des Befehlens. Aber
Als ich erwachsen war und um mich sah,
Gefielen mir die Leute meiner Klasse nicht,
Nicht das Befehlen und nicht das Bedientwerden.
Und ich verließ meine Klasse und gesellte mich
Zu den geringen Leuten.

Setzt den Text von Brecht in Beziehung zu den folgenden Auszügen aus einem Geschichtsbuch von 1986.

Der Eroberer Alexander

Mit einer großen Streitmacht von 32 000 Fußsoldaten und 5500 Reitern setzte er 334 v. Chr. von Europa nach Asien über, brachte seinem Helden Achill vor Troja, damals ein kleines griechisches Städtchen, Opfer und besiegte ein erstes persisches Heer am Flusse Granikos. Während der persische Groß-
5 könig Dareios III. ein riesiges Heer vor allem aus den Westprovinzen seines Reiches aufstellte, zog Alexander an der Küste von Kleinasien entlang. Die dortigen Griechen und ein Großteil der anderen persischen Untertanen begrüßten ihn als Befreier. Im folgenden Jahr (333 v. Chr.) besiegte er das zahlenmäßig deutlich überlegene Perserheer in der Schlacht bei Issos. Die
10 Entscheidung führte Alexander selber herbei, indem er sich an der Spitze seiner Reiterei gegen das Zentrum des persischen Heeres warf, wo sich der

Großkönig auf seinem Streitwagen befand: Dieser wandte sich zur Flucht und verlor damit die Schlacht.

Alexander marschierte zunächst weiter an der Küste entlang, um die letzten Stützpunkte der persischen Flotte in seine Hand zu bringen. Wo er auf Widerstand stieß, bekämpfte der diesen rücksichtslos. Die mächtige phönizische Stadt Tyros zum Beispiel ließ er monatelang belagern. Mit Hilfe eines über einen Meeresarm aufgeschütteten Dammes eroberte er sie schließlich und versklavte und tötete ihre Bevölkerung. Ägypten fiel ihm danach kampflos zu. Die Ägypter sahen in ihm ihren Befreier von der persischen Herrschaft und krönten ihn zum Pharao. Bei dem Besuch einer berühmten Orakelstätte in der Oase Siwah wurde er als Sohn des Gottes Amun-Re (für die griechische Vorstellung Zeus Ammon) begrüßt. Jetzt konnte er sich mit Herakles, dem Zeus-Sohn, ebenbürtig fühlen. Vom makedonischen Heerkönig war Alexander zum ägyptischen Gottkönig und zum griechischen Halbgott geworden.

Caesar und Pompeius

Als Caesar im Jahre 59 v. Chr. Konsul wurde, versorgte er die Veteranen des Pompeius und baute seine Machtstellung aus, indem er sich die Statthalterschaft in der Provinz Gallien auf fünf Jahre übertragen ließ.

In den folgenden Jahren eroberte er nach und nach ganz Gallien und unterstellte die Gebiete der römischen Herrschaft. Am Ende dieser Kämpfe verfügte Caesar als siegreicher und fast legendärer Imperator über drei Trümpfe, die entscheidend werden sollten: über ein unbegrenztes Ansehen, großen Reichtum und über ihm ergebene Soldaten. Jetzt verwies er auf seine Leistungen, die er für den römischen Staat erbracht habe, und verlangte vom Senat, dass sie in Rom gebührend gewürdigt würden. Doch dem widersetzte sich der Senat. Denn Pompeius hatte sich nach dem Tod des Crassus wieder mit dem Senat zusammengeschlossen und als Gegengewicht zu Caesars Machtposition die Provinz Spanien erhalten. Der Entscheidungskampf um die Herrschaft über die Republik stand bevor! Als der Senat, gedeckt durch Pompeius und sein Heer, von Caesar verlangte, dass er seine Soldaten entlassen solle, sah dieser darin das Ende seiner politischen Karriere und eine Missachtung seiner dignitas, d. h. seines Ansehens, das er durch seine Verdienste für den Staat erlangt hatte. Er entschloss sich, den Bürgerkrieg zu wagen, überschritt den Rubikon, die Grenze seiner Provinz, und zog gegen Rom.

In einem erbitterten Bürgerkrieg schlug er zunächst Pompeius (bei Pharsalos 48 v. Chr.) und danach dessen Anhänger. Pompeius floh nach Ägypten, wo er ermordet wurde.

Welche Absicht könnte Brecht mit seinem Gedicht verfolgen?
Lest dazu auch seine Biografie und das kleine Gedicht zu seiner Biografie.
Versucht einen der Texte aus dem Geschichtsbuch im Sinne Brechts umzu-
arbeiten.

Welchen Inhalt könnte ein Text haben mit der Überschrift

„Fragen einer lesenden Frau",
„Fragen eines lesenden Kindes"?

Versucht nach dem Aufbaumuster des Gedichtes von Brecht selbst ein ähn-
liches Gedicht zu verfassen. Hilfen erhaltet ihr in der Texte-Werkstatt.

Der Text von Bertolt Brecht lässt sich auch auf historische Entwicklungen
der jüngsten Zeit beziehen.

In diesem Lesebuch findet ihr viele Texte, in denen der Autor auf eine
hintergründige Weise Kritik an der Verhaltensweise einzelner Menschen,
an der Gesellschaft und an den politischen Verhältnissen übt.
Weil der Autor nicht immer direkt sagen kann, was er meint, müssen seine
Leser oft zwischen den Zeilen lesen und kombinieren.

Lesehinweis⟩ *In den folgenden Textreihen könnt ihr weitere passende*
Texte finden:
„Der Hauptmann von Köpenick"
„Sand im Getriebe der Welt"
„Wenn ich der andere wäre"
„Texte-Werkstatt: Satirisch gesehen"

Verzeichnis der Textarten

Bildquellenverzeichnis

Verfasser- und Textquellenverzeichnis

Unbekannte und ungenannte Verfasser